拉丁美洲学术研究

拉丁美洲的替代一体化运动

ALBA-TCP的经验与启思

贺钦◎著

时事出版社

图书在版编目（CIP）数据

拉丁美洲的替代一体化运动：ALBA-TCP的经验与启思/贺钦著．—北京：时事出版社，2016.2

ISBN 978-7-80232-949-2

Ⅰ.①拉…　Ⅱ.①贺…　Ⅲ.①区域性组织—研究—拉丁美洲
Ⅳ.①D814.1②D773

中国版本图书馆CIP数据核字（2015）第320574号

出版发行：时事出版社
地　　址：北京市海淀区万寿寺甲2号
邮　　编：100081
发行热线：（010）88547590　88547591
读者服务部：（010）88547595
传　　真：（010）88547592
电子邮箱：shishichubanshe@sina.com
网　　址：www.shishishe.com
印　　刷：北京市昌平百善印刷厂

开本：787×1092　1/16　印张：16.5　字数：178千字
2016年2月第1版　2016年2月第1次印刷
定价：76.00元
（如有印装质量问题，请与本社发行部联系调换）

目　录

导　论

进入21世纪以来，随着地区和国际形势的纵深发展，拉丁美洲及加勒比地区的一体化运动呈现出若干新的阶段性特征和趋势。一方面，美国的地区及全球霸权角色发生了一系列深刻变化，国际市场的农矿商品价格经历了空前波动，中国在拉丁美洲的贸易投资迅速增长，而拉美及加勒比地区的区内贸易流动性也进一步加强。在此背景下，拉丁美洲的一体化运动逐渐摆脱了市场原教旨主义的束缚，转而探寻更为多元、更加自主、更注重建制创新的历史新阶段。另一方面，全球范围内新兴经济体的崛起、欧美经济实现局部复苏、中国经济增速放缓等新世情，迫使拉丁美洲的一体化运动在应对现实挑战的同时，不得不放眼未来，谋划更为前瞻的战略愿景。

2005年1月1日，美国倡导的美洲自由贸易区（英文缩写FTAA，Free Trade Area of the Americas）[①] 未能在西半球如期建立。与此同时，一个具有里程碑意义的拉美替代一体化组织正破土而出。2004年12月，委内瑞拉前总统查韦斯（Hugo Ra-

---

① “美洲自由贸易区”西班牙文译名为Área de Libre Comercio de las Américas，简称ALCA。

fael Chávez Frías, 1954 -2013）与古巴国务委员会前主席菲德尔·卡斯特罗（Fidel Alejandro Castro Ruz, 1926 -）在哈瓦那发表创立“美洲玻利瓦尔替代计划”（西班牙文缩写 ALBA, Alternativa Bolivariana para las Américas）的联合声明并签署实施协定。2009 年 6 月，ALBA 在其第六届特别峰会上正式更名为“美洲玻利瓦尔联盟—人民贸易协定”（西班牙文缩写 ALBA-TCP, Alianza Bolivariana para los Pueblos de Nuestra América-Tratado de Comercio de los Pueblos，直译为“我们美洲人民的玻利瓦尔联盟—人民贸易协定”）。美洲自由贸易区（ALCA）与美洲玻利瓦尔联盟（ALBA）的西班牙文缩写仅一字之差，但两者在意识形态、伦理价值、组织原则、战略规制和评价体系等方面却有着天壤之别。在西班牙文中，ALBA 代表“黎明”“拂晓”的意思。从最初的替代选择到爬升阶段的不断突破、再到瓶颈阶段的艰难探索，成长中的 ALBA 为拉丁美洲人民探索独立自主的替代一体化道路提供了新的经验与启思。

一、选题的背景与意义

2008 年席卷全球的资本主义经济危机再次引起了人类对资本主义制度及资本主义世界体系的深入批判与反思。而在拉丁美洲，这种具有浓厚替代色彩的理论争鸣与抵抗运动从未停止过。无论是殖民时期的反殖民主义运动，还是民族独立时期的反帝国主义运动，亦或是后经济改革时期的反新自由主义运动，深受发达资本主义剥削和压迫的拉丁美洲始终未能摆脱外围资本主义的发展桎梏。

进入新千年以来，随着拉美左翼政权的崛起、拉美“21

世纪社会主义”运动的展开以及拉美“世界社会论坛”的壮大，拉丁美洲的替代发展迎来了新的历史机遇。与此同时，一项颇具新意和特色的实践运动——美洲玻利瓦尔联盟－人民贸易协定（ALBA-TCP，以下简称美洲玻利瓦尔联盟或 ALBA）诞生了。这是一个由西半球唯一的社会主义国家古巴和拉美“21 世纪社会主义运动”创始国之一的委内瑞拉，发起并倡导的地区左翼国家一体化组织。该组织力图通过替代美国主导的美洲自由贸易区（ALCA），建立符合拉美人民整体利益和长远发展的经济、政治、社会、文化等综合性一体化战略，从而实现拉美国家真正的团结自主与一体化发展。从 2004 年底的提出、2005 年的成立到 2012 年的稳步扩容、再到 2013 年以来的艰难探索，美洲玻利瓦尔联盟（ALBA-TCP）已走过了十年多的初创探索阶段。其成员国从最初的古巴和委内瑞拉，扩展到玻利维亚、尼加拉瓜、多米尼克、厄瓜多尔、圣文森特和格林纳丁斯、安提瓜和巴布达、圣卢西亚、圣基茨和尼维斯、格林纳达 11 个成员国。

ALBA 是拉美历史上第一个明确提出以消除贫困和社会排斥为己任的一体化组织，也是极少数号召将人民的利益置于跨国资本利益之上的地区合作组织。“替代”与“民生”是美洲玻利瓦尔联盟关切的重点。在经济方面，美洲玻利瓦尔联盟的创新体现在：建立替代 IMF 和世界银行的区域性金融机构——南方银行和 ALBA 银行等，以满足各成员国及彼此间的融资需求；推行统一的地区货币苏克雷，以替代区内美元化货币体制；建立区内以国有产权为主导的混合所有制跨国企业，以替代发达国家跨国公司在拉美的地区利益；建立类似 OPEC 的地区能源组织，如加勒比石油、南方石油、安第斯石油等子计划，以实现区内能源的公平配给与合理利用等。在社会文化方面，美洲玻利瓦尔联盟的特色在于建立了南方电视台等地区媒体，力图保护拉丁美洲的土著文化，传播真实的拉丁美洲精神与价值。在教育、科学、文化、卫生方面，ALBA 制定了切实可行的互助、培训、就业计划，创设了防范自然灾害和社会动乱的联合预警机制、保护自主知识产权机制及维护地区粮食主权和食品安全机制等。为贯彻上述理想与计划，ALBA 建立了以总统委员会为领导核心的垂直行政机构，下设社会委员会、经济委员会、政治委员会和社会运动委员会等下属机构。

美洲玻利瓦尔联盟成立十一年来，整体框架不断完善，各项计划有序推进，主要国家在对外贸易、能源、金融等方面的发展瓶颈有所突破，文化、教育、医疗等方面的进步亦不容小觑。尽管如此，受若干主客观因素的制约，美洲玻利瓦尔联盟的发展仍然面临着不少挑战与困难，尤其是 2013 年以来委内瑞拉前总统查韦斯不幸离世、联盟主要成员国委内瑞拉时局维艰、国际原油价格重挫、美古关系向好等新变化，均对 ALBA-TCP 的未来构成了一定的不确定性。

美洲玻利瓦尔联盟的纵深发展，进一步加深了人们对拉美解放事业的感性认识，同时也丰富了人类对资本主义替代发展的理性思考。首先，美洲玻利瓦尔联盟（ALBA）为新自由主义研究提供了新的视角与维度。新自由主义经济改革对发展中国家（尤其是拉丁美洲）的致命打击已成共识，而如何实现替代发展是当前发展中国家最为紧迫的现实课题之一。高举反新自由主义大旗的美洲玻利瓦尔联盟（ALBA）能否成为拉美人民扫除新自由主义遗存、重建地区和谐的可行道路，仍有待进一步观察与思考。其次，美洲玻利瓦尔联盟（ALBA）是研究古巴社会主义、拉美21世纪社会主义乃至国际共产主义运动最新动向的重要参考。“社会主义”是美洲玻利瓦尔联盟推崇的潜在价值之一。作为西半球唯一的社会主义国家，古巴将美洲玻利瓦尔联盟（ALBA）视作改善国内经济和国际参与的重要途径；而以“21世纪社会主义”为指导思想的委内瑞拉甚至在2009年便提出了创立第五国际的倡议。因此，深入研究美洲玻利瓦尔联盟（ALBA）有助于我们适时了解与跟踪世界社会主义运动的前沿与趋势。再次，美洲玻利瓦尔联盟（ALBA）为发展中国家积累南南合作经验、探索各具特色的地区一体化道路提供了新的理论与实践经验。在经济全球化时代，构建地区及次地区一体化是发展中国家抵御新殖民主义、争取团结和自主发展的现实选择。拉美一体化进程起步较早，类型各异。比较和总结包括美洲玻利瓦尔联盟在内的拉美一体化理论与实践，既有利于我们借鉴经验、吸取教训，从而改善具有中国特色的地区参与和国际融入，更有助于我们探索对外交流与南南合作的新模式，继而实现发展中国家国际话语权的集体提升和国际政治经济新秩序的建构。

二、地区一体化研究与ALBA-TCP研究综述

鉴于研究对象的一般性和特殊性，本书拟对一体化研究及ALBA-TCP研究的相关文献进行梳理和总结。

（一）一体化研究综述

本书中的“一体化”（Integration）概念，特指与全球化趋势相对应的地区一体化（Regional Integration）现象。较全球化

的客观历史性而言，地区一体化亦是人类社会生产力和生产关系发展到一定阶段的必然产物，与此同时它还代表着主权国家一定时期内特殊的利益取向和政策选择。地区一体化的实现形式，一般表现为主权国家在特定规制下，通过主权让渡而结成的具有主体资格的地区性组织。目前，地区一体化进程多以经济一体化为基点和突破口，进而寻求政治一体化、社会一体化和文化一体化等更高层次的一体化前景。就一体化深度而言，欧盟可谓史上一体化程度最高的地区组织，而现有的其他地区一体化组织大都偏重经济一体化进程。本书的研究对象——美洲玻利瓦尔联盟则试图另辟蹊径，以政治共识和文化认同为前提，构建以经济互补与合作为原则的多维度地区一体化组织。

1. 区域经济一体化研究综述

目前，一体化研究文献多以区域经济一体化（Regional Economic Integration）为具体研究对象。区域经济一体化可定义为，由特定地理范围内的两个或两个以上国家（地区）建立的跨国性经济区域组织，通过削减关税和贸易壁垒以及实现经济政策的协调统一等手段，最终实现产品或生产要素在特定区域内的自由流动和合理配置。[①] 区域经济一体化，按发展阶段从低到高可分为优惠贸易协定、自由贸易区、关税同盟、共同市场、货币同盟和经济同盟；按成员国经济发展水平的同质性可分为北北型、南南型和南北型。其研究视角主要包括区域经济一体化的经济效应分析、政治利益分析、社会影响分析、文化

① 李玉举：《发展中国家参与区域经济一体化——兼论中国的战略选择和安排》，中国市场出版社，2008年版，第15页。

价值分析、国际关系分析等。研究议题主要涉及经济全球化和区域经济一体化的辩证关系、区域经济一体化的驱动因素、区域经济一体化的组织规制、区域经济一体化的福利效应、区域经济一体化的路径比较等。

区域经济一体化的研究方法多以理论研究与实证分析相结合。以贸易理论为核心的西方区域经济一体化研究侧重模型建构与计量分析。二战后，西方较有影响力的区域经济一体化理论主要有关税同盟理论（Viner，1950）、大市场理论（Scitovsky，Deniau）、偏好工业生产理论（Cooper，Massel，Johnson）、新贸易理论（Krugman）、新区域主义理论等。①

表1　西方区域经济一体化理论

理论基础		主要理论代表人物
H-O-S 理论	关税同盟理论	Viner（1950）、Makower 和 Morton（1953）、Meade（1995）、Lipsey（1957，1990）
		Cooper 和 Massell（1965）尝试建立发展中国家的关税同盟理论
新贸易理论	修正	Scitovsk 与 Deniau“大市场理论”，Johnson“偏好工业生产理论”
	一体化内生理论	Corden（1972）、Krugman（1991）、Gatsios 和 Karp（1991）、de Melo 和 Panagariya（1992）、Bhagwati（1993）、Ethier（1998）

资料来源：李玉举：《发展中国家参与区域经济一体化——兼论中国的战略选择和安排》，中国市场出版社，2008 年版，第 26 页。

① 李玉举：“区域经济一体化研究动态：国外文献综述”，《世界贸易组织动态与研究》，2010 年第 5 期，第 40—41 页。

决定区域经济一体化成功与否的因素大致可划分为区域经济一体化的内容和执行力度两方面。前者包括贸易伙伴选择、参与多少项、一体化形式、一体化深度和一体化宽度等，选择伙伴国时可考虑地缘性、成员国经济开放性、成员国经济结构互补性、伙伴国经济规模以及伙伴国贸易增长的传导机制等因素。①

西方区域经济一体化研究以实证分析见长，对发达国家区域经济一体化的实践（尤其是经济收益方面）具有较强的理论解释和政策指导意义，但其局限性也十分明显，尤其是对非经济指标等发展因素考虑欠周，因此难以适用于发展中国家区域经济一体化的现实。而马克思主义经济学学者则多从资本主义世界经济体系等理论视角对区域经济一体化的动因、规律及趋势予以生产力和生产关系、经济基础和上层建筑的综合分析，进而从深度和广度上超越了西方经济学对区域经济一体化研究的历史局限性。

2. 发展中国家区域经济一体化研究综述

近年来，有学者专门就发展中国家参与地区一体化的路径特征和战略选择进行了深入探讨和研究。中国学者李玉举认为，发展中国家参与区域经济一体化最为重要的两个目标是实现经济增长和工业化，前者涉及贸易增长、FDI 增加和贸易条件改善，后者有赖于专业化与规模经济的实现、资源配置的提高和经济结构的改善，并归纳了二战后发展中国家参与区域经济一体化的两次浪潮和五个阶段。

---

① 李玉举："区域经济一体化研究动态：国外文献综述"，《世界贸易组织动态与研究》，2010 年第 5 期，第 95 页。

表 2　二战后发展中国家参与区域经济一体化简史

<table>
<tr><td rowspan="3">第一次浪潮（二战以后至 20 世纪 80 年代中期）</td><td>第一阶段（酝酿与初创）</td><td>二战后至 20 世纪 60 年代</td></tr>
<tr><td>第二阶段（快速发展）</td><td>20 世纪 60 年代至 70 年代中期</td></tr>
<tr><td>第三阶段（停滞或衰退）</td><td>20 世纪 70 年代中期至 80 年代中期</td></tr>
<tr><td rowspan="2">第二次浪潮（20 世纪 80 年代中期至今）</td><td>第一阶段（复兴、深化、扩展）</td><td>20 世纪 80 年代中期至 2000 年</td></tr>
<tr><td>新阶段</td><td>2000 年至今</td></tr>
</table>

资料来源：李玉举：《发展中国家参与区域经济一体化——兼论中国的战略选择和安排》，中国市场出版社，2008 年版，第 46 页。

发展中国家参与区域经济一体化的实践按不同标准可划分为不同类型：（1）按贸易伙伴类型，可分为南北型和南南型；（2）按一体化驱动因素，可分为国际关系因素驱动型、经济因素驱动型、地缘因素驱动型、要素一体化驱动型和市场驱动型等；（3）按一体化推进特征，可分为市场一体化与制度一体化，且通常前者先于后者发生；（4）按成员国规模大小，可分为大国模式和小国模式，即发展中大国与发达国家结成的垂直型一体化和纯发展中国家间的水平型一体化。①

有学者按成员国规模的大小，分别阐释了区域经济合作中的大国战略②和小国战略。③ 面对多边主义进程受阻与大国向区域主义的转向，小国必须在不同的区域经济合作战略中做出选择：以南南合作为代表的自主型模式、以新区域主义为代表的依附型模式和以“轮轴—轮辐”为代表的主导型模式。一国究

① 李玉举：“区域经济一体化研究动态：国外文献综述”，《世界贸易组织动态与研究》，2010 年第 5 期，第 21 页。

② 李向阳：“新区域主义与大国战略”，《国际经济评论》，2003 年第 4 期，第 5—9 页。

③ 李向阳：“区域经济合作中的小国战略”，《当代亚太》，2008 年第 3 期，第 36—49 页。

竟会选择哪一种模式不仅取决于自身的经济发展水平和参与区域经济合作的初始条件，而且还取决于大国之间的博弈格局。因而，在全球区域主义的发展过程中，大国与小国之间正在进入一个相互博弈的新时代。

（二）拉丁美洲一体化研究综述

目前，国内外学界有关拉美一体化的研究议题主要涉及拉美一体化先驱思想（玻利瓦尔主义）、拉美结构主义一体化理论、拉美一体化模式及特点的比较、美洲自由贸易区、南方共同市场等拉美一体化案例研究。研究共识大体可归结为以下几点：1. 拉美一体化起步较早，参与国家众多，组织形式多样。2. 拉美一体化阶段性较强，在一定程度上推动了地区发展，但困难与局限性亦十分明显。3. 在全球化时代，拉美一体化机遇与挑战并存，重建拉美一体化的替代模式势在必行。

自 20 世纪 90 年代拉美经委会提出新的地区一体化战略——“开放的地区主义”以来，拉美一体化进入了新一轮成长周期。“开放的地区主义”简言之，就是在对外低保护和对内互惠间寻求平衡。在此契机下，拉美一体化涌现出了三类代表性组织：一是由美国主导、得到拉美主要国家响应的美洲自由贸易区计划（英文 FTAA 或西班牙文 ALCA）；二是建立在国际贸易规则基础上的、由南美大国主导参与的南方共同市场（MERCOSUR）和安第斯共同体（CAN）等南美国家一体化组织；三是由委内瑞拉倡导的、试图超越传统经济一体化模式、向社会主义过渡的美洲玻利瓦尔联盟（ALBA）。

拉美各国在地区一体化的战略选择、政策取向、组织规制等基本原则和具体问题上，向来众口难调。进 21 世纪以来，以鲜明的意识形态特征和替代色彩示人的 ALBA 更是令拉美一体化的争鸣到达了白热化的程度。例如，ALBA 成员国玻利瓦尔、古巴、厄瓜多尔、尼加拉瓜和委内瑞拉，期望建立地区一体化的替代模式，阿根廷、巴拉圭、巴西和乌拉圭虽不完全排斥 ALBA，但倾向于建立类似 MERCOSUR 类型的地区一体化模式。上述 9 国一致认为，美国推动的美洲自由贸易区模式已于 2005 年的第四届美洲国家首脑会议马德普拉塔峰会上宣告失败。此外，哥伦比亚、智利、墨西哥和秘鲁则坚决反对 ALBA 模式，极力推崇美国倡导的双边自由贸易协定。尽管各国对一体化模式的选择上存在严重分歧，但在建立新的对话机制以谋求地区一体化上却享有普遍共识。ALBA 的倡导者认为，新的一体化模式必须建立在尊重国家主权和民主参与的基础上，本着团结、多元、互助和公平的原则，进一步完善一体化协商机制、执行机制和金融机制。与此同时，还应加强不同一体化模式成员国间的对话与合作，重视社会运动的影响和角色。

国内外学者就拉美一体化发展的历史症结，均提出了各自的看法。拉美社会科学理事会秘书长何塞特·奥特曼（Josette Altmann）认为，拉美一体化倡议过多，无形中削弱了一体化的合力，且至少造成三个方面的负面影响：1. 各国首脑扎堆峰会外交，地区峰会召开频次高达每三个月一次；2. 各种一体化倡议缺乏有效的沟通与协调，难以达成新的共识；3. 各国对让渡主权心存抵触，地区一体化的制度性结构存在一定的先天不足。[①] 中国学者周志伟认为，当前拉美地区一体化陷入困境的

---

① Altmann Josette: "El ALBA, Petrocaribe y Centroamérica: ¿intereses comunes?", en *Nueva Sociedad*, Nro 219, Enero-Febrero 2009, Friedrich Ebert Stiftung, Argentina.

原因主要有：过度的民族主义倾向制约了拉美地区的凝聚力；现有一体化实践流于表面，缺乏务实精神；意识形态纷争使一体化危机四伏；受益不均使小国对一体化兴趣淡漠；缺少地区一体化的主导国家；美国因素对拉美一体化产生了复杂的影响等。[①]

（三）ALBA-TCP 研究综述

目前，国内有关地区一体化理论与实践的研究成果不少，但专门论述美洲玻利瓦尔联盟的文献可谓凤毛麟角。国外学界对美洲玻利瓦尔联盟的研究较为深入，其中以拉美本土学者的成果为主，西班牙、美国、英国、加拿大、土耳其等国的学者亦给予了不同程度的关注。在古巴、委内瑞拉、玻利维亚等 ALBA 成员国，相关著述颇丰，另有相当一部分研究成果出自巴西、阿根廷、墨西哥等国的左翼学者及研究机构，而在南方共同市场等其他一体化模式占主导的拉美国家，有关美洲玻利瓦尔联盟的讨论尚缺乏相应的热度和深度。

就拉美学界的研究现状而言，对美洲玻利瓦尔联盟的基本评价和研究视角，很大程度上受制于研究机构和学者本身的意识形态立场、观点与方法。左翼学者大多对美洲玻利瓦尔联盟的替代色彩及发展前景给予了积极评价和建设性意见，而右翼分析家则普遍持抵制或悲观的态度，对美洲玻利瓦尔联盟的合法性及可持续性表示怀疑。以结构主义为指导思想的联合国拉美经委会甚至将美洲玻利瓦尔联盟排除在拉美一体化的年度报

---

① 周志伟："当前拉美一体化现状及陷入困境的原因"，《拉丁美洲研究》，2007 年第 5 期，第 42 页。

告之外，足以说明拉美学界对美洲玻利瓦尔联盟的看法仍然存在较大分歧与争议。就文献的总体参考价值而言，除去革命理想主义和浪漫主义成分，拉美左翼学者对美洲玻利瓦尔联盟的研究方法和历史认知普遍更为深刻与前瞻。

目前，国内外有关美洲玻利瓦尔联盟的研究方向主要有：①美洲玻利瓦尔联盟的理论渊源与伦理价值；②美洲玻利瓦尔联盟对新自由主义的替代；③美洲玻利瓦尔联盟的制度性建构与创新；④美洲玻利瓦尔联盟的地缘政治与利益博弈分析；⑤美洲玻利瓦尔联盟与南方共同市场等其他拉美一体化模式的比较与分析；⑥美洲玻利瓦尔联盟与21世纪社会主义的发展；⑦美洲玻利瓦尔联盟与全球化、反全球化浪潮；⑧美洲玻利瓦尔联盟与社会运动的发展；⑨美洲玻利瓦尔联盟与美国对拉美政策等。国内外学界对美洲玻利瓦尔联盟的基本评价主要有：①以团结合作、公平贸易、资源共享、能力互补、社会发展与捍卫主权为己任的美洲玻利瓦尔联盟，代表着人民一体化对资本一体化的替代；②重视对人民群众的意识形态教育和动员、尊重人民群众的首创精神，是美洲玻利瓦尔联盟的特色之一；③美洲玻利瓦尔联盟仍然是一个富有争议的领域，它奏响了拉美替代发展的集结号，需要拉美人民贡献更多的想象力与创造力。

1. ALBA-TCP 的性质与特征

目前，有关 ALBA 性质及特征的讨论尚未达成共识。ALBA 官方倾向于将 ALBA 定义为一个以重建地区经济关系为基础的政治概念。作为地区政治联盟，它不同于传统的区域经济一体化及国际经济合作组织，而是以增进地区团结、维护地区独立、谋求地区公正、推动地区结构变革和均衡发展为己任的地区一体化组织。[①] 玻利维亚学者索拉尔·盖特（Solares Gaite）认为，不宜将 ALBA 视作单纯的一体化协议，对 ALBA 更为贴切的定义是——由意识形态相近的地区邻国组建的反帝国主义政治联盟。[②] 而 ALBA 的主要反对者认为，ALBA 对现存国际政治经济秩序及相关国的国内稳定构成了威胁，尤其是美国官方和学界认为，ALBA 是激进人民运动的枢纽。亦有观点认为，ALBA 无非是拉美众多自由贸易协定中、一个意识形态化的变种。更有甚者认为，缺乏制度性和规划性的 ALBA 是相关民族国家谋取利益的阴谋。来自 ALBA 成员国的看法有，ALBA 是自 1917 年俄国十月革命以来西半球最伟大的创新，它将欧洲马克思主义、拉丁美洲的民族主义、反殖民主义和拉美 19 世纪以来解放战争中的一体化理想有机地结合在了一起。古巴全国人民政权代表大会前主席里卡多·阿拉尔孔（Ricardo Alarcón de Quesada，1937 – ）认为，ALBA 是巩固反帝国主义阵线最有力的保障，与其浪费时间寻找未知的答案，不如回答好 ALBA 这个现成的问题。[③] ALBA 不同于欧盟等市场经济占主导的地区一体化动议，它以公正和人道主义为行动指南，力图真正满足各成员国及地区整体利益，将一体化从贸易领域扩展到经济、政治和社会层面。ALBA 成员国在能源安全和粮食供给上已享受到了相应的福利，“遵循互补原则、承认彼此的

---

① Conceptualización de Proyecto y Empresa Grannacional en el Marco del ALBA，http://www.alianzabolivariana.org/modules.php?name=Content&pa=showpage&pid=2074.

② Solares Gaite A.：(2010) *Integración. Teoría y procesos. Bolivia y la integración*, Edición electrónica gratuita. Texto completo en www.eumed.net/libros/2010e/814/，p. 206.

③ Larry Catá Backer，Augusto Molina，“Cuba and the Construction of Alternative Global Trade Systems：ALBA and Free Trade in the Americas”，University of Pennsylvania Journal of International Economic Law，Vol. 31，No. 3，2010，pp. 195 – 196.

不对称性”是 ALBA 在贸易领域力求实现平等交易的前提与保障。[①] 也有更为中性的评价认为，ALBA 主张动人，是一项重要的地区一体化替代选择，但考虑到各国经济对国际市场日益增加的依附性，ALBA 的前景（尤其是军事方面）仍有待观察。[②] 中国学者王鹏认为，ALBA 是拉美反对新自由主义斗争的产物、是拉美一体化进程的产物、是拉美民族主义和反美主义相结合的产物。ALBA 在彰显替代色彩的同时，亦具有一定的兼容性，联盟谋求与拉美既有的一体化组织形成互补而非排斥关系。[③]

波多黎各学者马里贝尔·阿朋特·加西亚（Maribel Aponte García）分别从生产、消费、分配和积累四个环节，梳理了 ALBA 建构“团结经济”的相关概念和模式，并结合地区一体化、包容性内生发展等历史课题，进一步阐述了团结经济理论和 21 世纪社会主义的内在关系和发展前景。马里贝尔认为，ALBA 是一个以委内瑞拉石油经济为重要支撑的地区一体化模式。其创新之处主要体现在两个方面：一是替代性生产和企业方面；二是地区一体化、合作与团结贸易方面。前者主要通过社会生产企业、合作社及大国家企业（Empresas Grannacionales，ALBA 成员国出资的跨国国营企业）实施的各种社会“使命”计划，推动成员国及地区内生性发展。后者主要涉及能源一体化、公平贸易和团结、社会经济合作计划、农业及粮食安

---

① Néstor Núñez, *ALBA*, *diseño diferente*, AIN/Red Voltaire, http://www.rebelion.org/noticia.php?id=108400, 23-06-2010.

② Josette Altmann, ALBA Institutions and Mechanisms, www.flacso.org/uploads/media/8._Alba_institutions_and_mechanisms.pdf.

③ 王鹏：“美洲玻利瓦尔联盟：对一种新型地区一体化模式的分析”，《拉丁美洲研究》，2010 年第 5 期，第 62 页。

全、多部门生产与工业发展、ALBA 银行与南方银行、南方电视台等。总之，ALBA 框架内的贸易与投资是建立在可持续性内生发展、社会包容和国家有效作为的基础上的。ALBA 所倡导的社会包容将优先体现在地区教育、卫生和住房等领域，基础设施建设将以通讯和交通为重点，能源一体化的相关投资将立足地区整体利益，替代性金融体系有待制度化，文化与传媒领域也将得到不断改善与加强。

表 3　ALBA 作为生产企业、地区一体化和内生发展替代模式的图解

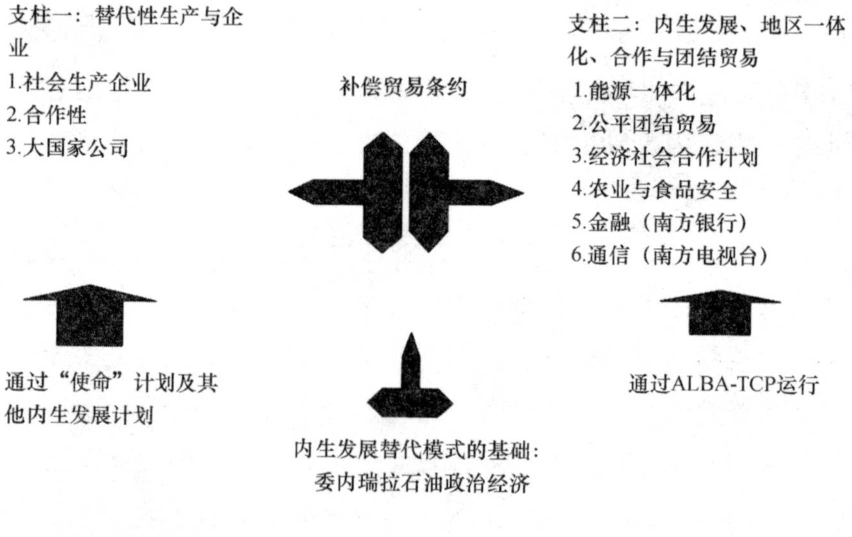

资料来源：Maribel Aponte García，A economía solidaria y el socialismo del siglo XXI en la alternativa bolivariana30：una aproximación inicial，Otra Economía-Volumen III – No 5 – 2o semestre/2009，p. 90.

2. ALBA-TCP 的机遇与挑战

委内瑞拉中央大学国际研究系主任菲利克斯·海拉多·阿

莱耶诺（Félix Gerardo Arellano）认为，ALBA 成立的时间毕竟不长，未来仍面临一定的不确定性。一方面，在初创时期 ALBA 内在机制的灵活性、主要成员国稳定的能源供给、地区替代运动和左翼政权的壮大以及国际关系的多元化，为 ALBA 的发展创造了难得的机遇。另一方面，在多元与变革的国际背景下，ALBA 激进单一的政治价值亦从一定程度上限制了它的扩容。这不仅令一些希望加入 ALBA 的潜在国家望而却步，也使 ALBA 现有成员国的内部产生了或多或少的杂音。再次，作为 ALBA 的核心成员国，委内瑞拉富有争议的地区角色难免遭遇合法性与代表性质疑。反对者认为，委内瑞拉试图通过 ALBA 在拉丁美洲寻求类似苏联在经济互助委员会中的影响力，而支持者更为切实的担心是 ALBA 是否存在过度依赖委内瑞拉而缺乏后劲的问题。最后，ALBA 在制度和法律上的不足，亦成为落实前期协定、深化结构治理的潜在障碍。

委内瑞拉安第斯大学边境与一体化研究中心教授何塞·布里塞纽·鲁伊兹（José Briceño Ruiz）认为，ALBA 的主要挑战有：① ALBA 以委内瑞拉石油经济为依托，一旦委内瑞拉经济受制，ALBA 将面临不可持续的危机；② ALBA 成员国在履行其他一体化组织义务和责任时不可避免地存在矛盾。[①]

《ALBA——不一样的一体化》一文，从地区博弈和成员国内部矛盾的角度阐述了 ALBA 面临的潜在挑战：① 2009 年受美国操控的洪都拉斯政变再次表明，ALBA 成员国内部亲

---

① José Briceño Ruiz, ALBA:¿Una nueva forma de Integración Regional?, Josette Altmann Borbón（Editora）, *América Latina y el Caribe*: *ALBA*:*¿Una Nueva Forma de Integración Regional?*, Teseo, February 15, 2011, p. 83.

帝国主义的寡头和统治阶级是阻碍ALBA进程的顽石；②ALBA成员国内部代表封建、金融、寡头势力的右翼传统政党，依旧服务于美国的地区利益，主张新自由主义、地区军事竞赛和镇压社会运动等；③ALBA成员国还需面对各国的历史沉疾，如社会结构异化、统治阶级舆论误导及文化认同混乱等，重构宗教、法律、教育等上层建筑，以应对新殖民主义的挑战。[①]

美国学者兰瑞·卡塔·贝克（Larry Catá Backer）和奥古斯托·I. 莫里纳（Augusto I. Molina）认为，ALBA关乎三对矛盾和三对关系，前者包括一体化与民族主义间的矛盾、一体化公共模式与私人模式间的矛盾、地区内部和外部贸易规制间的矛盾，后者包括当前贸易形式与替代贸易形式间的关系、反美主义与一体化间的关系、拉美传统贸易框架与其挑战者的关系。[②]

中国学者王鹏认为，ALBA未来至少面临三大挑战：①联盟对单一成员国的依赖程度远远超过其他拉美一体化组织，一旦委内瑞拉陷入经济困境，联盟便有可能陷入危机；②联盟的凝聚力存在很大的脆弱性，联盟的发展进程在很大程度上依赖于成员国的政治意愿，而意识形态分歧、选举政治、国际形势及美国的压力都将对这种政治意愿产生重大影响；③联盟的理论与实践存在一定脱节，治理模式的官僚化倾向愈来愈明显，人民参与的广度和深度都存在明显不足。[③]

---

① Comité Bicentenario Segunda Independencia, "La Alternativa Bolivariana para las Américas (ALBA), una realidad diferente de integración", *CEPRID*, 13 - 11 - 2009, http: //www. rebelion. org/noticia. php? id =95120.

② Larry Catá Backer and Augusto I. Molina, ibid, pp. 196 - 197.

③ 王鹏："美洲玻利瓦尔联盟：对一种新型地区一体化模式的分析"，《拉丁美洲研究》，2015年第5期，第66页。

3. ALBA-TCP 的意义与启示

依附论代表人物、埃及经济学家萨米尔·阿明认为，ALBA 是应对当前资本主义危机的一种选择。[①] 尽管今天的资本主义金融危机较 1870 年至 1939 年间的危机特征发生了较大变化，但危机的罪魁祸首仍然是资本集中与市场开放。2008 年的资本主义体系危机使日本和欧洲的经济增长率降幅超 50%，世界经济陷入了自 1970 年以来的又一低谷。1970 至 1980 年间，资本主义的经济增长得益于南（拉丁美洲、亚洲局部和非洲）北（欧美）经济发展的严重不平衡。而生产与消费的极度失衡是2008 年经济危机的导火线之一。此外，可以预见的是资本主义国家采取的管制措施将进一步恶化美、日、欧的经济局势。外围国家应该认识到尽管资本主义危机四伏，但其始终没有停止质变，而不仅仅是发生量变。目前，全世界约有 5000 个寡头集团掌控着全球的生产体系，美、日、欧被视为帝国主义集团。资本主义集团在科技、能源、传媒和核武器等领域占据着优势和垄断地位。在此背景下，中国、伊朗、泰国和古巴显示出了建立一个更民主的经济体系的可能性，而 ALBA 则是另一个选择。

在 ALBA 的初创阶段，每逢 ALBA 论坛或峰会，人们对美洲自由贸易区（ALCA）的控诉与批判往往盖过了对 ALBA 自身建设的反思与讨论。委内瑞拉社会运动组织“人民玻利瓦尔大会”（Congreso Bolivariano de los Pueblos）秘书长费尔南多·拉蒙·波希（Fernando Ramón Bossi）认为，ALBA 不应仅仅充

---

① Samir Amin，ALBA es la opción ante la crisis del capitalismo，http：//www. prensa-latina. cu/index. php? option = com_ content&task = view&id = 213753&Itemid = 2，18 de agosto de 2010.

当 ALCA 的一个回应，更应成为全面超越 ALCA 的一项事业，因此有必要进一步明晰和完善 ALBA 的原则与日程。[①] 费尔南多这样概括 ALBA 的历史角色与意义：ALBA 是一项颇具历史意义的事业；ALBA 是一项英雄的创造；ALBA 蕴藏着拉美及加勒比地区的潜能；ALBA 包含了反资本主义的价值；ALBA 由人民塑造和建设；ALBA 是世界革命进程中的一个篇章；ALBA 是一项不以商业利益为出发点的一体化运动；ALBA 是一个政治动员工具；ALBA 是拉丁美洲及加勒比地区的革命事业；ALBA 标志着进入新阶段的战略性跨越。

美国学者兰瑞·卡塔·贝克（Larry Catá Backer）和奥古斯托·I. 莫里纳（Augusto I. Molina）认为，ALBA 力图影响贸易、国家角色及跨国私人经济活动的讨论。尽管 ALBA 的价值与框架从某种程度上限制了其影响力，但它仍从一定意义上代表着古巴的胜利及替代模式对经济全球化信条的挑战，而它对西方的最大启示在于，意识形态仍然是影响全球贸易模式的有力因素，全球贸易规制的日益复杂性（国家参与私人市场，非国家行为体主导规则的制定）使 ALBA 的意识形态在发展中国家尤为强势。[②]

三、本书的主要内容与创新点

本书关注的基本问题有：1. 从拉美一体化视角，解读拉

① Exposición de Fernando Ramón Bossi, Secretario de Organización del Congreso Bolivariano de los Pueblos, en el Foro que se realizó en la III Cumbre de los Pueblos, Mar del Plata, 3 de noviembre de 2005. http://www.revistaoikos.org/seer/index.php/oikos/article/viewFile/113/80.

② Larry Catá Backer and Augusto I. Molina, ibid, p. 197.

美不平等发展的困境与出路；2. 全球化背景下，发展中国家参与区域经济一体化的陷阱与战略选择；3. 危机中的资本主义世界经济体系向社会主义世界体系过渡的时机、动因和可能路径。

本书试从三个关键词“拉美”、“替代”和“一体化”入手，对美洲玻利瓦尔联盟的发展与创新展开史论结合的案例分析与述评。美洲玻利瓦尔联盟兼具地区组织的普遍性和自身的特殊性。作为区域性一体化组织，ALBA 继承了拉丁美洲浓厚的地域遗存，而“替代”的内在使命又令其焕发出与众不同的革新精神。ALBA 所倡导的“一体化”，已不再拘泥于资本主义世界经济体系内市场关系主导的区域经济一体化的客观历史进程，而是力图通过社会化生产关系的集约与创新，推动地区生产力的内生性发展、生产关系的制度性替代和地区价值与精神层面的集体认同与团结。所谓“替代”，既是体制的革新，更是制度的演进。ALBA 对新自由主义的批判及其对替代道路的最新探索，为我们考察外围资本主义国家的时代转型提供了最前沿的研究对象。

（一）本书的基本观点

经济全球化与地区一体化是资本主义世界经济体系发展到一定阶段的必然产物。而新自由主义全球化主导下的地区一体化进程，在一定程度上代表着地区内外不同阶级和利益集团对地区生产力和生产关系的深刻影响与布局。当前，外围资本主义国家的地区一体化进程均不同程度地受制于各民族国家统治阶级、地区寡头和跨国集团间的利益博弈，因而无从彻底担负发展中国家应对全球化挑战、寻求替代发展的历史重任。就拉丁美洲而言，迥异的一体化战略背后往往隐藏着不同的地缘利益分配格局。随着全球资本主义体系的演进和资本主义内在矛盾的不断激化，帝国主义发展不平衡规律在外围资本主义地区愈发凸显，统治阶级和跨国集团左右下的地区一体化进程难以兑现外围资本主义国家的发展诉求。

社会运动、左翼政党、左翼政权等各种形式的社会主义因素在外围资本主义国家内部积聚迸发，而左翼地区一体化在一定程度上代表了现阶段该趋势的最高层次——主权国家结成的制度化、组织化、革命化及创新化的团结阵线。团结旗帜下的“一体化”是发展中国家及地区真正实现自主发展、争取国际政治经济新秩序的前提与基础。在严重失衡的资本主义世界经济体系和现存不合理的国际规制内，顺应和参与新自由主义全球化只是发展中国家的权宜之计，要想彻底实现内生发展和公平外交，只能争取游戏规则的制定权和主导权。ALBA 既是发展中国家对地区一体化替代方案的一次大胆尝试，也代表了社会主义因素在外围资本主义国家及地区层面的积累与探索。因此，对 ALBA 的认识与评价绝不应仅仅局限在“方案是否可行”等表象层面，而更应肯定其勇于主导自身及地区发展、争取国际政治经济新秩序的策略和胆识。本书试图通过对美洲玻利瓦尔联盟合作经验与发展前景的论述，说明建构包含社会主义价值的地区一体化替代模式是发展中国家在经济全球化时代，抵御新殖民主义、争取团结自主发展、超越资本主义发展桎梏、探索 21 世纪社会主义的现实选择。

（二）本书的研究方法

本书试图通过生产力与生产关系、经济基础和上层建筑、阶级矛盾与阶级斗争等马克思主义基本原理，运用从抽象到具体、历史与逻辑相一致、规范与实证相结合的研究方法，对

ALBA 的理论与实践等相关问题，进行辩证唯物主义和历史唯物主义的考察与分析。

1. 从抽象到具体的研究方法。本书拟从资本主义世界市场、国际分工、国际贸易等视角入手，论证全球化时代地区一体化的历史必然性及多样性，进而对美洲玻利瓦尔联盟的理论渊源与伦理价值进行规范研究，对美洲玻利瓦尔联盟的制度框架、运行机制及总体成效进行实证分析。

2. 历史与逻辑相一致的研究方法。本书试从拉美经济发展史、拉美经济思想史、拉美一体化史及美洲玻利瓦尔联盟发展史等多重视角，对拉美探索南南一体化的历史经验及教训进行逻辑梳理与评析，进而探寻发展中国家及地区开展南南合作的规律性启思。

（三）本书的研究框架

本书主体部分如下：

第一章“全球化与拉丁美洲：依附、危机与替代”，试图通过回顾与评析拉美依附与不发达的历史新自由主义全球化与拉丁美洲、拉丁美洲的替代运动，揭示拉丁美洲外围资本主义固有的内在矛盾及局限性，进而论证新形势下发展中国家寻求社会主义替代道路的历史必然性与紧迫性。

第二章“拉美一体化的理想与现实”，分别从理论与实践层面，总结拉丁美洲一体化的历史与现状，并结合文献综述对拉美一体化的历史成效与问题进行评析。

第三章“美洲玻利瓦尔联盟的诞生与发展”，试从新自由主义经济改革在拉丁美洲的失败入手，对 ALBA 诞生的历史背景、发展历程和成员国概况进行述评。

第四章“美洲玻利瓦尔联盟的历史渊源”，试析西蒙·玻利瓦尔主义、何塞·马蒂主义等理论渊源对 ALBA 的影响及其在 ALBA 实践中的发展与创新。

第五章“美洲玻利瓦尔联盟的战略与规制”，试从结构－功能角度，对 ALBA 的战略目标与原则、治理结构及运行机制进行实证分析和评价。

第六章“美洲玻利瓦尔联盟的主要协议与项目”，试论 ALBA 金融、能源、大国家企业与大国家计划，详解 ALBA 的战略架构及主要作为领域。

第七章“美洲玻利瓦尔联盟的成就与挑战”，通过剖析 ALBA 的发展现状与成就，试论 ALBA 面临的机遇及挑战。

结论部分试从制度替代的角度，总结 ALBA 的历史意义与得失，并结合相关经验，对拉美“21 世纪社会主义”和拉丁美洲的未来进行简要评述。

（四）本书的研究难点与重点

1. 重点：（1）ALBA 理论渊源与伦理价值的规范研究；（2）ALBA 制度框架、运行机制及总体成效的实证分析；（3）拉美等发展中国家及地区寻求替代发展的动因、历史局限、路径选择和前景等。

2. 难点：（1）创新适用于 ALBA 等发展中国家一体化的评价体系；（2）克服意识形态的先入为主，客观全面地评价 ALBA 的成效与可行性；（3）揭示一体化背后的阶级矛盾，阐释一体化替代模式产生的历史必然性和必要性。

（五）本书的特色与创新之处

1. 对拉丁美洲社会经济结构和阶级关系的历史演变，进行辩证唯物主义和历史唯物主义的梳理与辨析，进而揭示拉美一体化的内在动因、时代特征、历史成效及局限等。

2. 系统梳理 ALBA 在自身建设和地区建设上的有益探索，挖掘 ALBA 在一体化实现形式上的创新与经验，对 ALBA 的理论与实践进行历史的具体的评析。

3. 通过对拉丁美洲一体化进程的回顾与反思，阐发外围资本主义国家在全球化时代面临的发展挑战，并进一步论证外围国家探索替代一体化模式的必要性。

第一章

全球化与拉丁美洲：依附、危机与替代

“依附”与“独立”、“不发达”与“发展”是贯穿拉美近现代史的两对线索性词汇，围绕这两对矛盾展开的学理剖析和实践运动极大地丰富了我们对拉丁美洲解放史和发展史的认识与讨论。纵观16世纪地理大发现至2008年资本主义世界经济危机期间的世界历史，依附与不发达仍然是概括拉美历史与现实最为精当的表达，而拉美人民争取地区独立和发展的斗争亦从未停歇。随着资本主义生产方式和世界经济体系历经的技术进步和组织革新，拉丁美洲外围资本主义的依附性发展也显现出了形式各异的阶段性特征与矛盾。

本章试图将拉丁美洲置于资本主义世界经济体系的历史切面中，通过回顾拉美外围资本主义的历史宿命，梳理拉美依附性发展的相关理论与争鸣，解析拉美不发达的原因及出路，进而结合新自由主义全球化的历史批判，论述拉美替代运动发生的历史必然性、特点与趋势。

第一节　拉丁美洲的宿命：依附与不发达

很少有人注意到这样一个事实——被冠以“外围”地区的拉丁美洲和加勒比地区是地球上自然资源最为丰富的地域之一。中国学者索飒著有《丰饶的苦难》。这本讲述拉美斗争史与思想史的文集，用极其洗炼的文字精准地概括了一个长久困扰拉丁美洲的历史迷思——为什么“丰饶”却如此“苦难”？委内瑞拉“人民玻利瓦尔大会”秘书长费尔南多·拉蒙·波希的回答是——拉丁美洲蕴藏着巨大的财富，但这些财富的受益权却不属于人民。拉丁美洲拥有广阔的草原和平原，十分有利于农业和畜牧业的发展，却仍有千百万人在挨饿。拉丁美洲蕴藏着丰富的能源和矿藏，既不缺石油、天然气、煤、电力、水力，也不少铁、铜、锡、铝、金、银、水泥、石灰，但却没有像样的工业，且受新自由主义影响，甚至还出现了去工业化现象。拉丁美洲的饮用水存储量世界第一，但每年仍有多于15万的拉美儿童因饮用水匮乏而死于儿童腹泻。拉丁美洲是生物多样性最为丰富的地区之一，但跨国公司的非理性行为亦使其成为濒临灭绝物种最多的地区。拉丁美洲的土著文化历经千年，多元独特，其所蕴含的宇宙观、人与自然关系等思想对启迪现代社会、探索人与环境和谐共存，具有十分重要的现实意义。然而曾经枝繁叶茂的土著文明却遭遇到了所谓舶来精英文化的系统性覆灭和当代拉美人的尘封。拉丁美洲的巨大潜能远不止这些，当欧洲人以亚历山大大帝、拿破仑为荣时，一段没有卑微和屈服的尊严史足以使拉美人民扬眉吐气——“这里从来没有征服者，这里是解放者的热土”。[①] 然而骁勇善战的拉美人民却无力对抗世界资本主义的发展洪流，幅员辽阔、物产丰饶——这些本可以改变自身命运的砝码却使拉丁美洲成为了殖民者眼中难得的“肥肉”，拉丁美洲从此不得安宁。

拉丁美洲的依附与帝国主义源流息息相关。英国工业革命开启了世界两极分化的历史进程，“中心—外围”结构在资本主义工业生产的马达声中初现雏形。一边是英国、欧洲、美国、日本先后成为世界资本主义体系的工业中心，另一边是亚非拉地区不断沦为宗主国的外围市场和原材料产地。“中心国家”资本主义对外扩张的原动力决定了外围国家在世界资本主义体系中的附庸地位——国际分工的最低端、生产结构单一、技术水平落后及收入水平低下。独立运动以来，拉美经济大致经历了初级产品出口外向增长模式（1870—1930 年）、进口替代工业化内向增长模式（1930—1982 年）、新自由主义外向增长模式（1983—21 世纪初）的演进。19 世纪中叶至 1930 年，拉美国家迫于国内生产力低下及国内市场狭小的压力，普遍走上了出口单一农矿业初级产品的道路。该模式在给拉美带来大量外资和短期收益的同时，也让拉美国家陷入了难缠的比较优势陷阱，进一步加剧了拉美二元经济结构的失衡、脆弱与依附。20 世纪上半叶，国际局势风云变幻，尤其是 20 世纪 30 年代的资本主义大萧条使长期奉行初级产品出口模式的拉美经济

① Exposición de Fernando Ramón Bossi, Secretario de Organización del Congreso Bolivariano de los Pueblos, en el Foro que se realizó en la III Cumbre de los Pueblos, Mar del Plata, 3 de noviembre de 2005. http://www.revistaoikos.org/seer/index.php/oikos/article/viewFile/113/80.

遭受重创，如梦初醒的地区大国开始率先在薄弱的工业基础上探索进口替代工业化发展模式。二战后，依附的历史与现实使拉美知识分子深刻地认识到，发达国家的发展理论根本无法解答发展中国家的不发达现象，拉美国家必须自主思考依附、不发达和发展问题，通过转变发展模式寻求出路。从20世纪四五十年代的拉美结构主义经济理论到20世纪六七十年代的依附论，再到20世纪八九十年代新自由主义退潮后的新发展主义理论，拉美本土知识界始终没有停止前进的脚步。

一、拉美结构主义经济理论的贡献

20世纪40年代末50年代初，联合国拉丁美洲和加勒比经济委员会（Comisión Económica para América Latina y el Caribe, CEPAL）提出了拉美结构主义经济理论（又称“拉美经委会主义”“拉美发展主义”“普雷维什主义”），代表人物为阿根廷著名经济学家劳尔·普雷维什。[①] 作为依附论的先驱思想之一，拉美结构主义经济思想是在批判西方正统经济学理论的基础上，结合拉美经济的现实挑战与发展诉求而创立的，被公认为“第三世界创立的首个经济发展理论”。该理论主要围绕“中心—外围”、“贸易条件恶化”、“进口替代工业化”、“加强外围国家经济合作”与“体制变革”等问题进行了深入剖析。

“中心—外围”概念是拉美结构主义经济理论的基本分析工具和理论出发点。结构主义认为，“中心—外围”结构具有

---

① 劳尔·普雷维什（Raúl Prebisch，1901－1986），代表作有《普雷维什在拉美经委会的著作》《外围资本主义：危机与改造》等。

整体性，无论是中心还是外围都是资本主义世界经济体系的一部分，并随着资本主义生产技术和生产关系在全球的广泛传播呈现动态发展趋势。其次，“中心—外围”体系的差异性突出体现在二者经济结构的比较上。在技术进步首先发生的中心地区，经济各部门具有生产技术均匀渗透的“同质性”，同时“多样性”的生产覆盖了资本品、中间产品和最终消费品等广泛领域。而外围经济结构则由于单一的初级产品生产模式占主导，呈现出专业化的特征，各经济部门之间劳动生产率的巨大差别又构成了其经济结构的“异质性”。再次，“中心—外围”体系具有不平等性，“中心—外围”体系的起源、运转和发展，都体现出中心—外围间的不对称性。具体而言，技术进步及其成果在中心和外围国家间的不均衡分配使资本主义世界经济体系的国际分工从一开始就不利于外围国家的自主发展，而初级产品贸易条件长期恶化和资本主义世界经济体系“动力中心”的转移又加剧了“中心”与“外围”的不平等。

“贸易条件恶化论”。1945 年，普雷维什在提交拉美经委会的《拉美经济发展及其主要问题》[①] 报告中，通过深入考察 19 世纪中期到第二次世界大战前英国和发展中国家进出口产品的平均价格指数，得出发展中国家初级产品的贸易条件存在长期恶化趋势的结论。拉美结构主义经济理论认为，作为殖民时代遗留下来的国际分工的必然结果，这种不利趋势主要是由于技术进步的利益在中心与外围的不均衡分配、贸易周期运动对中心与外围的不同影响、初级产品的不利需求这三方面因素促

① 1945 年 5 月，普雷维什在该报告中，首次系统而完整地阐述了“中心—外围”理论。

成的。为扭转这种不利局面，结构主义主张发展中国家实行“进口替代”与“鼓励制成品出口”相结合的政策，发达的中心国家应对外围国家的工业品出口提供普遍优惠制度。20 世纪 70 年代，普雷维什从内因角度进一步发展了对这一问题的看法，强调外围国家本身在经济结构上的缺陷是导致这一趋势更为主要的原因。

“进口替代工业化论”是“中心—外围”理论和“贸易条件恶化论”的必然结论。为改变外围国家以初级产品出口为核心的外向型发展模式，转而选择以增加本国工业生产为依托的发展模式，拉美结构主义经济理论在总结拉美国家早期进口替代工业实践的基础上，论证了第二次世界大战后在拉美实行进口替代工业化的必要性与紧迫性，并进一步指出了实施该战略的一些原则和具体措施，如有选择地采取适当的保护政策、加强国家在经济生活中的干预作用、提高资本积累水平及加强外围国家经济合作等。针对 20 世纪五六十年代进口替代工业化实践中出现的若干问题，拉美结构主义经济理论又对该战略作出了补充和修正，强调外围国家应将进口替代战略与鼓励制成品出口、外围国家经济一体化相结合，发达国家需对外围国家的战略调整给予配合。尽管拉美国家的进口替代工业化在 20 世纪 60 年代以前曾取得了引人注目的成就，但在 20 世纪 80 年代拉美各国由于奉行进口替代战略时间过长，纷纷陷入了严重的债务危机和经济萧条，至此这种一经出现就备受争议的极端内向型发展模式终于被西方发达国家极力推崇的新自由主义发展模式所取代。从理论上说，进口替代工业化战略确实不是外围国家获得经济发展的最优解，而只是在特定历史条件下的一种次优解，但在实践中，“中心”与“外围”的极度不平衡却使它成为了一种事实上的最优解。[①]

"加强外围国家经济合作"思想。拉美结构主义经济理论认为，通过加强外围国家间的经济合作，有助于扩大进口替代所依托的"国内市场"，从而给这种战略以进一步的发展动力。拉美结构主义早期的国家经济合作思想主要集中在建立拉美共同市场和实现拉美一体化方面，从20世纪60年代初起，合作视野进一步扩大到整个发展中国家。1964年3月，作为联合国贸易与发展会议的首任秘书长，普雷维什在第一届联合国贸发会议上作了题为《迈向发展的新贸易政策》的报告，首次系统地阐述了国际经济合作思想，并提出了建立国际经济新秩序的具体方案和改革国际贸易体制的设想。从此，普雷维什的经济发展理论成为发展中国家争取国际经济新秩序的有力思想武器。

"体制变革论"。20世纪70年代中后期，普雷维什本人根据外围国家经济发展现实提出了新的理论主张。普雷维什认为，在资本主义世界经济体系中，"中心—外围"之间不仅存在工业品与初级产品之间的不同，而且还存在"创新性与模仿性"、"霸权性与依附性"之间的差别。外围国家的"经济剩余"没有起到促进经济发展的作用，反而由于"特权消费社会"的结构而使大部分"经济剩余"转移到了中心国家。因此，外围国家实现经济变革的首要前提是通过"经济剩余的社会化"进行"体制变革"，建立一种"社会主义与自由主义相结合"的新制度。20世纪70年代，在中心国家进入"滞胀"

---

① 董国辉：《劳尔·普雷维什的经济思想研究》，南开大学出版社，2003年版，第143页。

危机和传统经济理论无法解释这些现象的情况下，普雷维什试图通过“体制变革论”进一步完善和补充拉美结构主义经济理论，但由于阶级局限性，其思想与现实间存在严重脱节。

鉴于拉美经委会的民族改良主义倾向和折衷主义思想，拉美结构主义经济发展理论并未从根本上排斥发达国家提出的正统发展理论，而只是结合拉美现实进行了一些修改和补充，并强调了结构改革的必要性。把正统发展理论的基本观点纳入结构主义发展理论，有悖于拉美经济思想的发展初衷与轨迹。这种发展模式事实上并未给拉美各国带来民族经济的自主发展，反而加深了各国的对外依附。①

二、依附论的源流

20 世纪 50 年代末，古巴革命一举成功，拉美地区的独裁政府相继下台，拉美国家面临“社会主义革命亦或资本主义工业化”的历史性选择。旨在研究帝国主义扩张后果及外围国家社会经济结构与变化规律的依附论由此诞生。“依附理论”之所以在拉丁美洲思想史及第三世界发展理论史上享有特殊地位和深远影响，很大程度上源于它精当地概括了拉丁美洲在资本主义世界经济体系中、相当长一段时间内的历史宿命——外围资本主义的依附性生长与发展。

马克思主义依附论和结构主义依附论构成了依附理论的两大流派。前者批判吸收了普雷维什主义在依附现象分析方面的研究成果，力求以严谨的马克思主义方法重新确定分析范畴，

① 袁兴昌：“对依附理论的再认识——依附理论的起源”，《拉丁美洲研究》，1990 年第 4 期，第 15 页。

解释资本主义生产方式的运动规律在拉美国家呈现的特殊性。后者则是从普雷维什主义内部发展而来，对其抱折衷改良的态度。马克思主义依附论旨在通过分析帝国主义体系的前途与命运，唤起人民的革命意识，以期通过社会革命改变内部结构，打破依附状态。而结构主义依附论则更多地吸收了熊彼特主义和凯恩斯主义资产阶级经济理论的改良主义成分，主张通过地区一体化、利用外资和发展国内市场等发展民族资本主义。

马克思主义依附论的代表人物——巴西著名经济学家特奥托尼奥·多斯桑托斯（Theotonio dos Santos，1936 – ）认为，任何发达的贸易都意味着独立生产者（这里指不同的国家）之间的某种分工，然而这一分工是根据统治和剥削利益实行的，这种统治和剥削长期以来使屈从于统治国强加条件的那些国家处于持久的落后状态。[①] 依附是指某些国家的经济受到其他国家经济发展和扩张制约的状况。[②] 多斯桑托斯进一步指出，依附结构在不同历史时期的变化是依附形成与发展过程中内外因相互作用的结果，依附形式不仅制约着不发达国家的国际关系，还制约着依附国的生产方向、资本积累形式、经济再生产和社会政治结构等，不同的依附关系促成依附国不同的社会经济内部结构。[③] 多斯桑托斯还分析了历史上三种依附形式——殖民地依附、工业—金融依附和工业—技术依附的特点。殖民地依附的特点是商业资本和金融资本同殖民主义政府结盟，通过在殖民地占有土地、矿山和劳动力来主宰欧洲国家与殖民地

---

① 多斯桑托斯 T. 著：《帝国主义与依附》，社会科学文献出版社，1999 年版，第 50 页。

② 同上书，第 6 页。

③ 同上书，第 310—311 页。

间的经济关系。工业—金融依附形成于 19 世纪末，其特点在于帝国主义霸权中心的大资本统治和通过在附属国原料和农产品生产中的投资进行扩张，以满足霸权中心的消费需求，在附属国形成面向出口或外向型生产结构。二战后出现的工业—技术依附时逢跨国公司扩张和新的国际分工产生，其特点是跨国公司开始在不发达国家投资与国内市场相联系的工业部门。[①]

三、后新自由主义的理论争鸣

始于 20 世纪 70 年代的新自由主义浪潮一度淹没了拉美本土经济发展理论的火花，然而令人始料不及的是短短数十年新自由主义在拉丁美洲就走进了死胡同。从 20 世纪 80 年代“失去的十年”到 20 世纪末 21 世纪初的金融危机，拉美进步学者在批判新自由主义模式的同时，开始反思和创新拉美本土发展理论，寻求拉丁美洲的后新自由主义发展道路。

旨在继承与扬弃结构主义的新结构主义经济理论兴起于 20 世纪 80 年代结构主义与新自由主义的大论战中。1990 年前后出版的两部著作——拉美经委会编著的《生产改造与公平相结合》[②] 和智利经济学家奥斯瓦尔多·松克尔（Osvaldo Sunkel, 1929 - ）主编的《从内部发展》,[③] 成为新结构主义形成的标志。新结构主义反对新自由主义将拉美的不发达状态归咎于经济政策

---

① 袁兴昌：“对依附理论的再认识——依附理论的主要组成部分及基本思想”，《拉丁美洲研究》，1990 年第 5 期，第 6 页。

② CEPAL, *Transformación Productiva con Equidad: La Tarea Prioritaria de América Latina y el Caribe en los Años Noventa (LC/G. 1601 - P)*, Santiago de Chile, 1990.

③ Osvaldo Sunkel (Ed.), *el Desarrollo desde Dentro: un Enfoque Neostructuralista para América Latina*, Fondo de Cultura Económica, México, 1991.

扭曲，认为拉美的不发达源自其历史、内源和结构性原因，20 世纪 80 年代末拉美对外参与被动、产业结构失衡和收入分配不均都印证了这一点。关于国家的作用，新结构主义认为，结构主义过分相信国家干预，新自由主义过分否定国家干预，事实上自由市场与竞争并不必然带来效率和发展，国家对市场、经济发展战略及政府各部门的运行具有不可替代的指导与协调作用。新结构主义强调收入分配和社会公正，主张把经济增长与社会公平作为长期发展目标，增强经济自主性，减少外部脆弱性，建设参与制的、民主的社会。新结构主义强调生产领域的一体化先于贸易流通的一体化，主张实行有别于“内向发展”和“外向发展”的“从内部发展”战略，力图避免“内向发展”重复发达国家消费模式、工业模式和技术模式的缺陷和“外向发展”简单开放市场的做法，争取建立一种同本国具体缺陷和实际潜力相适应的生产结构，通过建设支柱产业和利用本国自然资源，加强国内市场协调统一，形成参与外部竞争的优势。[①]

有学者根据“结构主义”的别称“发展主义”，将后新自由主义理论中的一支改革学派概括为“新发展主义”。新发展主义是介于国家发展主义和新自由主义之间的“第三种理论”，它是为巴西、阿根廷等发展中国家在 21 世纪赶上发达国家而提出的一整套制度改革和经济政策建议，其代表人物是巴西经济学家路易斯·卡洛斯·布雷塞尔·佩雷拉。[②] 新发展主义主

① 苏振兴主编：《拉丁美洲的经济发展》，经济管理出版社，2000 年版，第 157—160 页。

② 路易斯·卡洛斯·布雷塞尔·佩雷拉（Luiz Carlos Bresser – Pereira，1934 – ），曾任巴西财政部长、国家改革部长、科技部长，现为《圣保罗报》专栏作家、《政治经济学》杂志主编。其主要代表作有专著《停滞的宏观经济》（2007）、论文《新发展主义中的国家与市场》。

张，不仅要强化市场还要强化国家，发展不仅要保护财产与合同，还必须制定国家发展战略，鼓励企业家投资，优先发展出口和具有高附加值的知识和技术密集型的产业。[①]

此外，“21 世纪社会主义”亦成为拉美后新自由主义理论探索的重要标签。2007 年 11 月 21 日，厄瓜多尔总统科雷亚（Rafael Correa Delgado，1963 –）在中国社会科学院所作的报告《厄瓜多尔的“21 世纪社会主义”》中提到，“西方的发展模式、发展观对我们是很有害的；传统社会主义的缺陷在于没有提出新的发展观，而只是提到经济要发展、生产力要提高等；我们现在要做的是提出新的发展观，以前的发展观是不可持续的”。[②] 阿根廷经济学家阿蒂略·波隆（Atilio Borón，1943 –）认为，“21 世纪社会主义在经济领域，意味着在克服计划专制与市场无度的同时，通过民众的智慧，创造一种受民众控制的崭新的经济过程，以期灵活、迅速地应对日渐改变当代资本主义面貌的创新浪潮；这是一种既能实现企业和生产单位活力与自治，又能有效协调各项经济政策的社会主义；这是一种能促进各种社会产权和谐共存的社会主义，无论是股份制公司、国有企业还是同私人资本的联合，劳动者、消费者和国家官员均可以多种方式结合进各种受人民掌控的产权关系中；将公共财产和国家财产混为一谈是苏联留给我们最为严肃的历史教训之一，21 世纪社会主义的最大挑战之一在于，找到不同

---

① 徐世澄：“拉美学者对‘后新自由主义’和‘新发展主义’的探索”，《毛泽东邓小平理论研究》，2011 年第 4 期，第 74 页。

② ［厄瓜多尔］拉斐尔·科雷亚·德尔加多：“厄瓜多尔的‘21 世纪社会主义’”，《拉丁美洲研究》，2008 年第 1 期，第 8 页。

于以往的经济调控手段与方式”。[①]

关于拉美后新自由主义的发展道路，是选择“新发展主义”还是寻求“社会主义”？是进行不断的激进变革，还是在实施“21 世纪社会主义”前，经历一段新发展主义的资本主义阶段？阿根廷经济学家克劳迪奥·卡兹（Claudio Katz, 1954－）认为：

“尽管拉美在资本主义的全球体系中处于外围，但却具备了启动社会主义进程的坚实资源，如肥沃的土地、丰饶的矿藏、充裕的水资源、丰富的能源和工业基础。拉美的问题在于没有开发这些潜能。落后的积累方式和对世界市场的依附，历史性地扭曲了地区发展。不是缺乏地区储蓄，而是向中心经济过分转移了。农业的倒退、低工业生产率和购买力的紧缺均是帝国主义掠夺的结果。拉美的主要问题不是贫困，而是资本主义在所有国家创造的令人吃惊的社会不平等。现实否认了新发展主义关于拉美经济不成熟的假设，谁将受益于增长成为一个两难命题。新发展主义试图将好处分给工业资本家，而新自由主义则主张银行家分享利益。社会主义对两者均反对，主张对社会财富进行彻底的重新分配，立即改善受压迫人民的生活水平，消除利润的至高无上。这样资源就会有更多机会被民众分享，而不仅仅成为资本主义演进的条件。尽管新发展主义在拉美并非完全不可行，但拉美外围集团欲通过此路径实现整体提升的希望不大，且这一路径的牺牲者和受益者显而易见。任何资本主义的代价都将由人民承担，而银行家和工业资本家只会

---

① ［阿根廷］阿蒂略·波隆：《拉美新民族资本主义神话》，贺钦译，《国外理论动态》，2010 年第 1 期，第 27 页。

分享利润，因此，社会主义者主张反资本主义的模式”。[①]

2008 年，资本主义世界经济危机再次引发了人们对资本主义内在矛盾的制度性反思与批判。当西方主流经济学家乐此不疲地奔忙于修补正统经济学、以声援金融垄断资本家时，以拉美学者为代表的第三世界知识分子仍在拷问历史——发展中国家“不发达”的出路在哪里？2008 年 2 月，老牌殖民帝国西班牙正遭受着严厉的经济危机，西班牙马克思主义研究会（La Fundación de Investigaciones Marxistas，FIM）在西班牙马拉加大学经济系召开了“伊比利亚国家首届发展经济学大会”。会议以“全球化、不平衡的发展与依附——拉丁美洲的发展战略与替代选择”为主题，分别从“发展、不发达和依附的概念特征”、“经济全球化的经济与社会意义”、“发展政策及克服不发达和依附的经济替代选择”三个部分进行了深入的探讨，共有来自西班牙及拉美的逾百位专家学者与会。[②] 学者们普遍认为，西方经济学建构的发展经济学理论无法为发展中国家提供正义和可持续的发展出路。拉美依附与不发达的历史和拉美经济发展理论的源流说明，代价高昂的“西药”治不好拉丁美洲的不发达，创新拉美本土经济发展理论才是助推拉美可持续发展的原动力。

此外，美国著名拉美问题专家 E. B. 伯恩斯（E. Bradford Burns，1932－1995）曾谈到，“殖民地历史长时期遗留下来并在 19 世纪得到加强的体制结构，至今还继续存在着”，因为这

---

① ［阿根廷］克劳迪奥·卡兹：“后新自由主义的拉美关于未来发展道路的争论”，贺钦译，《国外理论动态》，2008 年第 1 期，第 18 页。

② 贺钦：“西班牙马克思主义理论前沿追踪”，《马克思主义与现实》，2010 年第 2 期，第 152 页。

里的上层人士仍然“趋于将自己的利益和愿望与整个国家的利益和愿望混为一谈”，而“维持现有体制比实行真正变革要容易得多”，这就造成了拉美永久的不解之谜——在具有巨大潜力的富裕地区中却普遍存在着贫困，因此“为发展而斗争是当代拉美的主旋律”。[①] 由此可见，拉美后新自由主义的理论争鸣，既要勇于挑战现有的利益格局，直面失衡的社会经济结构，寻求不发达的真正原因，更要勇于突破外围资本主义发展的制度性障碍，直面“社会主义还是野蛮”的历史选择，“拉美21世纪社会主义”任重道远。

第二节　新自由主义全球化与拉丁美洲

一、新自由主义全球化的陷阱

经济全球化是指随着科学技术、国际分工的发展及生产社会化程度的提高，世界各国、各地区的经济活动超越出一国或地区的范围而相互联系和密切结合的趋势，经济全球化主要包括生产全球化、贸易全球化和资本全球化。[②] 如今，被卷入经济全球化洪流中的人们大都难以否认全球化的客观真实性和不可逆转性。一边是尖端技术、生产与管理带来的快感与享受，另一边是污染、自然灾害和两极分化带来的重负与抗议，经济全球化的双刃剑效应已成为人类无法回避的沉重话题。

---

① E·B·伯恩斯著：《简明拉丁美洲史》（插图第8版），王宁坤译，世界图书出版公司，2009年版，第13页。

② 程恩富等主编：《现代政治经济学新编（第二版）》，上海财经大学出版社，2008年版，第465—466页。

经济全球化是资本主义世界经济体系发展到一定阶段的必然产物，而兴起于20世纪下半叶的新自由主义全球化则是西方资产阶级为争霸全球蓄意打造的意识形态全球化战略。古巴经济学家马丁内斯（Osvaldo Martínez Martínez，1944－）认为，全球化是“一种无法否认、无法低估的现实”，但不能用全球化来解释一切，否则无异于混淆一切，人类“对全球化的滥用已经到了必须区分现实全球化和虚构全球化的地步”，有必要分清哪些是“客观趋势”，哪些是“意识形态的操作”。全球化是帝国主义时期资本主义的特征之一，它标志着资本主义不平衡进入了一个新的发展阶段。作为建构历史的片断之一，这种封闭的、否定任何替代的绝对主义全球化不过是捍卫帝国主义体系的思想工具，所谓的“趋同”无非是为了掩盖深刻的不平等和巨大的差异。如果说“经济话语的同化是全球化最伟大的成就”，那么新自由主义全球化的最大胜利莫过于“市场神学”的建立，即迫使受害者用凶手的逻辑思考问题。在这种情况下，全球化程度越深，各国经济间越是相互依存，其坍塌的破坏力就越发巨大。①

古巴学者埃乌赫尼奥·E. 艾斯匹诺萨·马丁内斯将新自由主义全球化的消极影响归纳为五点：全球生态灾难频发，社会状况恶化，个人、企业和国家间的不平等与日俱增，世界经济陷入近三十年来的最低增长周期，局部战争、军事干预和领土冲突不断增加。② 事实上，对发展中国家而言，新自由主义

---

① ［古巴］奥斯瓦尔多·马丁内斯著：《垂而不死的新自由主义》，高静译，当代世界出版社，2009年版，第117—125页。

② Eugenio E. Espinosa Martínez, *El ALBA: un camino hacia el desarrollo La Alternativa Bolivariana para América*, www. flacso. uh. cu/sitio_ revista/num1/articulos/art_ EEspin2. pdf.

最具杀伤力的创造在于“技术商品化”和“金融自由化”。服务于跨国公司垄断利润的科学技术一旦成为资本实现价值的源泉，市场化的技术奇迹就只能带来令人痛苦的两极分化——一边是无法得到满足的基本需求，另一边是难以抑制的疯狂消费。医药、农业和互联网等领域的垄断暴利再次印证了资本主义制度反人类的内在逻辑。“只要资本逐利性还决定着科学技术的创造和应用、生产的地域性分配、消费主义生活方式的传播，那么经济增长与扩张只会加速环境危机的爆发，生态环境的恶性循环将难以遏制，破坏地球的全球化进程仍将继续”。[①] 人类生存的惨淡现实表明，新自由主义全球化不但没能解决资本主义由来已久的制度性矛盾，反而加剧了金融垄断资本主义时代的分配不公、人口重负和环境恶化，而这些严重后果都将最终指向资本主义的不可持续性。与此同时，科技革命为资本主义配备了功能强大的通信手段，推动着“自由市场”和金融投机向全球发展。古巴经济学家马丁内斯将这一过程中的资本主义经济概括为三个特征，即全球企业的加速集中、中心与外围的极度分化和金融危机的频繁爆发。[②] 在斯密、李嘉图、马歇尔、熊彼特时代经济理论强调的累进企业模式中，企业家是生产的组织者，而在金融自由化的今天，传统企业模式已被乔治·索罗斯式的暴利投机模式所取代。受控于少数金融集团的跨国垄断资本在全球范围内的疯狂扩张，尤其是对外围国家经济命脉的私有化改造，不但瓦解了这些国家的民族资产阶级和官僚阵营，使其成为跨国公司的附庸，还彻底打垮了外围国家

① ［古巴］奥斯瓦尔多·马丁内斯著：《垂而不死的新自由主义》，高静译，当代世界出版社，2009 年版，第 130 页。

② 同上书，第 51 页。

的民族经济，使其朝着具有寄生倾向的金融业发展。标榜企业民主化和“产权扩散”的私有化浪潮不但没能创造更多更好的良性竞争，反而加剧了跨国垄断资本的进一步集中。在新自由主义“光顾”拉美以前，中心与外围间的鸿沟由来已久，而在新自由主义“造访”之后，经历了“失去的十年”的拉美不但没能享受到财富溢出效应的福音，反而陷入了更加深不可测的鸿沟。1995 年墨西哥金融危机、1998—1999 年巴西金融动荡和 2001 年阿根廷经济危机的先后爆发不断警示着人们，在新自由主义的推波助澜下，全球化金融市场中的投机浪潮和资产泡沫犹如脱缰的野马肆意横行，而“经济命脉、就业增长以及金融业赖以依托的实体经济却被个人谋利、社会冷漠和无监管的市场短期主义无情的淹没”。在市场不受监管并被投机主宰的时代，国际货币体系呈现出“私有、投机、动荡和亲美”的四大特征。在新自由主义的宠儿——无有效管制的浮动汇率制度下，一边是不受任何羁绊、肆意作孽的美元霸权，另一边是危机四伏、饱受欺凌的民族国家弱势货币。2008 年的新一轮资本主义经济危机再次印证，实体经济因有偿付能力的有效需求不足而陷入停滞或经济主体的信心化为恐慌时，新自由主义在所有欠发达国家和发达国家埋下的定时炸弹便会引爆。金融自由化通过提高“劳动力市场的弹性”降低了就业数量和质量，进而侵蚀了资本主义制度的最终依托——有偿付能力的需求。作为金融自由化时代最主要的投资方式，企业并购也是实体经济陷入停滞的主要表现之一，在这场投机替代生产性投资的战争中，被瓜分的市场不过是一个本身并不会长大的蛋糕。总之，被虚拟经济架空的实体经济愈是脆弱，资本主义制度就愈加不堪一击。

二、拉丁美洲的新自由主义危机

新自由主义在拉丁美洲的渗透可分为三个阶段：1. 试验阶段，20 世纪 70 年代初，美国出于对拉美共产主义的担忧，向南锥体国家军政府兜售新自由主义改革计划，皮诺切特领导下的智利军政府为巩固新生政权欣然接受，成为新自由主义在拉丁美洲的首个试验田；2. 启动与推广阶段，20 世纪 80 年代初，深陷债务危机的拉美各国为获得美国主导的国际金融机构有条件的资金援助，被迫接受新自由主义稳定计划与结构调整政策；3. 全面改革阶段，20 世纪 80 年代末，在“布雷迪计划”和“华盛顿共识”的双重压力下，阿根廷、墨西哥、秘鲁、巴西等拉美大国相继开启新自由主义全面改革。由此可见，新自由主义入侵拉美固然与拉美政治经济结构中的依附性密切相关，但美国的经济诱导和意识形态扩张才是让新自由主义在拉美遍地开花的决定性因素。

自 20 世纪 80 年代债务危机后，拉美国家大力推行经济私有化、贸易自由化、开放资本市场等一系列新自由主义经济改革措施。然而新自由主义经济改革又不同于一般的市场化改革，它涉及国家经济制度、发展模式、国家社会关系等多方面重大社会变革的根本性转轨。新自由主义改革试图通过自由化、私有化和解除管制等政策来削弱国家对经济的干预能力，从而使向本国利益集团和多国公司转移资源成为可能；通过社会保障制度改革削弱福利国家制度；通过职团制度甚至独裁统治来摧毁或控制工会，破坏劳工立法，从而加强资本的权力；通过市场经济和非政府组织调整国家与社会关系。新自由主义改革的基本目标是削弱民族国家对国民经济的干预和控制，从而为西方资本进入并控制拉美经济创造条件。[①]

以“市场个人主义”为导向的新自由主义经济改革反对政府对市场经济和社会福利的干预，倡导私有化，从一定程度上促进了自由主义理念的蔓延，然而国家从市场的撤出，却并不意味着社会领域的同步解放，相反“效率优先”的市场原则极大地侵害了社会资源调配的公正性，加剧了贫富不均、失业等社会问题。新自由主义改革的所有问题，都根植于新自由主义意识形态以及基于这一意识形态的全球政治经济秩序。新自由主义之所以在拉美必然失败，是因为它在经济和社会政策方面存在不可克服的内在矛盾。除非摆脱新自由主义意识形态和改革范式，并在世界范围内建立合理公正的国际政治经济秩序，拉丁美洲的发展问题不会得到根本解决。[②]

第三节　拉丁美洲的替代运动

拉丁美洲的革命传统可谓历史久远，上溯 19 世纪的独立运动，中至 20 世纪中叶的民族解放运动和古巴革命，下至 21 世纪初反新自由主义全球化的替代运动。深受“中心—外围”体系桎梏的拉丁美洲向来不缺少正义和有尊严的反抗与挣扎，随着全球化的纵深发展，拉丁美洲的替代运动正如火如荼地进行着。有学者指出，在新自由主义全球化进程中，存在两种替

---

① 陈平著：《新自由主义的兴起和衰落》，世界知识出版社，2008 年版，第 265—266 页。

② 同上书，第 325—326 页。

代——一种是在新自由主义、资本主义秩序范围之内的替代，另一种是超越和打破新自由主义、资本主义的替代；前一种替代旨在维持旧秩序，延续新自由主义、资本主义的统治和美国的霸权主义，后一种替代则意味着资本主义秩序之外的“另一个世界”。[①] 而拉丁美洲替代运动的全部历史意义就在于证明——“另一个世界是可能的”。

一、拉美社会运动：自下而上的本土替代运动

社会运动是当代拉美左翼政治的重要组成部分，与左翼政党、左翼政权共同构成了拉美左派的三大主体，对地区政治进程产生着重要影响。[②] 作为公民社会中的活跃分子，拉美社会运动强调烈度、偏重价值诉求和“解放”的意义，体现了拉美社会倚重动员、迷信权威、非理性的文化传统、制度性利益表达渠道的缺失和社会压迫与排斥的严重性。近年来，拉美社会运动的矛头主要指向20世纪90年代中期以来的新自由主义危机，印第安人运动、农民运动、失业工人运动和公共部门抗议等社会运动旨在挑战动荡与失衡的社会现实，表达民众寻求正义和秩序的民主诉求。

墨西哥萨帕塔民族解放运动、巴西“无地农民运动”、阿根廷“断路者”运动和智利大学师生运动分别是拉美新自由主义改革以来最具代表性的印第安人运动、农民运动、失业工人运动和公共部门抗议运动。印第安人运动的基本诉求

① 卫建林著：《全球化与第三世界》（第三卷），清华大学出版社，2009年版，第1275页。

② 方旭飞：“当代拉美社会运动初探”，《拉丁美洲研究》，2009年第3期，第15—16页。

在于争取国家宪法和其他法律承认的印第安民族基本地位和权利。在墨西哥、玻利维亚、厄瓜多尔等印第安人口较多的国家，印第安人运动声势浩大，并建有全国性的印第安人运动组织，如委内瑞拉全国印第安人理事会、厄瓜多尔印第安民族联合会等。农民运动的矛头主要指向拉美国家不公正的土地制度，迫使政府进行土地改革，重新分配土地。巴西“无地农民运动”主要通过强占大地主闲置土地及公共用地，力促政府征购所占土地，安置无地农民，在新建定居点发展生产与教育。阿根廷“断路者运动”的主体来自新自由主义危机中的下岗工人，该运动主要通过在交通要道设置路障、切断交通进行抗议示威，胁迫政府回应民众的政治与经济诉求。公共部门雇员的抗议运动主要声讨新自由主义政府将教育、医疗等公共部门私有化的行为。如2011年9月不断升级的智利学生运动旨在抗议智利政府以营利为目的的高等教育产业改革，呼吁实行大学免费教育。

二、圣保罗论坛：替代性政党的地区盛会

圣保罗论坛是拉美左派政党和进步力量于20世纪90年代初发起的地区性论坛。冷战结束后，世界共产主义运动和社会主义思潮转入低谷，世界各地的左派政党和激进力量面对西方资本主义强国的渗透和蛊惑纷纷陷入了反思。为摆脱冷战后遗症、重新定位左派政党和力量的历史作用、应对新自由主义攻势、寻找拉美地区自主发展的可能，在巴西劳工党的号召下，以拉美地区左派进步组织为主体的“圣保罗论坛”于1990年宣告成立。目前，“圣保罗论坛”已发展成为拉美地区最具影

响力和代表性的左派进步组织论坛，与会者遍布世界各地。[①]

2010 年 7 月，在“圣保罗论坛”成立 20 周年之际，来自世界 33 个国家、54 个左翼政党及组织的 600 余名代表，齐聚阿根廷首都布宜诺斯艾利斯，就“巩固拉美民众主义、进步和左翼政党的团结，深化变革，促进一体化，击退右翼进攻”的主题，召开了论坛的第 16 次会议。会议《最后声明》总结了“圣保罗论坛”成立 20 年来所取得的丰富成就和经验，对拉美左翼政府扩大人民民主权利、提高人民生活质量、建立和加强拉美一体化组织（如美洲玻利瓦尔联盟、南美国家联盟、拉美和加勒比国家共同体）等努力表示了充分肯定。声明还指出，拉美地区的变化是在新自由主义、资本主义发生危机，美国霸权日益衰落的背景下发生的；在拉美，国家与民族利益、团结、一体化和社会主义已取代了资本主义市场经济模式，多元化和多极化已取代了帝国主义的单边主义。会议提出，拉美左翼及进步政党与组织未来的主要任务是：加强进步政党、民众主义政党和左翼政党间的团结，巩固已有成就，不给右翼留下任何发展空间；深化左翼政权的变革，支持左翼在野党，打败右翼的进攻；加快地区一体化进程，促使进步及左翼政府启动拉美与加勒比地区的新发展模式。

2011 年 5 月，“圣保罗论坛”第 17 次会议在尼加拉瓜马那瓜举行，来自拉丁美洲和加勒比地区、欧洲、亚洲的 42 个左翼政党及组织，围绕“建设一个变化的时代：民众进步阶层与拉美左派的替代选择”的议题展开了热烈讨论。时任古巴国

---

① 贺钦：“拉美左派力量和公民运动的前沿——圣保罗论坛和世界社会论坛的特点及其意义”，《拉丁美洲研究》，2005 年第 3 期，第 48 页。

务委员会主席的阿拉尔孔、时任委内瑞拉外交部长（现任总统）的马杜罗（Nicolás Maduro Moros，1962 –）、巴西前总统卢拉（Luíz Inácio Lula da Silva，1945 –）和洪都拉斯前总统塞拉亚（José Manuel Zelaya Rosales，1952 –）等，均出席了会议。会议旨在促进拉丁美洲和加勒比地区各国的团结与发展，涉及国家及地方管理、环境与气候变化、文化艺术工作、信息通信民主化、妇女、议会及社会运动、国家主权与非殖民化、移民、安全与禁毒、防务与种族等热点问题。

“圣保罗论坛”主张通过合法斗争取得政权，替代新自由主义，改善社会分配结构。论坛推崇社会主义价值，但因与会政党在具体问题和理论主张等方面尚存分歧，并未把社会主义列入基本口号和纲领。各党对社会主义的理解与探索集中体现在拉美多元的社会主义实践中，如古巴共产党的科学社会主义、巴西劳工党的劳工社会主义、委内瑞拉统一社会主义党和厄瓜多尔主权祖国联盟运动的“21 世纪社会主义”、玻利维亚争取社会主义运动的“社群社会主义”等。有学者认为，“圣保罗论坛”毕竟只是一个拉美左翼政党和组织的协调与磋商机构，其影响力和作用是有限的，拉美各国的发展和变革仍将主要取决于本国的左翼政党和组织，由它们根据本国具体情况来制定适当的方针和政策。[①]

三、世界社会论坛：走向世界的替代性公民论坛

始于 2001 年的“世界社会论坛”，是以“圣保罗论坛”

① 徐世澄：“圣保罗论坛 20 周年与拉美左翼崛起”，《当代世界社会主义问题》，2011 年第 1 期，第 74 页。

为主的拉美左派进步力量倡导发起的世界性公民运动和非政府组织论坛。20世纪末，冷战的阴霾逐渐消逝，世界政治舞台一超多强的态势日渐明了，经济全球化的双刃剑效应越来越深刻地影响和改变着世界体系的运行规制和全球公民的价值观念。世界社会论坛真实地反映了全球化时代不同主体的利益冲突和利益分配机制的缺陷。论坛满足了反全球化力量、反新自由主义运动表达关注、参与治理的要求，并为全球精英集团倾听"另一个世界"的不同声音提供了现实的场景，为各国政府、全球市场和全球公民社会合作解决第三世界边缘化、两极分化和环境恶化等全球性问题提供了对话空间。

2001年1月，来自122个国家和地区的3000多位NGOs代表齐聚巴西阿雷格里港的"首届世界社会论坛"，就减免第三世界国家债务、征收资本流通税、创建自由贸易协定的替代方式、农业家庭化等问题进行了激烈的探讨。2010年1月25日，同在阿雷格里港召开的"第十届世界社会论坛"围绕"10年后建设另一个世界的挑战和建议"的主题，回顾了世界社会论坛成立十年来的工作、作用和经验教训，并展望了论坛前景。

经过十多年的发展，被称为"穷人联合国"的"世界社会论坛"，与全球权力精英主导的"世界经济论坛"分庭抗礼。一方面为拉美各国实践参与式民主和对话民主提供了平等、自由、宽容、快捷的信息沟通机制；另一方面也为世界各大洲中左翼政党、非政府组织和公民运动广泛参与"反帝、反新自由主义、反资本主义全球化"搭建了宽广的平台。

从社会运动到圣保罗论坛，再到世界社会论坛，从反新自由主义全球化到倡导合法斗争、力促地区一体化，再到替代现行不合理的国际政治经济秩序、争取民主未来和全球善治，拉美替代运动在自觉性与组织性不断提升的同时，其合法性与代表性也日渐得到各方越来越多的正面回应与肯定。作为世界共产党大会等全球性左翼论坛的主办地和“21 世纪社会主义”的主试验场，拉丁美洲必将在未来全球替代运动和第三世界的不结盟运动中扮演举足轻重的角色。

第二章

拉美一体化的理想与现实

从 19 世纪初南美解放运动领导人西蒙·玻利瓦尔（Simón Bolívar，1783－1830）倡导西属殖民地团结合作，到第二次世界大战后拉美国家对地区经济一体化的曲折探索，再到新自由主义全球化背景下拉美替代一体化的重新迸发，拉美一体化的历史宛若一部理想主义与现实主义交织的变奏曲。一方面图强心切的地区进步力量将一体化视作振兴拉美的必经之路，而另一方面受制于外围资本主义脆弱性与妥协性的拉美经济一体化可谓先天不足，加之地区各国间的历史纷争，拉美一体化一路艰辛。

第一节　拉美一体化的历史演进

拉美早期一体化思想源自 19 世纪初拉美独立先驱对地区解放与团结的渴望。1826 年，西蒙·玻利瓦尔在巴拿马提出了建立拉美地区经济联邦的构想。然而独立战争后，形式上脱离宗主国的拉美各国依旧战乱不断，经济疲弱，旧的社会结构得以延续。大地产主阶级和统治集团内部各阶层的矛盾日益加剧，在西方列强的步步紧逼下，拉美各国相继沦为半殖民地国家。彼时的拉丁美洲，在资本主义世界经济体系中处于绝对的依附状态，其通过地区一体化联合自强的历史宏愿无奈地化作了泡影。中美洲各国为建立“中美洲联邦”而付出的种种努力接连失败，即印证了这一点。

就拉美一体化的理论轨迹而言，自第二次世界大战以来先后有四种发展理论试图解释和主导拉丁美洲的一体化进程：（1）现代化理论与世界体系理论。工业发达资本主义国家的学者认为，落后国家可以通过模仿宗主国的生产与消费模式，复制发达国家的道路，从而消解传统社会结构和历史遗存，实现经济发展。（2）20世纪五六十年代的结构主义依附理论。其代表人物为阿根廷经济学家劳尔·普雷维什，其思想后被归纳为拉美经委会的发展主义理论，另有代表人物多斯·桑托斯、冈德·弗兰克（Günther Frank）、奥斯瓦尔多·松克尔等。其主要观点有民族国家处在中心—外围体系中，外围国家在科技、经济等领域严重依赖于主导世界秩序的中心国家，有学者甚至提出“脱钩论”，以寻求外围国家的自主发展，经济一体化正是实现地区独立的重要途径之一。（3）20世纪七八十年代的生态发展理论。该理论将环境因素置于发展问题的分析框架中，提出了全新的生态发展观，并把地区一体化视作保护南美洲生态系统的必要条件。（4）文化、政治和经济领域的全球化理论。

就拉美经济发展的自身逻辑而言，20世纪30年代，资本主义大萧条沉重地打击了拉美国家一百多年来实行的初级产品外向型出口经济，为摆脱初级产品出口模式的依附性与脆弱性，拉美各国纷纷依据各自国情转向进口替代工业化模式的探索阶段。为克服国内市场狭小、工业化规模有限等发展瓶颈，拉美各国在拉美经委会的推动下于20世纪50年代末开始试水区域经济一体化，以期通过经济一体化发展带动地区政治团结与全面联合，拉丁美洲由此成为发展中国家及地区实践经济一体化最早、影响最广的地区。从20世纪50年代的起步阶段到20世纪80年代的调整阶段，再到90年代的开放阶段和21世纪的扩展阶段，依据市场经济原则设计的拉美经济一体化进程，旨在满足拉美各国外围资本主义发展的利益要求与制度建设。尤其是在新自由主义全球化的辐射下，遵循贸易自由化、金融自由化、私有化原则的拉美经济一体化早已脱离了拉美独立先驱倡导地区团结一体化的初衷，成为服务于地区统治阶级和国际资本的区域利益再分配机制。

一、拉美经委会思想主导下的地区一体化进程

20世纪50年代，拉美经委会试图通过签订地区内的自由贸易和共同市场协定，倡导建立地区共同市场，缓解进口替代工业化模式所面临的若干困难，进而促进拉丁美洲贸易增长、经济发展及地区工业化进程。拉美经委会首任秘书长、阿根廷著名经济学家劳尔·普雷维什适时论证了发展中国家组建经济集团的必要性，为拉美经济一体化的长足发展提供了理论依据。普雷维什认为，拉美一体化有助于增强地区国际支付能力、扩大地区对外工业品出口、缓解国际贸易条件恶化带来的负面影响、强化进口替代工业化发展模式的积极作用等，是实现工业化、提高生产率、减少工业发展成本、吸收新技术，促

进经济全面发展的有效手段。[①]

20 世纪 50 年代至 80 年代初，在多方推动下，地区经济一体化一度呈现蓬勃发展的趋势。拉美各国积极尝试建立自由贸易区和共同市场、实行部分经济优惠、组织单一原料生产出口、开发同一地域、开展多边协调机制和经营多国公司等一体化形式。[②] 1958 年，中美洲五国签署《中美洲自由贸易和经济一体化多边条约》及《中美洲一体化工业体系协定》。1959 年 5 月，拉美经委会正式提出拟建“拉美共同市场”的计划。1960 年，拉美自由贸易协会成立，依据协会签署的《蒙得维的亚条约》，阿根廷、巴西、智利、墨西哥、厄瓜多尔、委内瑞拉、玻利维亚等拉美 11 国计划 12 年内取消所有关税和非关税壁垒，并要求成员国逐年提交一份降低和取消关税的商品国别清单。该条约的“救济条款”允许相关国家在必要时对区内其他国家采取进口限制，以保护本国产业或修正国际收支失衡。在促进单一原料生产出口方面，拉美能源组织（1973 年）、拉美和加勒比食糖出口国协会（1974 年）、拉美咖啡多国组织（1974 年）等专业协会在维护拉美生产国经济权益、改善单项出口商品贸易条件、一致应对消费国政策等方面起到了积极作用。在地域开发方面，拉普拉塔河流域组织（1969 年）旨在共同开发该水域的水利及其他自然资源，有效促进了成员国在运输、水力发电等方面的合作；亚马逊合作条约组织（1978 年）致力于加强各国间的地域联系，在亚马逊地区开展

① 王萍：《走向开放的地区主义——拉丁美洲一体化研究》，人民出版社，2005 年版，第 61—62 页。

② 石瑞元：“拉美一体化进程的特点、问题和发展趋势”，《拉丁美洲研究》，1988 年第 3 期，第 13—14 页。

保护生态环境的联合科考，维护并建立交通通信设施。拉美多国肥料销售公司（1980 年）和咖啡生产销售公司（1980 年）等拉美本土多国公司在一定程度上打破了跨国资本在生产、运输和销售领域的垄断，改善了拉美国家的贸易地位。综观这一时期的拉美经济一体化组织，对地区贸易额增长确有一定程度的促进作用。“拉美自由贸易协会”成员国间的出口额占其总出口额比重从 1961 年的 6.7% 升至 1970 年的 10.1%；“中美洲共同市场”成员国间的出口额占其总比由 1960 年的 7% 升至 1980 年的 25.4%；1960—1979 年，拉美出口总额增加了 7.2 倍，同期区内贸易总额增加了 14.4 倍。贸易增长有力带动了拉美各国的工业化发展和经济增长，1960—1970 年，中美洲共同市场五国经济年均增长 5.7%，同期工业增长 8.5%。[①]

20 世纪 70 年代末至 80 年代初，一度如火如荼的拉美一体化进程因拉美宏观经济形势恶化、各次地区一体化摩擦升级而陷入僵局。1978 年，“拉美自由贸易协会”因成员国矛盾持续，被迫更名为“拉美一体化协会”，安第斯集团、中美洲共同市场等同期一体化组织因类似纷争亦停滞不前。其后，在 20 世纪 80 年代债务危机的拖累下，拉美经委会倡导的地区经济一体化探索以失败告终。国内学者多将其终结归咎于原有一体化模式的僵化、进口替代型内向发展模式的内在危机、新自由主义改革对一体化阵营的冲击、各国宏观经济和财政状况趋紧、国际初级产品贸易条件恶化、国际金融利率上升加重拉美各国外债负担等内外原因。

---

① 赵雪梅：《拉丁美洲经济概论》，对外经济贸易大学出版社，2010 年版，第 239 页。

二、“开放的地区主义”与世纪之交的拉美一体化进程

在经历了20世纪80年代“失去的十年”后，面对东亚国家的起飞和全球化浪潮的纵深发展，联合国拉美经委会于20世纪90年代初发表了“开放的地区主义”三部曲——《公平的生产变革》（1990）、《可持续的发展：生产变革、公平以及环境》（1991）和《开放的地区主义》（1994）。作为指导拉美一体化新阶段的发展战略，拉美经委会对“开放的地区主义”的定义是，“在开放和结束管制的环境下，通过优惠一体化协议及其他政策，加强区内各国经济依存度，提高区内产品竞争力，从而应对开放和透明的世界经济挑战”。有学者认为，拉美“开放的地区主义”可视为地区主义与多边贸易体制的结合体，是拉美对世界经济全球化的一种反应。[1]

为适应“出口导向”发展模式，开放的地区主义立足于降低关税、开放本国市场，把对外待遇规则与区内优惠市场准入相结合，从而实现贸易和生产与国际市场的双重接轨。在“开放的地区主义”背景下，拉美经委会对上世纪90年代拉美一体化的新进展进行了总结与概括：1. 通过签署大量双边、三边和多边贸易协定，探索灵活高效的一体化合作框架。1982年至1990年间，共达成14个贸易协定，而1990—1993年间达成了至少10个双边自由贸易协议。[2] 一体化组织的交叉重叠，一方面降低了传统一体化框架的封闭性与排他性，另一方面为搭建更高层

---

① 王萍：《走向开放的地区主义——拉丁美洲一体化研究》，人民出版社，2005年版，第268页。

② 同上书，第285页。

次、更大规模的经济集团提供了必要的铺垫。2. 一体化内涵不断丰富，合作领域逐渐向多方拓展。新签署的合作协议放松了过去一体化协议中对次地区工业合作的苛刻限制，新增了有利于吸引外资和互惠贸易的服务业条款。3. 在开发区内贸易的基础上，加快了区外市场的开拓，尤其是工业制成品的出口。

20 世纪 90 年代以来，拉美经济进入债务危机应急期后的平稳恢复与调整期。以市场为导向的出口外向型发展模式被视为进口替代工业化模式的合理替代，"开放的地区主义"顺理成章地成为主导地区一体化进程的主流思想，但令其始料未及的是新自由主义全球化对外围国家依附结构的腐蚀力与吞噬力正迫使"开放的地区主义"逐渐偏离"地区主义"的根基，转向开放与自由化的梦魇。伴随着新自由主义私有化、市场化、自由化的喧嚣，试图在拉美传统结构主义和新自由主义间寻求平衡的"开放的地区主义"逐渐迷失了方向。古巴经济学家马丁内斯指出，"地区主义是对古老的地区一体化思想的礼赞，开放是对新自由主义核心政策的接受；在实践中，开放的地区主义将地区一体化变成了附属于美国经济（美洲自由贸易区）的进程，从而使地区一体化化为泡影"。[①]

三、新自由主义一体化与美洲自由贸易区的搁浅

兴起于 20 世纪 70 年代的新自由主义一体化理论强调生产要素的使用和配置效率，认为地区一体化是战胜主权国家贸易保护主义的良策。芝加哥学派早期成员之一的经济学家瓦伊纳

---

① ［古巴］奥斯瓦尔多·马丁内斯著：《垂而不死的新自由主义》，高静译，当代世界出版社，2009 年版，第 24 页。

（Viner）通过研究一体化及区域性关税自由化对贸易创造和贸易转移的影响，得出了衡量一体化得失的标准：一体化组织的规模越大，相互间的互补性越强，各国受益越多；各国间的初始关税越高，一体化后的共同对外关税和运输成本就越低；一体化国家间的贸易规模越大，对一体化组织外部国家的贸易规模就越小。①

在上述理论的支持下，视拉美为后院的美国开始大胆布局包括拉美所有国家在内的美洲多边自由贸易蓝图。美国试图建立的地区一体化构架与拉美本土一体化的最大区别在于，跨国资本的利益永远高于地区认同的重要性，追求绝对利润最大化允许牺牲地区团结，甚至鼓励地区分化与失衡的存续。

1990 年 6 月，由美国总统布什发表的“美洲倡议”讲话，旨在建立包括北美洲、中美洲和南美洲所有国家在内的美洲自由贸易体系，通过贸易、投资和债务三大支柱，推进西半球贸易投资等全面自由化。鉴于区内各国经济发展差距、历史文化异质及国际地位的不同，美国试图分两步走，首先签署美国、加拿大、墨西哥自由贸易协定，建立北美自由贸易区（NAFTA），然后以此为基础，在拉美国家的广泛参与下，筹建一个包括 34 个国家、覆盖 8 亿多人口、产值近 10 万亿美元的、能抗衡欧盟和亚太经合组织的美洲自由贸易区（FTAA）。从 1991 年 6 月到 1992 年 8 月，美、加、墨三国围绕市场准入、贸易规则、劳务、投资、知识产权和贸易争端解决等 6 个方面，举行了 7 次部长级会谈和 200 多次会晤，最终达成《北美自由贸易协定》

① 高静：“美洲经济一体化中的南南合作和南北合作——从理论到实践”，《拉丁美洲研究》，2008 年第 3 期，第 56—57 页。

并于1994年1月1日正式生效。在北美自由贸易区中，美国、加拿大和墨西哥人口分别占比66%、7%和26%，经济总量分别占比90%、8%和2%。美国在贸易投资、技术转让及第三产业等诸领域的绝对发言权使其成为北美自由贸易区的最大赢家；而发展中大国墨西哥在实现客户工业增长、外资规模扩大、外贸空间拓宽的同时，国内弱势工业和农业受到不小冲击，贫富差距和区域不平衡加剧，国民经济的脆弱性与依附性与日俱增。与此同时，美国积极筹建的美洲自由贸易区却在2005年因错过最终期限而陷入僵局。自1994年12月首届美洲国家首脑会议启动美洲自由贸易区谈判以来，FTAA整体谈判进展缓慢，参与各方（尤其是美国、巴西等地区大国）在贸易规则、农业补贴、知识产权、市场准入等核心问题上分歧较大，无法深入。2005年，地区各国在第4届美洲国家首脑会议上围绕“是否重启FTAA谈判”展开了激烈交锋。长期奉行霸权主义全球战略的美国出于自身利益的考量，仍不遗余力地推进FTAA架构。持自由贸易相近立场的南方共同市场和安第斯共同体国家大都表示反对，地区大国巴西、阿根廷要求优先解决农产品补贴等关键问题，以其作为重启谈判的先决条件。在FTAA进程中承诺最少的委内瑞拉起初并未明确反对FTAA，但随着美国单边主义的膨胀，委内瑞拉前总统查韦斯宣判FTAA“已经死亡”，并表示委内瑞拉将反对美国在该地区建立自由贸易区的所有提议。古巴始终被FTAA排除在外，其前任领导人菲德尔·卡斯特罗对此评价——FTAA是美国用以控制拉美的一个阴谋，其目的是通过跨国公司掠夺拉美国家的自然资源。美国前助理国务卿赖克表示，“南美洲大部分地区存在着一种左派分子和民众主义分子的联盟，这是美国不得不面对的政治现实，我们最大的挑战是如何对付古巴－委内瑞拉轴心”。①

表 2－1　拉美国家参与地区及国际一体化简史

一体化组织和集团	成立日期	成员	主要原则及目标	理论基础
关税及贸易总协定（GATT）	1948 年 1 月 1 日（1994 年止）	150 个国家	制定贸易规则，减免世界贸易关税	现代化与全球化理论
世界贸易组织（WTO）	1995 年 1 月 1 日		建立成员国贸易法律框架	
拉美自由贸易协会（ALALC）	1960 年 2 月 18 日	阿根廷、巴西、墨西哥、巴拉圭、秘鲁、乌拉圭、哥伦比亚、厄瓜多尔、委内瑞拉和玻利维亚。1999 年，古巴加入。	逐步消除关税，建立地区自由贸易区	依附论
拉美一体化协会（ALADI）	1980 年 8 月 12 日		提供拉美一体化贸易条约谈判的框架	
中美洲共同市场（MCCA）	1960 年 12 月 13 日	中美洲国家	建立关税同盟，改善地区自由贸易	现代化理论
联合国贸易与发展大会（UNCTAD）	1964 年	191 个国家	推动发展中国家参与世界经济一体化及各国关于发展政策的讨论	现代化理论
安第斯集团	1969 年 5 月 26 日	哥伦比亚、玻利维亚、厄瓜多尔、秘鲁和委内瑞拉（2006 年 4 月退出）	推动安第斯次地区一体化	依附论
安第斯共同体（CAN）	1996 年			

① 赵卓昀：“古巴委内瑞拉领导人联手‘抗美’美国担忧”，《京华时报》，2005 年 5 月 1 日。

续表

一体化组织和集团	成立日期	成员	主要原则及目标	理论基础
加勒比共同体（CARICOM）	1973 年 7 月 4 日	加勒比 15 国成员国及 5 个联系国	建立共同市场	依附论
拉美与加勒比经济体系（SELA）	1975 年 10 月 17 日	中美洲、加勒比与南美洲的 26 个国家	建立地区经济咨询与协调体系	依附论
亚马逊合作条约（TCA）	1978 年 7 月 3 日	玻利维亚、秘鲁、巴西、厄瓜多尔、圭亚那、苏里南、哥伦比亚和委内瑞拉	推动亚马逊地区发展和保护	现代化与全球化理论
亚马逊合作条约组织（OTCA）	1995 年		促进 TCA 目标的实现	
东加勒比国家组织（OECS）	1981 年 7 月 18 日	东加勒比岛国	促进成员国的合作、团结与可持续发展	现代化与全球化理论
南方共同市场（MERCOSUR）	1991 年 3 月 23 日	阿根廷、巴西、巴拉圭、乌拉圭和委内瑞拉	实现商品、服务、生产工具的自由流通，采取共同贸易政策	依附论
三国集团（G-3）	1994 年 6 月 13 日	墨西哥、哥伦比亚、委内瑞拉	区内贸易多元化	全球化理论
加勒比国家联盟（AEC）	1994 年 7 月 24 日	25 个成员国与 3 个联系国	地区合作与一体化，保持加勒比环境的整体性，促进可持续发展	现代化与全球化理论
美洲自由贸易协定（ALCA）	1994 年	34 个国家参与谈判	减少除古巴外的拉美及加勒比地区 34 个国家间的关税	全球化理论

载 Equipo de Investigación para la Nueva Integración del Sur, *Fundamentos filosóficos de la nueva integración del Sur*, Instituto de Altos Estudios Diplomáticos Pedro Gual, 2007, p. 20.

第二节　拉丁美洲的主要一体化组织

拉美历史上一体化组织名目繁多，庞杂林立，其宗旨多为促进地区一体化和团结，但由于诸多历史原因，能长久运转的寥寥无几，能有所作为的更是屈指可数。

当前，拉丁美洲泛美及洲际一体化合作组织主要有美洲国家组织（OAS）和伊比利亚美洲首脑会议（Cumbre Iberoamericana)。覆盖全拉丁美洲及加勒比地区的一体化组织主要有拉美和加勒比国家共同体（CELAC）与拉丁美洲议会（PARLATINO)。拉美次地区一体化组织主要有——南美国家联盟（UNASUR)、南方共同市场（MERCOSUR)、安第斯共同体（CAN)、加勒比共同体（CARICOM）和太平洋联盟（Alianza del Pacífico)。拉美促进一体化组织主要有拉丁美洲一体化协会（ALADI）和拉丁美洲经济体系（SELA)。

其中，有一定历史的一体化架构主要包括——加勒比共同体（CARICOM)、安第斯共同体（CAN)、南方共同市场（MERCOSUR）和中美洲共同市场（MCCA)。21 世纪以来的新兴一体化架构主要包括——南美国家联盟（UNASUR)、拉美和加勒比国家共同体（CEALC）与美洲玻利瓦尔联盟 - 人民贸易协定（ALBA-TCP)。此外，包括美国和加拿大在内的拉美一体化协议主要有——北美自由贸易协定（TLCAN)、中美洲自由贸易协定以及美国、加拿大与拉美各国签署的双边贸易协定。

本节分别从拉美洲际一体化组织、地区一体化组织、次地区一体化组织和促进一体化组织，详述推动拉美一体化的主要机构和组织。

一、拉美洲际一体化组织

拉美洲际一体化组织是指由拉美国家和地区外国家组成的国际性组织。拉美洲际一体化组织并非拉美本土一体化组织，其运行初衷甚至有悖于拉美一体化与团结，但由于西方国家的主导和众多拉美国家的参与，拉美洲际一体化组织对拉美依附与不发达的历史与现实具有深远影响，故将其视作特殊的地区一体化组织加以考察。

（一）美洲国家组织（OAS）[①]

总部设在华盛顿的美洲国家组织最早成立于1890年的美拉17国首届美洲会议上。1948年，在波哥大举行的第九届美洲会议上，该组织正式更名为“美洲国家组织”，并通过了《美洲国家组织宪章》。美洲国家组织旨在加强西半球的安全与和平；确保成员国和平解决政治、经济、法律等方面的问题与争端；组织声援受侵成员国；促进各国间的经贸文化往来与合作；控制常规武器；加速美洲国家一体化进程等。

美洲国家组织名义上包括美国、加拿大和所有33个拉美及加勒比国家。[②] 常驻观察员包括欧盟、英国、俄罗斯、印度、日本、中国在内的64个欧洲、亚洲、非洲国家与组织。美洲

---

① http：//www. oas. org.

② 古巴系美洲国家组织成员国，但自1962年以来一直被拒绝参加该组织的活动。2009年美洲国家组织在第39届大会上一致通过，废止1962年该组织中止古巴成员资格的决议，但古巴拒绝重返该组织。洪都拉斯因国内发生军事政变而于2009年7月被中止成员资格，2011年6月恢复。

国家组织在日内瓦设有驻欧洲办事处，在各成员国设有办事机构，并下设大会（最高机构）、外长协商会议、大会直属机构（常设理事会和泛美一体化发展理事会）、咨询机构（泛美法律委员会和泛美人权委员会）、秘书处、专门机构（美洲开发银行、泛美印第安人协会、泛美卫生组织、泛美农业合作协会、泛美通讯委员会、泛美儿童学会、泛美控制毒品委员会、泛美妇女委员会、泛美史地协会）和泛美防务委员会、泛美人权法院、泛美核能协会、泛美行政管理学院、泛美紧急基金、泛美统计局等。①

2014 年 6 月，美洲国家组织第 44 届大会在巴拉圭首都亚松森举行，会议发表了《亚松森宣言》，就“包容性发展议程”达成了广泛共识。2015 年 6 月，美洲国家组织第 45 届年会在华盛顿举行，会议就 OAS 自身建设和改革问题展开了讨论，并通过了支持危地马拉选举进程、支持阿根廷与英国就马岛问题重开谈判等决议。

作为泛美体系的组成部分，美洲国家组织曾是美国操控拉美地区的工具，近年来美国对该组织的影响力有所下降，而拉美国家的自主性大幅提升。2009 年，在第 39 届美洲国家组织大会上，该组织宣布废除长达 47 年的孤立古巴政策，充分显示了拉美国家在地区事务上的团结与互助。

（二）伊比利亚美洲首脑会议（Cumbre Iberoamericana）②

1991 年，为纪念哥伦布“发现”美洲新大陆 500 周年，在西班牙国王胡安·卡洛斯一世的倡导下，首届伊比利亚美洲

① 参见 http：//www.fmprc.gov.cn/web/gjhdq_676201/gjhdqzz_681964/lhg_683190/jbqk_683192/。

② http：//www.segib.org.

首脑会议在墨西哥举行。常务秘书处设在西班牙首都马德里的伊比利亚美洲首脑会议迄今已召开了24届，会议旨在建设团结互信的多边交流体制，使各国在该框架内协调立场，分享经验，共同建设和平、民主、尊重和保护人权、经济社会可持续发展的伊比利亚美洲社会。

会议由阿根廷、巴西、智利、墨西哥、古巴、委内瑞拉、玻利维亚、厄瓜多尔、多米尼加、尼加拉瓜等拉美19国和西班牙、葡萄牙和安道尔等伊比利亚半岛3国组成。除每年召开首脑会议外，还举行每年一次的外长会议和不定期部长会议。2014年12月，第24届伊比利亚美洲首脑会议在墨西哥举行，主题为“21世纪的伊比利亚美洲——教育、文化与创新”，并发表了《韦拉克鲁斯宣言》、《行动纲领》等重要文件。[1] 第25届伊比利亚美洲首脑会议将于2016年11月在哥伦比亚举行，会议主题为“青年、创业与教育”。

二、拉美地区性一体化组织

拉美地区性一体化组织在拉丁美洲和加勒比地区具有广泛成熟的代表性，旨在促进拉美各国最大限度的团结与一体化，涉及地区政治、经济、社会等多元领域，集中体现了拉美各国独立、自主、团结、协作处理地区事务的意愿和能力。

（一）拉美和加勒比国家共同体（CELAC）[2]

2011年12月，在拉美和加勒比地区33国峰会上宣告成立

---

① 参见 http://www.fmprc.gov.cn/web/gjhdq_676201/gjhdqzz_681964/yblymzsnhy_683456/zzgk_683458/。

② http://www.celac.gob.ve/.

的拉美和加勒比国家共同体（简称“拉共体”），是拉美成立时间最短、成员国最全的地区一体化组织，也是西半球最大的区域性政治组织。其前身“里约集团”最早成立于1986年，由孔塔多拉集团（哥伦比亚、墨西哥、委内瑞拉和巴拿马）和利马集团（巴西、阿根廷、乌拉圭和秘鲁）的八国外长会议演变而来。共同体旨在维护地区安全与和平，反对外来入侵与干涉，谋求地区团结与一体化，捍卫拉丁美洲的自然资源主权，促进地区独立和可持续发展，建设民主、公正、协调的社会秩序，大幅改善各国人民的生活福利。截至2015年1月，“拉共体”共召开了三届峰会，智利、古巴、哥斯达黎加先后担任过轮值主席国，现任主席国为厄瓜多尔。除首脑峰会外，“拉共体”还不定期召开外长或部长级磋商会议。

2014年1月28日至29日，“拉共体”第二届峰会在古巴首都哈瓦那举行，会议通过了《哈瓦那宣言》、《拉共体2014年行动计划》及《宣布拉美和加勒比为和平区的公告》等近30份成果文件。2015年1月28日至29日，“拉共体”第三届峰会在哥斯达黎加小镇贝伦举行，会议以“共同建设”为主题，旨在消除贫困、饥饿和不平等，并发表了《贝伦政治宣言》、《拉共体2015年行动计划》等20多份成果文件。

当前，该组织面临的迫切任务是协调地区各国政府应对经济危机的政策举措，强调政府在经济社会活动中的重要角色与责任。拉美和加勒比国家共同体是拉美及加勒比地区第一个没有美国和加拿大参加，且真正包含地区所有33个国家的区域性政治组织，其诞生无论对地缘政治还是世界格局来说，都具有重要的历史与现实意义。

（二）拉丁美洲议会（PARLATINO）[①]

成立于1964年的拉丁美洲议会旨在促进拉美和加勒比国家的团结和地区一体化。议会由阿根廷、巴西、智利、墨西哥、古巴、委内瑞拉、玻利维亚、厄瓜多尔、尼加拉瓜、多米尼加等拉美和加勒比地区的23国及议员组成，每个成员国议会派驻12名议员作为“拉美议会”议员参会。

总部位于巴拿马首都巴拿马城的拉丁美洲议会下设最高权力机构大会、领导委员会、总秘书处、21个常设委员会、3个特别委员会和协商理事会。截至2014年12月，拉丁美洲议会共举行了30次年会。2014年12月，拉美议会在第30届年会上回顾了议会成立50周年来，在巩固地区民主体制、促进地区团结及一体化等方面发挥的积极作用，并强调了拉美国家面临的有组织犯罪、非法移民等现实挑战。[②]

三、拉美次地区一体化组织

拉美次地区一体化组织以分享地缘政治经济利益为基础，在历史、文化、人口、地理、资源等方面具有优于地区性一体化组织的天然同质性与认同感。该类组织多以经贸一体化为出发点，架构相对成熟，地区影响力较强。

（一）南美国家联盟（UNASUR）[③]

成立于2008年5月的南美国家联盟前身为南美国家共同体。联盟旨在增进南美国家间的政治互信，维护南美国家的特

---

① http：//www. parlatino. org. br.

② 参见 http：//www. fmprc. gov. cn/web/gjhdq _ 676201/gjhdqzz _ 681964/lhg _ 683504/jbqk_ 683506/。

③ http：//www. unasursg. org/.

殊利益，加强地区各国在能源、基础设施、金融、社会政策、教育和环境等领域的合作与交流，在优先促进政治对话的基础上，进一步推动南美各国在政治、经济、社会、文化领域的全面一体化。

南美国家联盟包括巴西、阿根廷、委内瑞拉等南美洲全部12个国家，另有墨西哥和巴拿马为观察员国。联盟下设国家元首和政府首脑委员会、外长委员会、代表委员会、秘书处（位于厄瓜多尔首都基多）、专门委员会（能源、反毒、防务、卫生、基础设施和计划、文化和科技创新、社会发展和教育等）、南美国家联盟议会、南方银行（总部位于委内瑞拉首都加拉加斯）。[①]

2011年3月，南美国家联盟外长级会议在厄瓜多尔首都基多举行，会上UNASUR具有宪章性的文件《南美国家联盟组织条约》获准生效，标志着该组织正式成为具有国际法人地位的地区性组织。2014年12月4日至5日，南美国家联盟在厄瓜多尔举行了第八届峰会，会议重点讨论了联盟机制建设、构建南美共同身份等议题，并发表了《最终宣言》。

（二）南方共同市场（MERCOSUR）[②]

成立于1991年的南方共同市场于1995年1月1日正式运行。南方共同市场旨在通过有效利用资源、保护环境、协调宏观经济政策、加强经济互补，促进成员国科技进步和实现经济现代化，进而改善人民生活条件，推动拉美地区经济一体化进程。南方共同市场现有阿根廷、巴西、巴拉圭、乌拉圭、委内

---

① 参见 http://www.fmprc.gov.cn/web/gjhdq_676201/gjhdqzz_681964/nmgjlmy_683238/jbqk_683240/。

② http://www.mercosur.org.uy.

瑞拉和玻利维亚六个正式成员国。

南方共同市场的组织构架包括共同市场理事会、共同市场小组（下设贸易事务、海关事务、技术标准、税收和金融政策、陆路运输、海上运输、工业和技术政策、农业政策、能源政策和宏观经济政策协调等10个工作组）、南共市贸易委员会（下设税务和商品名录、海关事务、贸易规则、保护竞争力等8个分委会）、南共市议会、南共市秘书处（位于乌拉圭首都蒙得维的亚）、南共市常设仲裁法院。①

截至2015年7月，南共市共举行了48届首脑峰会。2015年7月，南共市第48届峰会在巴西首都巴西利亚举行，会议就南共市扩员、推进与欧盟自贸谈判等议题达成了共识，接纳玻利维亚为该组织第六个成员国，将结构趋同基金（FOCEM）展期10年。

（三）安第斯共同体（La Comunidad Andina）②

成立于1969年的安第斯共同体（简称“安共体”）前身为安第斯集团（或称安第斯条约组织），1996年更为现名，1997年8月正式开始运作。安第斯共同体旨在充分利用本地区资源，促进成员国间的协调发展，取消成员国间的关税壁垒，组成共同市场，加速经济一体化进程。

总部设在秘鲁首都利马的安第斯共同体包括秘鲁、玻利维亚、厄瓜多尔和哥伦比亚四个成员国（2006年4月，委内瑞拉正式宣布退出），巴西、阿根廷、乌拉圭、巴拉圭、智利为其联系国，西班牙为观察员国。

---

① 参见 http：//www.fmprc.gov.cn/web/gjhdq_676201/gjhdqzz_681964/lhg_683262/jbqk_683264/。

② http：//www.comunidadandina.org.

安第斯共同体下设总统理事会（1995 年以前称卡塔赫纳协定委员会）、外长理事会、总秘书处、安共体委员会、安第斯议会。2013 年 9 月 20 日，“安共体”在秘鲁举行第 37 届外长理事会，决定取消安第斯议会，并将未来的工作重点放在区内贸易一体化和人员流动等领域，有关决定待各成员国议会批准后方可生效。①

（四）加勒比共同体（CARICOM）②

成立于 1973 年的加勒比共同体（简称“加共体”）是加勒比地区最重要的一体化组织。该组织旨在建立加勒比单一市场和经济，促进生产要素的自由流动，协调成员国外交政策及卫生、教育、文化、通讯和工业等领域的服务与合作。加勒比共同体现有安提瓜和巴布达、圣文森特和格林纳丁斯等 15 个正式成员国、5 个准成员国和委内瑞拉、多米尼加、墨西哥等 7 个观察员国。“加共体”总部位于圭亚那首都乔治敦，成员国总人口达 1600 万（其中海地 900 万）。

“加共体”下设政府首脑会议、部长理事会、专业部长理事会（贸易与经济发展理事会、外交与共同体事务理事会、金融与计划理事会、国家安全与执法理事会）、人文与社会发展理事会、专门委员会（法律事务委员会、预算委员会、中央银行行长委员会）及秘书处。截至 2015 年 2 月，共举行了 36 届首脑会议、26 次届间首脑会议和 13 次特别首脑会议。③

---

① 参加 http：//www. fmprc. gov. cn/web/gjhdq _ 676201/gjhdqzz _ 681964/lhg _ 683286/jbqk_ 683288/。

② http：//www. caricom. org.

③ 参见 http：//www. fmprc. gov. cn/web/gjhdq _ 676201/gjhdqzz _ 681964/nmgjlm _ 683336/jbqk_ 683338/。

（五）太平洋联盟（Alianza del Pacífico）[①]

初创于2011年4月的太平洋联盟，现有成员国智利、哥伦比亚、墨西哥和秘鲁四国，候选成员国哥斯达黎加和巴拿马，观察员国美国、加拿大、乌拉圭、西班牙、法国、中国、日本、澳大利亚等美洲、欧洲、亚洲和澳洲四十余国。2012年6月，联盟在最初的《太平洋协定》的基础上签署了《框架协议》，并宣告该组织正式成立。太平洋联盟旨在打造专门服务于拉丁美洲和亚洲国家的区域贸易促进平台，通过协调拉丁美洲太平洋沿岸国家的贸易政策，促进联盟内生产要素的自由流通。

联盟下设首脑会议、部长理事会、高级别工作组和技术工作组。截至2015年7月，联盟已举行了十届首脑会议。2015年7月，太平洋联盟第十届首脑会议在秘鲁帕拉卡斯举行。会议宣布《联盟框架协议》及其附加协议、《设立合作基金协议》等文件正式生效，秘鲁接替墨西哥任轮值主席国。

四、拉美促进一体化组织

拉美促进一体化组织旨在为次地区一体化组织提供咨询与协调服务，为地区各国实现国际融入搭建协商平台，在发展对外经贸关系的同时，促进地区经济与社会的全面进步。

（一）拉丁美洲一体化协会（ALADI）[②]

1960年，拉美自由贸易协会成立，其后于1980年更名为拉丁美洲一体化协会。该协会是拉美地区最重要的政府间促进

---

① http：//alianzapacifico. net/.

② http：//www. aladi. org/.

一体化组织，旨在协调成员国间的经济发展战略，促进成员国间的经贸合作，在双边和多边合作的基础上，推进地区经济一体化，最终建立拉美共同市场。协会力主为拉美中小次地区一体化组织、地区各国双边及多边经贸协定提供咨询与保护。

总部位于乌拉圭首都蒙得维的亚的拉丁美洲一体化协会现有成员国 14 个。就经济发展水平而言，巴西、墨西哥、阿根廷的经济较为发达，智利、哥伦比亚、秘鲁、乌拉圭、委内瑞拉、古巴、巴拿马次之，厄瓜多尔、巴拉圭、玻利维亚和尼加拉瓜发展水平较低。中国、日本、俄罗斯、西班牙、葡萄牙等 16 国和联合国拉美经委会、美洲国家组织、美洲开发银行、联合国开发计划署、欧盟、拉美经济体系、安第斯开发银行、世界卫生组织、伊比利亚美洲秘书处等国际组织向该协会派驻了常驻观察员。

协会下设外长理事会（最高决策机构）、代表委员会（下设由成员国中央银行行长组成的金融货币事务委员会、金融货币事务顾问委员会和各国海关关长会议）、评审和汇总会议、秘书处、商会理事会等。[①]

（二）拉丁美洲经济体系（SELA）[②]

成立于 1975 年的拉丁美洲经济体系，以主权、独立、平等、团结、互不干涉内政，相互尊重政治、经济及社会制度差异为原则，以建立公正合理的国际经济新秩序和地区格局为目标，力图推动地区合作与一体化进程，协调拉美各国在经济、社会等领域的战略与政策，规划和实施各国经济社会发展项

① 参加 http：//www. fmprc. gov. cn/web/gjhdq _ 676201/gjhdqzz _ 681964/lhg _ 683408/jbqk_ 683410/。

② http：//www. sela. org/.

目，切实捍卫拉美各国的合法权益。

总部位于委内瑞拉首都加拉加斯的拉丁美洲经济体系共有巴西、阿根廷、墨西哥、智利、古巴、尼加拉瓜、委内瑞拉、玻利维亚、多米尼加、厄瓜多尔等28个成员国，另有42个拉美、欧洲和联合国等国际组织观察员。

拉丁美洲经济体系下设拉丁美洲理事会、常设秘书处、行动委员会等。拉丁美洲经济体系自成立以来，在解决拉美外债问题、维护拉美国家合法权益、声援古巴反对美国封锁、促进地区社会发展、消除金融危机影响、建立经济新秩序、推动地区一体化等方面，贡献积极。2013年11月，第39届拉美理事会例会在加拉加斯举行，会议呼吁美国停止对古巴经济封锁，并发表了敦促“厄瓜多尔跨国企业遵守当地环保法律”等声明。①

第三节　拉美一体化的历史反思与选择

拉丁美洲的一体化运动是一个渐进、复杂和多维的历史进程。明确这一基本规律，有助于我们更为深入地考察拉美一体化的历史、现状与未来。首先，拉美一体化是一个由合作与贸易的最浅层次向生产、货币、金融与政治等更深层次渐进的历史过程，根据不同划分标准，可做分期考察。其次，拉美一体化是在各种变量和矛盾的复杂作用下演进的历史过程，如成员

① 参见 http：//www.fmprc.gov.cn/web/gjhdq_676201/gjhdqzz_681964/lhg_683384/jbqk_683386/。

国不均衡、不对称的发展水平，基础设施的失衡与限制，不平等的收入分配模式，参与主体的较量，利益和公共政策的多元化，减贫扶贫的不同程度和就业不足等。最后，旨在整合经济、政治、社会、文化、制度与环境等领域的多维一体化战略，逐渐成为拉美一体化的主流。

自20世纪60年代以来，拉丁美洲的一体化进程在公众认同、经贸往来与制度建设等方面取得了重要进展。一方面，地区一体化有助于解决拉美各国的累积性和共时性矛盾；另一方面，渐进中的拉美一体化极大地促进了拉美各国的政治与经济往来，但遗憾的是这一进程却始终未能在社会发展领域取得应有的成绩和突破。资本驱动的传统一体化模式不但没能实现地区包容性发展，也远未实现地区贸易与投资一体化的理想。拉美一体化正处于一个反思、替代与创新的年代，一个重新定义与重构的阶段，一个克服与超越传统一体化模式脆弱性的历史新时期。[①]

一、曲折的一体化之路是拉美依附与不发达的历史浓缩

从19世纪独立运动期间西蒙·玻利瓦尔的大国家理想，到21世纪社会主义愿景下的美洲玻利瓦尔联盟，“一体化”对拉丁美洲而言始终是一个充满理想主义和感召力的词汇。相似的殖民经历、宗教信仰、人口结构、语言文化、依附关系和发展诉求，使拉丁美洲较世界其他地区具有不可比拟的一体化优

---

① Mariano Bullón Méndez, “América Latina. Integración para el desarrollo”, Revista Temas de Economía Mundial No 21/2012, http: //www. ciem. cu/publicaciones/pub/Temas%20No. %2021 – 2012. pdf.

势。尤其是在自然禀赋方面，拉丁美洲及加勒比地区的大豆占世界总产量的48%，牛奶占23%，肉类占31%，铜产量占世界比重的47%，石油占13%，生物燃料储藏量占世界总量的31%，水储量占1/3，水域面积占地表总面积的1/3，且地区总人口接近5.9亿。

1826年，拉丁美洲的解放先驱西蒙·玻利瓦尔在巴拿马大会上倡导唯一的、我们的、团结与富强的美洲，以避免拉美第一次独立战争后被再殖民化的可能。拉美独立先驱倡导的拉美一体化，在很大程度上等同于在文化、经济等领域实现拉丁美洲的集体认同与团结，而现实中的拉美一体化与其天然潜能间存在着巨大的反差。始于19世纪的拉美主义与泛美主义冲突始终贯穿于拉美一体化的历史进程中，拉美一体化的传统模式仅在经贸领域取得了一些进步，是从属于北美市场（尤其是美国）的不平等一体化。一方面，后殖民时期的民族国家试图通过地区一体化，团结应对外部势力的干预和挑战。尽管存在不同程度的阶层利益分化，但那时的拉美各国政府、公民社会、企业等各界人士已充分认识到了地区一体化战略的历史意义，尤其是从拉美经贸与投资一体化中获益匪浅的企业阶层。另一方面，在私人市场国际主义的掩护下，一体化又难免成为列强国家重新殖民外围国家的工具。

为摆脱依附与不发达的历史命运，拉丁美洲的历史上曾不止一次的出现过发展理论的探索与争鸣，例如发展等同于增长的理论、依附论、拉美经委会的进口替代战略、挪威首相布伦特兰（Brundtland）提出的永续发展概念、开放的地区主义及沃勒斯坦的世界体系论等。以发展为要义的生产力与生产关系演进旨在实现生产力的提高、人均收入的增加和收入分配的进步，即在经济独立的基础上，促进人类有尊严的物质与精神消费，进而减少社会的不平等与不公正。[①] 联合国“千年发展计划”预期在 2015 年实现的目标包括——消除赤贫与饥饿、普及初等教育、促进性别平等与女性自主、减少儿童死亡率、改善母亲健康、与艾滋病做斗争、确保环境的可持续性和促进世界发展联合。由于政治意愿、公共资源及政策的匮乏，地区弱势群体在就业、医疗卫生、教育、住房等方面的权利仍无法得到充分保障，“千年发展计划”在拉丁美洲的实现仍待时日。因此，以发展为己任的拉美一体化进程，依然任重道远。

二、选择正确的一体化战略是拉丁美洲决胜未来的关键

阿根廷经济学家卡兹认为，拉美一体化与拉美团结是两个概念，前者指贸易协定，而后者代表了拉美政治联合的夙愿，但两者向来不存在严格的区分。[②] 古巴经济学家马丁内斯认为，在政治意义上，拉美仍然缺乏一个真正的能够将拉美和加勒比地区协调一致的机制，[③] 而政治分化的结果是，地区一体化被理解为优先考虑经济一体化。[④] 发轫于 20 世纪 50 年代的拉美经济一体化相对于拉美一体化的全部历史而言并不漫长，名目繁杂的机构组织一度使拉美经济一体化陷入了令人艳羡的繁荣

---

① Mariano Bullón Méndez, “América Latina. Integración para el desarrollo”, *Revista Temas de Economía Mundial* No 21/2012, http://www.ciem.cu/publicaciones/pub/Temas%20No.%2021-2012.pdf.

② Claudio Katz, *Integración o unidad latinoamericana*, *lahaine.org/katz/b2-img/katz_integ.pdf, 20080313.*

③ ［古巴］奥斯瓦尔多·马丁内斯著：《垂而不死的新自由主义》，高静译，当代世界出版社，2009 年版，第 78 页。

④ 同上书，第 79 页。

假象，然而真正长效深入的一体化尝试却乏善可陈。有学者甚至这样描述拉美经济一体化的怪圈——“拉美各国似乎越来越民主，但民怨也与日俱增；贸易增长迅速，但整合程度越来越低；经济越是增长，贫富分化越是严重；一体化的呼声越来越高，但各国行动的分化迹象却日益明显；制度设计繁杂，但具有结构性缺陷；各国领袖高呼合作，但国家关系中出现不和谐之音的频率日高”。[①] 进入 21 世纪以来，随着各种替代性思潮的涌现，对拉美一体化的历史反思与抉择再次成为地区热点。

拉丁美洲在启动一体化之初，对地区同质性的认识显然过于乐观，在拉美一体化陷入困境时，笼罩着一体化的悲观情绪又被无形放大了。有学者将当前拉美一体化的问题归结为六点:1. 过度的民族主义倾向制约着拉美地区的凝聚力；2. 过多的表面文章，缺乏务实的实践；3. 浓重的意识形态色彩使一体化危机重重；4. 受益不均使小国对一体化丧失兴趣；5. 缺少一个在地区一体化中的主导国家；6. 不容忽视的美国因素。[②]

事实上，无论是所谓的意识形态分歧还是民族主义倾向，相对于拉美一体化停滞不前的表面现象，不同的拉美一体化利益分配机制才是决定一体化矛盾的内在原因。在外围资本主义生产关系占主导的拉美一体化历史中，美帝国主义、跨国资本和地区资产阶级寡头是分割地区一体化利益的三大赢家。首先，美国利用其地区霸权和现有的国际规制，设计与主导符合

---

① 高静：“美洲经济一体化中的南南合作和南北合作———从理论到实践”，《拉丁美洲研究》，2008 年第 3 期，第 58 页。

② 周志伟：“当前拉美一体化现状及陷入困境的原因”，《拉丁美洲研究》，2007 年第 5 期，第 44—46 页。

美国战略利益的拉美一体化进程。从美洲国家组织的角色演变到美洲自由贸易区的幻灭，美国试图将拉美整合为可靠的金融和贸易剥削场所，稳定的石油、天然气、水、生物多样性的供给源和海外军事基地。[①] 因此，拉美一体化不能避而不谈美国，但也决不能指望其所倡导的资本一体化。其次，跨国公司力图将拉美一体化组织纳入其势力范围，利用拉美国家的贸易开放政策，通过技术与资本垄断，将其生产、市场、增长与战略凌驾于拉美经济发展之上，在渗透拉美经济的同时不失时机地分化拉美各国间的协作关系。如跨国公司规定拉美国家引进资金必须用于购买发达国家技术，受援国不得购买其他拉美国家的相同技术，或与其他拉美国家展开合作等。跨国公司在拉美国家赚取的利润大量回流美国，使拉美国家赤字深重、经济困难，进一步阻碍了拉美本土一体化进程。再次，与美国和跨国公司联系密切的拉美地区寡头，缺乏领导地区一体化的独立思维，在贱卖大量地区资源的基础上，使拉美民族工业遭受重创，私有化、自由化、金融化的结构性改革更是加深了拉美经济的脆弱性与依附性。拉美经济一体化三分天下的格局决定了拉美一体化的先天不足，而地区各国间的地缘利益分歧与发展不平衡又进一步加剧了拉美一体化的内在离心力。新自由主义全球化使拉美一体化面临更加严峻的竞争力考验，为避免重蹈覆辙，拉美一体化呼唤新的替代模式。

就地区一体化的核心原则与模式而言，ALBA-TCP、UNASUR、CELAC 等新兴一体化组织更为强调自主与发展，而

---

① ［古巴］奥斯瓦尔多·马丁内斯著：《垂而不死的新自由主义》，高静译，当代世界出版社，2009 年版，第 89 页。

ALCA、MERCOSUR 等传统一体化架构则始终坚持市场和自由贸易原则。有学者将拉美一体化的这种历史分野，按先后顺序定义为“开放”的一体化、“修正主义”的一体化和“反体系”的一体化；三种模式各有侧重，可分别归纳为“战略性”地区主义、“生产性”地区主义和“社会性”地区主义。[①] 换言之，拉美传统一体化多采用地区贸易联盟的标准模式，主张从货币一体化切入拉美经济、政治、文化、社会一体化的全景，而反对自由贸易和投资协定（例如，20 世纪 90 年代提出的美洲自由贸易协定）的左翼阵营则试图将马克思列宁主义、殖民主义理论、民族主义、社会主义和国际主义融为一体，创造一个有利于人民的一体化地区协议。

古巴前领导人菲德尔·卡斯特罗认为，“美洲是个整体，是为自由而战的战场，为尊严和正义而战的阵地……拉丁美洲的一体化和团结只能以独立的方式，根据它本身的利益加以思考和设想，除了经济一体化，拉丁美洲没有其他更有尊严、体面和独立的替代选择。”[②] 拉美一体化无须回应任何“处方”，也不代表所有方面的趋同化，更不意味着社会与文化方面的平均主义；相反，拉美一体化应着眼于整体差异，主张倾听、关照少数群体的声音，是他们印证了拉丁美洲的伟大。更有拉美学者认为，“新一体化来自我们每一个人，来自人民，拉美一体化的哲学基础在于实现地区历史性的团结。”[③] 总之 21 世纪

---

① José Briceño Ruiz，http：//flacso. org. ar/seminario-ejes-y-modelos-en-la-etapa-actual-de-la-integracion-economica-regional-en-america-latina/.

② ［古巴］萨洛蒙·苏希·萨尔法蒂编：《卡斯特罗语录》，宋晓平、徐世澄、张颖译，社会科学文献出版社，2010 年版，第 2—3 页。

③ Equipo de Investigación para la Nueva Integración del Sur，Fundamentos filosóficos de la nueva integración del Sur，Instituto de Altos Estudios Diplomáticos Pedro Gual，2007，pp. 4 – 5.

以来的拉美替代一体化运动，旨在促进地区自然资源的科学开采与优化利用，使人民成为资源红利的真正受益者，使拉丁美洲有胆识、有力量打破中心—外围传统的藩篱，在世界格局中谋求新的历史地位与认同。

三、21 世纪的拉美一体化进程：新特征与新趋势

进入 21 世纪以来，尽管新自由主义的去工业化政策和此消彼长的经济危机使拉丁美洲再次陷入了初级产品出口的历史轮回中，但地区科学技术和劳动生产率仍取得了显著进步，拉美地区政治力量的结盟能力和地区各国的社会动员能力也显著提升。与此同时，拉丁美洲的一体化进程在价值层面与经验层面均出现了不同程度的积极变化，如注重改善绝大多数人的生活水平，而非有限的产品增长。

当前，支撑拉美一体化不断向好的积极因素包括：1. 保障市场服务。扩大市场向来是促增长与发展的重要手段，如今已成为改善拉美经济、应对地区长危机的有利方式。2. 拓展信贷便利。区内贸易增长是一体化不断发展的重要方面，与此同时，信贷规模的不断扩张亦有利于地区贸易一体化的进步。3. 倡导互惠价格。尽管关税同盟尚存不足，但却为公平互惠贸易提供了契机与可能。通过对小国弱国实行特殊与差别待遇（SDT）调整价格，避免倾销、生产出口补贴等大国与小国传统贸易关系中的不利因素。4. 促进多维发展。除了关注社会、政治、文化、制度、金融、传媒、环境、能源、粮食等领域外，新的拉美一体化倡议还加强了对原住民问题、地区安全议程等问题的关注。5. 创新基础设施融资。补偿基金、贸易与发

展银行的建立，为交通、能源、教育、文化等基础设施建设提供了必不可少的资源。6. 探索地区共同货币。尽管 ALBA-TCP 框架下的苏克雷（SUCRE）作为补偿贸易结算货币的经验还十分有限，远未达到地区最优货币选择的标准，但苏克雷的创生与发展有利于地区经济逐步减少对美元的依赖，从而扩展其在金融领域的影响力，以增进地区货币主权。7. 坚持合作、团结与互补原则，反对不平等与不公正的传统竞争。替代一体化运动主张远离重商主义与新自由主义，为有利于人民的经济发展与一体化提供可能经验。此外，为应对全球化挑战，太平洋联盟等依托市场力量推进贸易自由化的地区合作机制也取得了实质性进展，成为继 2005 年美洲自由贸易协定中止、2004 年南共市与欧盟跨区合作协议偃旗息鼓后自由主义经贸一体化的重要标杆。与 UNASUR、MERCOSUR 和 ALBA 强调国家主权与地区团结等不同的是，太平洋联盟等一体化机制更为强调经济利好与贸易开放，尤其是推动全球价值链上相关国家的一体化。

近年来，拉美及加勒比地区的贸易和国际储备持续改善，为地区一体化的纵深发展创造了有利条件。与此同时，地区一体化也面临着诸多国际经济环境的负面影响，如金融传导效应对巴西、阿根廷和墨西哥等拉美主要证券市场的冲击，世界经济衰退引发外部需求下降、出口紧缩，初级产品价格波动，工业发达国家劳动力市场恶化导致地区侨汇收入持续下降，外国直接投资潜在下降等。因此，拉美各界普遍认为，地区一体化绝不仅仅是一种权宜之选，而应成为拉美国家克服资本主义危机、谋求替代发展的固本之道。与此同时，拉美一体化的历史遗留问题依然存在，如地区经济失衡与互补性不足，地区多边与双边冲突层出不穷，一体化利益主体过度分化，拉美各国在南北自由贸易协定中依旧弱势，法治、环境、社会等领域的一体化规制严重滞后等。此外，在跨区（拉美与欧洲、亚洲等）贸易与合作协议大幅增加的同时，拉丁美洲的区内贸易额尚不足地区贸易总额的20%，而许多其他地区的区内贸易额则实现了翻番。传统与新兴一体化协议间的矛盾也在不断显现，地区一体化面临新一轮碎片化的逆势考验。

未来中短期内，影响拉美一体化的具体因素主要有“拉共体”（CELAC）机制的建立及其成效、亚洲尤其是中国经济的发展态势、欧元区经济危机的演进与实体经济的发展、委内瑞拉局势、美国对拉美一体化的干预等。首先，创建包括所有拉丁美洲和加勒比地区33个国家的“拉共体”是拉美一体化历史上的重要事件，拉美一体化极有可能因此步入历史新阶段。“拉共体”的战略意义在于促进地区团结、和平发展，谋求政治、能源、社会福利、环境与气候变化、经贸与金融领域的全面一体化。作为政治经济协调机制的CELAC试图实现组织的制度化，通过投票而非共识达成协定。若“拉共体”协议迟迟得不到落实，拉美一体化将极有可能再度陷入僵局，从而错失发展良机。其次，尽管存在经济增速放缓的可能，但亚洲主要经济体尤其是中国仍处于经济扩张期，这对于经济危机当头的拉美初级产品出口市场而言至关重要。若中国经济表现乏力，将直接导致其从拉美进口的大幅下降。而欧元区经济危机的持续恶化，严重影响到拉美尤其是与欧洲传统联系密切的南美对欧出口，从而更加凸显拉美一体化的必要性。若欧元区危机中期内无法得到缓解，拉美对欧出口将严重受创。再次，马杜罗主政下的委内瑞拉能否实现对通货膨胀和经济运行的有效管控，从而不断巩固和扩大社会计划，将成为影响拉美一体化的重要因素。委内瑞拉若不能继续查韦斯的玻利瓦尔革命，其倡导的各项社会计划将遭受重创，地区能源一体化也将面临终结。最后，美国向来重视参与拉美地区及次地区一体化进程，与拉美不少国家签订了自由贸易协定和地区安全协定，并试图阻止其他一体化议程在墨西哥、中美洲、加勒比地区和南美洲的发展与扩张，因此美国对拉美一体化的未来走势仍具有不可替代的特殊影响。

面对机遇与挑战的并存，拉美一体化应力主扩大地区市场，积极发展与亚洲的经贸关系，在寻求共同利益的基础上探索替代一体化的可能路径，将历史、意识形态和政治取向的多样性转变为实现地区一体化、团结与发展的有利条件。①

---

① Mariano Bullón Méndez, "América Latina. Integración para el desarrollo", Revista Temas de Economía Mundial No 21/2012, http://www.ciem.cu/publicaciones/pub/Temas%20No.%2021-2012.pdf.

第三章

美洲玻利瓦尔联盟的诞生与发展

随着21世纪初拉美一体化进程的不断深入和拉美左翼政权的纷纷崛起，一个缘起委内瑞拉和古巴共同倡议的拉美一体化组织——“美洲玻利瓦尔联盟”日渐成为拉美替代运动的前沿。旗帜鲜明的意识形态、紧锣密鼓的多边会晤、日益壮大的成员队伍、不断完备的替代框架和日渐攀升的地区影响，使该组织成为拉美地区一支不可或缺的新兴左翼联盟。“美洲玻利瓦尔联盟”的创生与发展，肩负着拉美左翼力量和广大民众力图实现地区未来自主发展和繁荣的热切诉求，是拉美“21世纪社会主义”地区联合的集中体现。

第一节　美洲玻利瓦尔联盟产生的历史背景

新自由主义在拉丁美洲的没落激发了拉美替代运动的勃兴，从地方到国家、从民众运动到左翼政党，反新自由主义的制度性资源从下而上、从外至内，不断积聚。20世纪末21世纪初，拉美左翼政权的崛起和联合，为主权国家间的替代一体化运动提供了发展契机。

一、新自由主义在拉丁美洲的贫困是替代一体化运动产生的直接原因

作为新自由主义重灾区，拉丁美洲对其负面影响怀有切肤之痛。20 世纪 80 年代，“失去的十年”是破除神话的十年，加深鸿沟的十年和潜藏危机的十年。新自由主义大刀阔斧的市场化、自由化和私有化改造使原本失衡与脆弱的拉美经济体系显得更加不堪一击，债务危机之后是金融危机与社会危机的接踵而至。

受控于少数金融集团的跨国垄断资本在拉丁美洲疯狂扩张，尤其是对拉美国家经济命脉的私有化改造，不但没能创造更多更好的区域良性竞争，反而加固了跨国垄断资本在拉丁美洲的统治地位，分化了这些国家的民族资产阶级和官僚阵营，使其成为跨国公司的附庸和国际金融资本的寄生产业。1994 年墨西哥金融危机、1999 年巴西金融动荡和 2001 年阿根廷经济危机的先后爆发表明，对效率和利润极尽追求的新自由主义也把市场的自发性、盲目性与滞后性发挥到了极致——失业、贫困、两极分化、社会冲突愈演愈烈，拉美民众反新自由主义的呼声一浪高过一浪。

新自由主义在拉美的贫困与危机已成必然，其在拉美的终结与替代也渐成焦点。古巴经济学家马丁内斯认为，尽管政治领域的新自由主义已经倒退，但新自由主义在经济领域的统治地位仍然没有动摇，一些拉美左翼政府领导人当权后的新自由主义做派与其竞选期间的激进承诺显然无法对接；新自由主义

的退出或有两种可能：一种是在资本主义制度内暂时隐退以谋求更大轮回的假性退出；另一种是创建21世纪的社会主义以实现真正的退出。[①]

二、拉美左翼政权的崛起为替代一体化运动积蓄了制度性主体与资源

20世纪90年代末，以查韦斯为代表的拉美左翼领导人纷纷通过合法斗争取得政权，成为拉丁美洲抗衡新自由主义、探索地区替代发展模式的中坚力量。委内瑞拉的查韦斯政府、厄瓜多尔的科雷亚政府、玻利维亚的莫拉莱斯（Juan Evo Morales Ayma，1959－）政府、尼加拉瓜的奥尔特加（José Daniel Ortega Saavedra，1945－）政府、巴西的卢拉政府、阿根廷的基什内尔（Néstor Carlos Kirchner，1950－2010）政府等左翼政权大多具有民族主义倾向，反对新自由主义在拉美的消极影响，强调社会公正与和谐，主张走适合本国国情和拉美现实的替代性道路，积极推动地区团结与一体化运动。

拉美左翼运动与思潮源流复杂，受其影响下的左翼政权亦表现出相应的特色。就意识形态和革新路线而言，拉美左翼政权可分为温和左翼政权与激进左翼政权。以巴西、阿根廷等地区大国为代表的温和左翼政权（又称改良主义左翼），大都具有较强国力及地缘影响力，与美国关系密切，信奉社会民主主义的治国理念，主张渐进、务实、灵活、稳妥的改革与外交。而委内瑞拉、厄瓜多尔、玻利维亚、尼加拉瓜等激进左翼政府

---

① 贺钦："新自由主义全球化与拉美一体化：危机与替代——《垂而不死的新自由主义》评介"，《拉丁美洲研究》，2010年第4期，第72页。

则提出了各种“社会主义”的替代方案。有别于古巴坚持的“科学社会主义”，上述国家倡导的拉美“21 世纪社会主义”理论体系庞杂，核心价值多元，主张坚决抵制新自由主义与美帝国主义对拉美的干涉，建立符合拉美本土价值观、维护国家主权和基本人权的社会主义模式。

拉美左翼政权的崛起有利于地区左翼政党、民众组织和进步人士通过制度内渠道，拓展左翼发展空间，继而推动人民团结和地区一体化。而拉美左翼政权面临的现实挑战在于，固有的经济结构和阶级关系缺乏系统性革命，右翼势力、跨国资本和帝国主义的颠覆与渗透此起彼伏。为谋求地区自主发展、改变不合理的地缘政治格局、摆脱外围依附与不发达的现实困境，拉美左翼政权期待地区联合。统一的价值观与诉求、相似的发展水平与国际立场，使拉美左翼政权试图通过“美洲玻利瓦尔联盟”构建地区联合的新机制。

第二节　美洲玻利瓦尔联盟的发展历程

侧重团结、互补、公正与合作的美洲玻利瓦尔联盟 - 人民贸易协定（ALBA-TCP）是由拉美左翼轴心国——委内瑞拉和古巴发起的，旨在维护拉美人民独立、自主和认同的政治、经济与社会联盟。自 2004 年底成立以来，ALBA-TCP 战略日益成熟，组织框架逐渐完善，成员机构不断扩容，在维护各成员国主权与正义、促进地区一体化和结构改革、推动拉美人民全面发展等方面取得了有目共睹的成绩。

ALBA 不以商业标准、企业利润和牺牲他国利益为原则，力图从最宽广的拉丁美洲主义视角出发，促进拉美地区一体化。ALBA 认为，孤立的方式是无法让拉美国家获得真正的发展与独立的，只有像玻利瓦尔号召的那样——“在美洲建立一个世界上最大的国家，其自由与荣誉胜过领土与财富之大”，像何塞·马蒂（José Julián Martí Pérez，1853－1895）倡导的那样——“我们的美洲，区别于扩张主义和帝国主义的另一个美洲”，[①] 才能真正实现拉丁美洲的团结与一体化。

一、美洲玻利瓦尔联盟峰会简史

美洲玻利瓦尔联盟的前身——美洲玻利瓦尔替代计划是在委内瑞拉和古巴的双边合作模式基础上发展起来的。早在 2000 年 10 月，菲德尔·卡斯特罗访问委内瑞拉时，两国签署的一体化合作协定就确立了这种合作模式。根据协定，委内瑞拉每天向古巴提供 5.3 万桶石油；委内瑞拉将允许古巴以易货贸易或古巴医生向委内瑞拉提供医疗服务的方式支付费用。2001 年 12 月，时任委内瑞拉总统的查韦斯在第三届加勒比国家联盟峰会上首次提出了成立“美洲玻利瓦尔替代计划”（又译为“美洲玻利瓦尔选择”）的倡议。2004 年 12 月，在查韦斯总统访问古巴期间，两国政府决意创立“美洲玻利瓦尔替代计划”组织，召开首届首脑峰会并发表“联合宣言”。

2005 年 4 月，查韦斯总统再次访问古巴，两国于该月 28 日召开了第二届首脑峰会，共同签署了“美洲玻利瓦尔替代计划”最后宣言及 49 项社会经济合作协定，并将 2005 年定为

---

① http：//alba-tcp. org/content/alba-tcp.

"美洲玻利瓦尔替代计划"年。

2006年4月，古巴、委内瑞拉和玻利维亚领导人在古巴首都哈瓦那召开了第三届首脑峰会，并签署了三国经济一体化协议，玻利维亚正式加入"美洲玻利瓦尔选择"。

2007年1月，尼加拉瓜总统奥尔特加、委内瑞拉总统查韦斯、玻利维亚总统莫拉莱斯和古巴国务委员会副主席马查多在尼加拉瓜首都马那瓜召开第四届首脑峰会，并签署联合声明，尼加拉瓜正式加入"美洲玻利瓦尔选择"。同年4月，第五届"美洲玻利瓦尔选择"首脑峰会在委内瑞拉拉腊州州府巴基西梅托举行。会议呼吁拉美地区左翼政府加强合作，寻求新的国际合作机制，共同解决成员国内部和拉美国家的贫困问题，以巩固左翼政权。

2008年1月，第六届"美洲玻利瓦尔选择"首脑会议在委内瑞拉召开，委内瑞拉、玻利维亚、尼加拉瓜三国总统及多米尼克总理、古巴国务委员会副主席出席了会议。会议宣布成立"美洲玻利瓦尔选择银行"，并接纳多米尼克为正式成员。2008年4月，联盟在委内瑞拉首都加拉加斯召开首届特别峰会，通过了《主权与粮食安全合作计划执行协定》和《团结与支持玻利维亚共和国声明》。2008年8月，洪都拉斯总统塞拉亚在洪首都特古西加尔巴召开的第二届特别峰会上宣布洪都拉斯正式加入"美洲玻利瓦尔选择"。2008年11月，第三届特别峰会在委内瑞拉首都加拉加斯召开。

2009年2月，在加拉加斯召开第四届特别峰会，发布加勒比石油计划和ALBA成员国《粮食安全与主权协定》，并签署组建大国家粮食企业的相关协议。2009年4月，在委内瑞拉库马纳市（Cumana）召开了第五届特别峰会，商讨ALBA在第五届美洲峰会上的联合声明与相关文件。2009 年 6 月 24 日，在委内瑞拉马拉凯市（Maracay）召开第六届特别峰会，继玻利维亚、古巴、多米尼克、洪都拉斯、[①] 尼加拉瓜和委内瑞拉后，又有厄瓜多尔、圣文森特和格林纳丁斯、安提瓜和巴布达三国宣布加入该组织，至此"美洲玻利瓦尔替代计划"成员国增至九国，另有两个观察员国——巴拉圭和格林纳达。会议决定在政治、经济和社会等领域成立由各国相关部长组成的 4 个理事会，签署筹建 ALBA 纪念独立运动 200 周年委员会协议，并发表了最终声明。2009 年 6 月 29 日，在尼加拉瓜首都马那瓜（Managua）市召开第七届特别峰会，并发表联合声明。

2009 年 10 月，第七届峰会在玻利维亚科恰班巴（Cochabamba）市举行，9 国元首或代表、4 个观察员国及俄罗斯等国的代表出席了峰会。会议围绕建立地区统一货币机制"苏克雷"、设立区域仲裁机构、洪都拉斯局势及美国与哥伦比亚签订军事协议等议题进行了讨论，并发表共同声明。会议宣布将于 2010 年正式启用地区统一货币机制"苏克雷"。

2009 年 12 月，第八届峰会在古巴首都哈瓦那举行，古巴、委内瑞拉、玻利维亚、尼加拉瓜四国元首与会，厄瓜多尔、洪都拉斯外长及多米尼克、安提瓜和巴布达、圣文森特和格林纳丁斯等国代表出席。会议总结了 ALBA 成立 5 周年来在经济、社会领域加强合作所取得的进展，各方围绕地区统一货币机制"苏克雷"、人民贸易协定、粮食安全、气候变化等议题进行了讨论，并通过了《ALBA-TCP 结构与职能章程》和《气候变化特别公报》。

2010 年 4 月，第九届峰会在委内瑞拉首都加拉加斯举行，

---

① 2009 年 6 月底，洪都拉斯发生军事政变，遂于 2010 年 1 月正式退出联盟。

委内瑞拉、古巴、玻利维亚、尼加拉瓜四国元首和联盟其他成员国代表与会，阿根廷和多米尼克总统作为特邀嘉宾出席。会议围绕“加勒比石油计划”、大型多国企业、地区统一货币机制“苏克雷”等议题进行了讨论，并就ALBA银行建设及文化体育合作等进行了交流。此外，与会各国领导人和代表还出席了委内瑞拉独立200周年庆祝活动。

2010年6月，第十届峰会在厄瓜多尔的奥塔瓦洛市（Otavalo）举行。厄瓜多尔、委内瑞拉、玻利维亚三国总统及古巴国务委员会副主席、其他成员国代表在会上签署了《奥塔瓦洛声明》，以促进包括拉美印第安人和非洲裔居民在内的包容一体化进程，并提出了“人民贸易协定条约”，旨在推进地区产品和服务的公平流通。此次会议还涉及建设包容性社会、尊重多元文化、促进种族融合、关注气候变化和保护环境等议题，[①] 并决定建立一个常设委员会以保障和监督各项计划的执行。厄瓜多尔总统科雷亚认为，让印第安人民和非洲裔居民出生贫穷和死于贫困是不能容忍的，表示将努力实现财富的重新分配；美洲玻利瓦尔联盟的挑战是使人民摆脱几个世纪的贫困和被排斥，国家经济不应停留在单一产品经济，应使产品和服务具有更高附加值。[②]

2012年2月，第十一届峰会暨ALBA-TCP社会运动峰会在加拉加斯举行，联盟吸纳海地为特别常驻成员国，另有苏里南

---

① 中华人民共和国外交部网站：http：//www. mfa. gov. cn/chn/pds/gjhdq/gjhdqzz/mzblwelm/t575895. htm。

② 管彦忠：《美洲玻利瓦尔联盟承诺开始印第安人和非洲裔一体化进程》，2010-06-26，17：31：00，摘自人民网 http：//www. chinadaily. com. cn/hqgj/bmoz/2010-06-26/content_ 502820. html。

和圣卢西亚作为特邀成员国加入了联盟。峰会签署了美洲玻利瓦尔联盟-人民贸易协定经济平台协议，主张拓展 ALBA 经济合作，巩固和推进苏克雷统一货币体系及 ALBA 银行等金融机制。与会领导人发表声明，反对西方大国企图损害地区主权的殖民主义政策，支持波多黎各人民的自决权与独立权，支持阿根廷对马尔维纳斯群岛的主权，主张地区和平，要求美国释放被关押的五位古巴反恐人士。联盟峰会还建立了"美洲玻利瓦尔联盟－海地工作机制"，负责落实联盟与海地的合作与发展规划。联盟与阿根廷签署了农业、工业技术研发与转让等合作意向书。此外，峰会还发布了 ALBA-TCP 进步革命政党及社会运动第一次会议声明、ALBA 传媒最后宣言、ALBA 防务委员会组建特别声明、ALBA 经济空间（ECOALBA）组建协定等。

2013 年 7 月，第十二届峰会在厄瓜多尔的瓜亚基尔市（Guayaquil）举行。厄瓜多尔总统科雷亚、玻利维亚总统莫拉莱斯、委内瑞拉总统马杜罗、尼加拉瓜总统奥尔特加、古巴国务委员会副主席拉蒙·马查多、多米尼克总理斯凯里特、圣维森特和格拉纳丁斯总理贡萨尔维斯（Ralph Gonsalves）、安提瓜和巴布达总理科德林顿（Chanlah Codrington）出席了本次首脑会议。本届首脑会议主要审议和落实了联盟内部贸易协定，并围绕加强联盟内部制度化建设、扩大区域货币补偿统一体系（SUCRE）、建立共同外汇基金、加强民生和促进社会发展等议题进行了讨论。2013 年 12 月，第二届 ALBA-TCP 和 Petrocaribe 特别峰会在加拉加斯召开，并发表了会议联合声明。

2014 年 10 月，联盟在古巴哈瓦那召开第八届特别峰会，发布了 ALBA-TCP 有关埃博拉病毒的特别声明。2014 年 12 月 14 日，第十三届峰会暨 ALBA-TCP 成立十周年纪念活动在古巴哈瓦那举行。峰会围绕一体化机制建设，深化联盟内部经贸、社会、医疗等领域的合作展开了讨论，正式接纳格林纳达、圣基茨和尼维斯为新成员，并发表了《峰会最终声明》。俄罗斯总统普京就峰会成功举办向劳尔主席发来了贺电。古巴国务委员会兼部长会议主席劳尔·卡斯特罗（Raúl Modesto Castro Ruz，1931 - ）在讲话中呼吁加强地区团结。委内瑞拉总统马杜罗指出，委内瑞拉人民从玻利瓦尔联盟中受益匪浅，深表感谢。玻利维亚总统莫拉莱斯认为，一体化就是解放，而美洲玻利瓦尔联盟就是保障拉美各国人民解放的组织。本届峰会通过了包含 43 条共识的《最终宣言》。与会各国领导人及特邀嘉宾在宣言中一致要求美国停止对古巴长达 50 多年的经贸及金融封锁，并终止其颠覆行为。此外，针对委内瑞拉国内外敌对势力破坏稳定和发动经济战争的种种企图，各国领导人表达了对委内瑞拉政府的坚定支持。本届峰会恰逢该联盟成立 10 周年，古巴领导人劳尔、委内瑞拉总统马杜罗、玻利维亚总统莫拉莱斯等十一个成员国的国家元首、政府首脑或代表出席了峰会。[①]

2015 年 3 月 17 日，第九届特别峰会在委内瑞拉加拉加斯举行，并发表了特别峰会声明。声明反对美国政府对委内瑞拉内务的干涉，要求美国放弃单边政策，废止涉委反委的有关法令，遵守联合国宪章，遵守和平解决国际争端和不干涉别国内政的国际法原则，在尊重委内瑞拉主权和人民自决权的基础上就相关分歧开展对话；建议 CELAC，UNASUR，ALBA-TCP 和 CARICOM 等拉美地区组织建立相关外交协商机制，以缓和委美双边关系紧张。声明强调，委内瑞拉积极谋求地区合作与对

① http：//cu. mofcom. gov. cn/article/jmxw/201412/20141200834202. shtml.

话，而非对任何国家的威胁，委内瑞拉愿为地区和平与稳定作出贡献，美国政府和不良国际媒体应停止一切破坏委内瑞拉玻利瓦尔革命的行径。声明还表示，为促进地区民主和自由，无条件声援委内瑞拉总统马杜罗、巴西总统迪尔玛·罗塞芙（Dilma Rousseff，1947 - ）和阿根廷总统克里斯蒂娜·费尔南德斯·德基什内尔（Cristina Fernández de Kirchner，1953 - ），呼吁拉美各界为传播一个真实的委内瑞拉而团结合作，继续发挥 ALBA-TCP 在促进地区团结和一体化等方面的作用。

表 3 - 1　ALBA-TCP 历届峰会简史①

第一届峰会	2004 年 12 月 14 日	古巴 哈瓦那	发表委内瑞拉—古巴联合声明，强调反美洲自由贸易区，发布 ALBA 的 12 项指导原则，团结为核心原则。达成包括 13 项条款在内的 ALBA 执行协议，以深化委内瑞拉和古巴的双边一体化
第二届峰会	2005 年 4 月 27—28 日	古巴 哈瓦那	发表最后宣言，达成委内瑞拉—古巴合作战略计划及具体行动纲领
第三届峰会	2006 年 4 月 28—29 日	古巴 哈瓦那	玻利维亚加入 ALBA，并提出人民贸易协定（TCP）计划。古巴、委内瑞拉、玻利维亚三国达成 ALBA-TCP 执行协议
第四届峰会	2007 年 1 月 11 日	尼加拉瓜 马那瓜	在尼加拉瓜总统丹尼尔·奥尔特加的就职仪式上，尼加拉瓜宣布加入 ALBA
第五届峰会	2007 年 4 月 28—29 日	委内瑞拉 丁多莱洛	介绍大国家计划与企业模式，签署能源协议

① http：//alba - tcp. org/contenido/historia - del - alba - tcp.

续表

第六届峰会	2008 年 1 月 26 日	委内瑞拉 加拉加斯	多米尼克加入 ALBA，签署 ALBA 银行运营协议。定义大国家计划与企业概念，发表支持玻利瓦尔变革进程的宣言
第一届 特别峰会	2008 年 4 月 23 日	委内瑞拉 加拉加斯	签署粮食主权与安全合作计划执行协议。支持玻利维亚变革进程
第二届 特别峰会	2008 年 8 月 25 日	洪都拉斯 特古西加尔巴	洪都拉斯加入 ALBA。同意与洪都拉斯合作，力图扶助洪都拉斯减贫等社会计划。
第三届 特别峰会	2008 年 11 月 26 日	委内瑞拉 加拉加斯	就建立货币区计划达成共识，计划采用苏克雷共同账户单位、支付补偿商会和稳定基金
第四届 特别峰会	2009 年 2 月 2 日	委内瑞拉 加拉加斯	将扫盲、继续教育、医疗卫生、粮食、能源、环境、电讯与文化确定为 ALBA 优先发展领域。签署加勒比石油（Petrocaribe）与 ALBA 合作框架下的两项协议，以促进粮农业的可持续发展；签署粮食安全与主权协议；建立大国家粮食企业
第五届 特别峰会	2009 年 4 月 16—17 日	委内瑞拉 库马纳	启动 ALBA 文化基金、大国家能源及油气企业、ALBA 医药监控中心等 24 个项目。签署援助海地扫盲和农业发展协议。协调 ALBA 国家在第五届美洲峰会上的立场
第六届 特别峰会	2009 年 6 月 24 日	委内瑞拉 马拉凯	厄瓜多尔、圣文森特和格林纳丁斯、安提瓜和巴布达加入 ALBA。签署“筹建 ALBA 纪念独立运动 200 周年委员会”协议
第七届峰会	2009 年 10 月 17 日	玻利维亚 科恰班巴	确定人民贸易协定（TCP）基本原则。通过 ALBA-TCP“共同发展经济区”贸易发展行动计划。合理调整 ALBA-TCP 组织结构。发表有关地球母亲权利，气候变化；洪都拉斯政变，抗议美国对古巴经济、贸易、金融封锁等特别宣言

续表

第八届峰会	2009 年 12 月 13—14 日	古巴 哈瓦那	批准 ALBA-TCP 基本原则。通过 ALBA-TCP 结构与职能设置。发表气候变化特别声明
第九届峰会	2010 年 4 月 19 日	委内瑞拉 加拉加斯	ALBA 表示：社会主义胜利是人民实现真正独立、主权与正义的唯一保障，因此 ALBA 应在以下领域有所作为：一体化与团结、反对干涉主义与战争、捍卫地球母亲的权利与人权、经济独立、社会使命与社会运动
第十届峰会	2010 年 6 月 25 日	玻利维亚 奥塔瓦洛	通过印第安人民权利协议和反对种族主义、种族歧视、仇外心理的《德班宣言和行动纲领》。建议在 ALBA 社会运动委员会中成立人民与印第安及非洲后裔社区的会晤与对话机制
第十一届 峰会	2012 年 2 月 5—6 日	委内瑞拉 加拉加斯	海地、苏里南、圣卢西亚作为特邀成员国加入 ALBA。召开 ALBA 进步革命政党和运动第一次会议
第十二届 峰会	2013 年 7 月 30 日	厄瓜多尔 瓜亚基尔	圣卢西亚正式加入 ALBA
第十三届 峰会	2014 年 12 月 14 日	古巴 哈瓦那	通过峰会最终宣言，格林纳达及圣基茨和尼维斯正式加入 ALBA
第九届 特别峰会	2015 年 3 月 17 日	委内瑞拉 加拉加斯	发表特别峰会声明，声援委内瑞拉

资料来源：ALBA-TCP：Construyendo un mundo pluriporal，2010 - 10，pp. 4 - 5，http：//alba-tcp. org/public/documents/pdf/Construyendo_un_Mundo_Pluripolar. pdf.

二、美洲玻利瓦尔联盟—人民贸易协定的战略演进

自2004年底发展至今，从“美洲玻利瓦尔替代计划”到“美洲玻利瓦尔联盟”，再到“美洲玻利瓦尔联盟—人民贸易协定”，ALBA不但实现了名称上的进步，更在基本价值与战略上实现了自我突破。

（一）从ALCA到ALBA

美洲玻利瓦尔联盟的前身——“美洲玻利瓦尔替代计划”与维护跨国资本利益、寻求贸易和投资彻底自由化的美洲自由贸易协定（ALCA）分庭抗礼，以维护拉美各国人民的利益、反对贫困和社会排斥为己任，旨在改变拉美各国因被动接受美洲自由贸易协定而面临分化的压力，建立一个有效平衡西半球各国不平等发展、改变落后国家发展劣势、重塑地区共识以促进各国实现内生发展的一体化战略联盟。

美洲自由贸易协定（ALCA-TLC）与美洲玻利瓦尔替代计划（ALBA）核心价值及政策比较见表3－2和表3－3。

表3－2　ALCA与ALBA核心价值比较

ALCA-TLC	ALBA-TCP
竞争	合作
自由贸易	公平贸易
服务于跨国公司	与贫困和不平等作斗争
剥削拉美的资源与劳动力	能力互补、资源共享
地区不平衡发展	地区整体性发展

表 3－3　ALBA 与 ALCA 的政策比较

	ALCA		ALBA	
概念与根基	竞争优势、互惠	竞争、私有企业	共享优势、补偿失衡	团结、公有企业
目标与手段	经济增长、商品服务贸易自由化、外国投资	繁荣自由贸易、缺少补偿基金	消除贫困、社会排斥，生产性互补	维护自主权与文化认同、补偿合作、互惠互利
外贸政策世界市场准入	消除关税与非关税壁垒及拉美国家对生产部门的保护机制	消除对外资准入和政策变化的管控	利用关税、配额、许可证等其他非关税手段促进和保护民族工业和农业	控制政策变化，对外企的活动和角色进行管控
农　业	要求贫困国家立即取消农业补贴、关税、许可证和配额	主要发达国家拒绝履行世贸组织达成的有关取消其国内农业补贴和援助的协议	农业是发展中国家安身立命的基础性产业；必须给予弱国区别性政策和特殊待遇	优先确保粮食主权与安全；允许敏感产品不受政策约束
知识产权	阻碍研发进步，专利化传统知识，垄断技术转让，切断医药和教育准入	—	知识产权不能成为阻隔人民分享科学进步的障碍	不能阻挡技术进步以及人民获取医药、粮食和教育的机会
国有经济	对外资企业开放公共部门市场	不把国有经济作为振兴国内生产和改善就业的杠杆性政策	优先发展国有经济，使其成为公共产品供应商，控制自然资源，促进当地就业	确保国有战略部门对其他经济和劳动部门的多元影响

续表

	ALCA		ALBA	
竞争政策	通过修改国内立法，消除反竞争的政策和实践	限制有碍自由市场原则的垄断寡头经济活动与关系	修改相关政策协议并确保其执行，反对垄断寡头的泛滥	外国投资者不得要求东道国政府准予垄断权或操控关乎公共利益的国有企业
服务业	寻求西半球服务贸易的彻底自由化	消除有碍市场机制的国内法与政府政策	根据国家发展重点，促进服务业的自由发展	与贸易协定不同，着力发展关乎民生的公共服务业
外国投资		解除对外国投资的管控	坚持对外商投资的相关要求	

资料来源：Josette Altmann Borbón（Editora），*América Latina y el Caribe*：*ALBA*：*¿Una Nueva Forma de Integración Regional?*，Teseo，February 15，2011，p. 183.

以合作、团结、互补、社会发展、捍卫主权为支柱的ALBA包括以下核心价值：1. 反对以贸易和投资自由化为基础的新自由主义一体化。新自由主义有关自由贸易的信条是以牺牲发展中国家实现内生发展的可能性为代价的，美洲自由贸易协定无法照顾到地区各国发展的多样性，因而无法带来经济增长同改善人民生活相协调的发展模式。2. 以消除贫困和社会排斥为己任，承认人权、工业产权和妇女权益的重要性，重视环境保护。3. 反对工业化国家的贸易保护主义和灾难性农业补贴政策，保护贫困国家的农民权益和农业生产。ALBA认为，和其他经济活动不同，农业生产绝不仅仅是商品生产，而是保护文化多样性的基础产业，是一种直接关系到土地分配、人与自然关系、国家安全和食品主权的生活方式。在拉美，农业是事关许多国家存亡的基础性部门，洪水般的进口农产品会严重威胁农民和印第安人的生活质量，因此工业化国家试图将贸易保护主义政策和减少农业补贴作为自由贸易的条件，在这里是永远不会被接受的。4. 从根本上解决拉美国家贫困人口众多，国家间不平等及不平衡发展，失衡和扭曲的国际环境，外债高筑，因国际货币基金组织、世界银行和世界贸易组织强制推行结构性调整而丧失社会和政治支持，因知识产权协议而引发信息、知识和技术鸿沟，因媒体垄断而造成民主资源耗散等发展瓶颈。5. 重申被新自由主义改革弱化的“国家干预”，强调公共事务中的国家职能和公民参与。6. 不平等主体间的自由贸易只会加剧南北差距，只有基于国家主权的拉美一体化经济日程，才能避免国际组织的负面影响和国家间的不平衡发展。

ALBA 的历史使命，简言之就是通过“替代”，寻求地区团结和发展。在能源方面，为推进石油等战略性物资的国有化，一个名为“美洲石油”（Petroamerica）的类似于欧佩克组织的计划正不断推进。该计划由“南方石油”、“加勒比石油”、“安第斯石油”等子计划组成，试图通过组建委内瑞拉国家石油公司（PDVSA）、巴西国家石油公司（Petrobras）和玻利维亚国家石油公司（YPFB）等国有石油公司来取代跨国公司在拉美的利益。此外，该框架还致力于拉美议会对美洲国家组织的替代、ALBA 银行和南方银行对世界货币基金组织和世界银行的替代、ALBA 峰会对 G20 峰会的替代、“苏克雷”

货币联盟对美元地区影响力的替代等。

（二）从 ALBA 到 ALBA-TCP

2009 年 6 月 24 日，“美洲玻利瓦尔替代计划”（ALBA）第六届特别峰会在委内瑞拉阿拉瓜州府马拉凯举行。为增强该组织的政治影响力和有效性，会议决定将组织更名为“我们美洲人民的玻利瓦尔联盟—人民贸易协定”（Alianza Bolivariana para los Pueblos de Nuestra América-Tratado de Comercio de los Pueblos，ALBA-TCP）（译后简称“美洲玻利瓦尔联盟”）。

人民贸易协定的倡议来自玻利维亚总统莫拉莱斯试图加强 ALBA 在贸易公平方面作用的主张，以应对新自由主义放松管制、私有化和市场无歧视开放模式的枯竭。ALBA-TCP 将其缩写中的“替代”（Alternativa）改为“联盟”（Alianza），旨在真正消除阻碍人民一体化的所有障碍：

1. 贫困、排斥、不平等。

2. 拉美及加勒比地区各国间严重的经济失衡。

3. 商品和服务的不平等交换以及地区传统一体化模式下不平等的贸易条件（CAN，MERCOSUR，CARICOM，NAFTA，MCCA）。

4. 债务危机中，国际货币基金组织、世界银行、世界贸易组织等强加给地区的结构调整政策和种种限制。

5. 知识产权协议对发展中国家获取知识和科技的限制。

6. 全球媒体垄断对发展中国家主权和人民自决的消极影响。

第三节　美洲玻利瓦尔联盟成员国概况

一、ALBA 成员国基本国情

截至 2015 年 3 月，ALBA 共有委内瑞拉、古巴、玻利维亚、尼加拉瓜、多米尼克、厄瓜多尔、圣文森特和格林纳丁斯、安提瓜和巴布达、圣卢西亚、圣基茨和尼维斯及格林纳达 11 个成员国。

ALBA 成员国遍布大西洋、太平洋和加勒比海沿岸，分散于中美洲、加勒比地区及南美洲的安第斯地区和亚马逊地区，现有领土总面积（包括专属经济区）超过 300 万平方公里，其中 49.5% 为森林，6.73% 为耕地，耕地面积远高于拉美及加勒比地区 1% 的耕地面积均值。总人口超过 7400 万，其中劳动力人口占 47.7% 。[①]

自然资源方面，ALBA 成员国石油储备量居世界第一，拥有世界上已探明的最大锂资源储量，天然气储量美洲第一、世界第八，铁、金、钶钽铁矿石、镍、铝、铜钢储量丰富。天然气方面，ALBA 成员国天然气探明储量，占拉美及加勒比地区总量的 71.6% 。矿藏资源主要有委内瑞拉的铝矿、铁矿，玻利维亚的铅矿、锌矿、银矿、锂矿及锡矿，古巴和委内瑞拉的镍矿等。联盟成员国的原油加工能力占拉美及加勒比地区的 24%

---

① ALBA-TCP，*Informe de Gestión 2004 - 2014*：“*10 años consolidando la solidaridad y la integración entre los pueblos de nuestra américa*，http：//alba-tcp. org/public/documents/decimo/Espanol/INFORME_ de_ gestion. pdf，11 SEPTIEMBRE，2014，p. 5.

（委内瑞拉占19%、古巴占2%、厄瓜多尔占2%、玻利维亚占1%）。[①] 农业方面，ALBA 成员国耕地面积广阔、生物多样性丰富，主要农产品有藜（quinua）、香蕉、可可、大豆、甘蔗、咖啡。此外，ALBA 各国文化遗产浩瀚，解放历史英勇。

表 3－4　ALBA 成员国基本国情

	国家	加入 ALBA 日期	面积（平方公里）	人口（万）	主要人种	官方语言	主要宗教
1	委内瑞拉	2004－12－14	916445	2927.7736	印欧混血 58%	西班牙语	天主教
2	古巴	2004－12－14	109886	1123.5863	白人 66%	西班牙语	天主教
3	玻利维亚	2006－04－29	1098581	1040	印第安人 54%	西班牙语	天主教
4	尼加拉瓜	2007－01－11	130373.39	581.5526	印欧混血 69%	西班牙语	天主教
5	多米尼克	2008－01－26	751	7.1612	黑人、黑白混血	英语	天主教
6	厄瓜多尔	2009－06－24	256370	1448.3499	印欧混血 77.42%	西班牙语	天主教
7	圣文森特和格林纳丁斯	2009－06－24	384	11.8432	黑人 66%	英语	基督教 天主教
8	安提瓜和巴布达	2009－06－24	443	8.5903	黑人占绝大多数	英语	基督教
9	圣卢西亚	2013－07－30	616	16.3	黑人 85.3%	英语	天主教
10	圣基茨和尼维斯	2014－12－14	267	6	黑人 94%	英语	圣公会
11	格林纳达	2014－12－14	344	11	黑人 82%	英语	天主教

资料来源：根据 ALBA-TCP 官网、各国政府官网、中国外交部官网 2014—2015 年数据综合整理。

① ALBA-TCP, *Informe de Gestión 2004－2014*: "*10 años consolidando la solidaridad y la integración entre los pueblos de nuestra américa*, http://alba-tcp.org/public/documents/decimo/Espanol/INFORME_ de_ gestion.pdf, 11 SEPTIEMBRE, 2014, p.5.

ALBA 成员国大都推崇社会主义的替代发展模式，但除古巴坚持科学社会主义道路外，其他各国均未进行彻底的社会主义革命，而仅限于中左翼领导人及政党在本国外围资本主义的制度基础和社会结构上，探索各具特色的改良社会主义道路。

表 3－5　ALBA 成员国政治概况

国家	首都	元首	政体	执政党
委内瑞拉	加拉加斯	马杜罗·莫罗斯	参与式民主制	委内瑞拉统一社会主义党
古巴	哈瓦那	劳尔·卡斯特罗	全国人民政权代表大会制	古巴共产党
玻利维亚	拉巴斯苏克雷	胡安·埃沃·莫拉莱斯	参与式、代表式、社区式民主制	争取社会主义运动
尼加拉瓜	马那瓜	丹尼尔·奥尔特加	参与式、代表式民主制	桑地诺民族解放阵线
多米尼克	罗索	尼古拉斯·利物浦	议会民主制	多米尼克工党
厄瓜多尔	基多	拉斐尔·科雷亚	民主制	主权祖国联盟运动
圣文森特和格林纳丁斯	金斯敦	英国女王总督弗雷德里克	议会民主制	联合工党
安提瓜和巴布达	圣约翰	英国女王总督路易丝·莱克	君主立宪制	联合进步党

续表

国家	首都	元首	政体	执政党
圣卢西亚	卡斯特里	英国女王 总督皮尔莱特·路易茜	议会制	工党
圣基茨和尼维斯	巴斯特尔	英国女王 总督蒙托威利·塞巴斯蒂安	议会制	人民工党、关心市民运动、人民行动运动
格林纳达	圣乔治	英国女王 总督塞茜尔·拉格雷纳德	议会制	新民族党

资料来源：根据 ALBA-TCP 官网、各国政府官网、中国外交部官网 2014 至 2015 年数据综合整理。

2005—2012 年，尽管发生了全球性经济危机，但 ALBA-TCP 成员国国民生产总值之和仍从 24.83 亿美元增长到 33.07 亿美元。ALBA 成员国总体贫困程度高于拉美地区平均水平，但具有较强的社会动员性。其中尼加拉瓜是拉美第二贫困国，仅次于海地。[①] 各成员国经济发展水平参差不齐，委内瑞拉、玻利维亚、厄瓜多尔等资源型国家 GDP 总量领先于其他成员国。就人均 GDP 而言，成员国间和成员国内部的贫富差距较大，人均 GDP 最高的安提瓜和巴布达与最低的尼加拉瓜相差十倍之多。

① 张翠容著：《拉丁美洲革命现场——一个香港女记者的真相之路》，法律出版社，2009 年版，第 110 页。

表 3－6　ALBA 成员国经济概况

国家	GDP（亿美元）	人均 GDP（美元）	货币	汇率（美元/本币）	通货膨胀率	失业率	支柱产业
委内瑞拉	4382（2013）	14523（2013）	玻利瓦尔	1：6.3	69%	5.5%	石油
古巴	789.66	6920	古巴比索	—	—	—	制糖业、旅游和镍出口
玻利维亚	327.7	2922	玻利维亚诺	1：6.96	5.2%	3.5%	天然气、石油、矿产
尼加拉瓜	118.056	1904.7	科多巴		6.5%	—	农牧业
多米尼克	5.14	7262	东加勒比元	1：2.4	2.39%		农业
厄瓜多尔	1005.4	6273	美元		3.7%	5.1%	石油
圣文森特和格林纳丁斯	7.45	6777	东加勒比元	1：2.7	1.2%	—	农业、离岸金融业、旅游业
安提瓜和巴布达	12.4	13994	东加勒比元	1：2.7	—	—	旅游、离岸金融业、网上博彩业
圣卢西亚	13.45	7917	东加勒比元	1：2.7	2.1%		旅游、金融
圣基茨和尼维斯	8.12	13611	东加勒比元	1：2.7	0.64%	—	制糖业、旅游业
格林纳达	8.39	7913	东加勒比元	1：2.3	—	—	农业、旅游业

资料来源：根据拉美经委会、ALBA 各成员国中央银行及统计局、国际货币基金组织等部门 2014 年综合数据整理，“－”为数据不详。

表 3-7　ALBA 成员国人口结构及平均失业率

人均预期寿命	73 岁
男性人口/女性人口	3590 万/3410 万
城市人口占比	64.2%
农村人口	35.8%
印地安人口	890 万
15 岁以下人口	1510 万
65 岁以上人口	360 万
经济活动人口占比	44%
平均失业率①	8.7%

资料来源：CEPAL，División de Estadísticas y Proyecciones Económicas，INE Bolivia，ONE Cuba，INEC Ecuador，INEC Nicaragua，INE Venezuela y CARICOM. Statistics Sub-Programe，Caribbean Community Secretariat，http：//alba-tcp. org/public/images/Estadistica/Poblacion. jpg，2015 年 12 月。

二、ALBA 成员国与 21 世纪社会主义

ALBA 的诞生与发展和拉美 21 世纪社会主义的论争与实践密不可分。以委内瑞拉前总统查韦斯及其继任者马杜罗、玻利维亚总统莫拉莱斯、厄瓜多尔总统科雷亚、古巴国务委员会主席劳尔·卡斯特罗等为代表的 ALBA 成员国领导人及其执政党，先后在本国开展了各具特色的拉美“21 世纪社会主义”探索，为推进地区社会经济变革与团结极尽努力。

（一）委内瑞拉的 21 世纪社会主义

石油储量居世界第一的委内瑞拉是 ALBA 成员国中资源禀赋最好、经济基础最强的国家，其矿产资源、水利和森林资源

① http：//alba-tcp. org/public/images/Estadistica/Pactivaydesempleo. jpg.

均十分丰富。委内瑞拉“21 世纪社会主义”的创始人、前总统查韦斯系军人出身，自 1999 年执政后，通过宪政改革，三次连选连任委内瑞拉总统。作为拉丁美洲 21 世纪以来最具代表性的拉美左派领导人之一，查韦斯极力反对新自由主义和帝国主义，主张在委内瑞拉实行和平的资产阶级民族民主革命——“玻利瓦尔革命”，从而实现委内瑞拉“21 世纪社会主义”的“参与式民主”。

查韦斯倡导的玻利瓦尔革命主张社会主义、人道主义和国际主义，维护劳动阶级和人民利益，反对资本主义和帝国主义，以建设公平、自由、人道的“21 世纪社会主义”为己任。查韦斯的“21 世纪社会主义”思想复杂多元，具有鲜明的民族主义和理想主义特质。由查韦斯一手创建的执政党“委内瑞拉统一社会主义党”在其《原则声明》和《党章》等重要文件中指出，委内瑞拉革命的指导思想是玻利瓦尔、罗德里格斯和萨莫拉思想，是马蒂、格瓦拉、马里亚特吉（José Carlos Mariátegui，1894 - 1930）、卢森堡、马克思、恩格斯、列宁、托洛茨基、葛兰西和毛泽东思想；作为指导思想多元化的社会主义政党，统一社会主义党的思想原则是玻利瓦尔主义、罗德里格斯和萨莫拉思想及科学社会主义、基督教主义、解放神学和人道主义。查韦斯认为，马克思提出的无产阶级专政道路在委内瑞拉行不通，“21 世纪社会主义”的本质是人民当家做主的参与式民主，必须具有社会主义道德、爱心、团结和平等，必须进行经济改革。统一社会主义党在其《基础纲领》中写道，党将采取一切必要的斗争方式推进玻利瓦尔革命，现阶段以民主选举、和平宪制方式，践行参与式民主，行使人民主权；作为有组织的先锋队，党目前的中心任务是从玻利瓦尔革命过渡到社会主义革命。

在实践层面，委内瑞拉“21 世纪社会主义”的主要目标包括：保留现行的代议制民主体制和多党竞争，同时鼓励、扩大基层民众的政治参与；加强国家对经济的干预和调控，对资本和市场进行一定限制，建立一种注重实效、私营经济与国有经济并存的混合经济；改善社会福利，倡导社会公正；追求国际关系民主化，反对霸权主义等。在政治领域，查韦斯政府积极推进宪政改革，通过了新宪法，成立了拉美仅次于墨西哥革命制度党的第一大执政党——委内瑞拉统一社会主义党，颁布了一系列深化社会经济改革的法律法规。在经济领域，查韦斯政府力图实现经济发展模式的转变，强调国家对经济的干预作用，扩大非私有制形式的生产资料所有制，在战略经济部门实行大规模国有化，扶持兴办各类合作社，对被征收的部分企业实行共同管理制度，并尝试将其转化为新型经济生产单位“社会生产企业”。在社会领域，查韦斯政府倡导建立社区委员会和工人自治组织以巩固参与式民主，并通过推进若干“社会使命”项目和“玻利瓦尔计划”，改善基础设施和社会福利。在教育领域，查韦斯政府大力开展社会主义思想教育，革新人民“以人为本”的价值观念，增强民族认同感和团结意识。在外交领域，查韦斯政府积极探索符合第三世界和拉美国家利益的合作形式，倡导“21 世纪社会主义”地区合作与国际结盟。继 2004 年年底率先提出“美洲玻利瓦尔替代计划”（ALBA）后，查韦斯又于 2009 年召开的第一届左派党国际会晤上提出了成立“第五国际”的主张。

2008 年，世界金融危机的爆发更加坚定了查韦斯“社会主义是拯救世界唯一途径”的思想。2012 年 6 月，查韦斯向国家选举委员会提交了竞选纲领——《祖国计划（2013—2019）》，即“21世纪玻利瓦尔社会主义”过渡时期的第二个社会主义计划。以合作、团结、尊重和捍卫人民自决权为原则的《祖国计划》包括5个历史目标和23个国家目标，是查韦斯留给玻利瓦尔革命的重要政治遗产。五项历史目标包括：1. 捍卫、扩大和巩固200年来的国家独立成果；2. 继续建设委内瑞拉21世纪玻利瓦尔社会主义，替代破坏性的、野蛮的资本主义制度，最大限度地实现社会安全、政治稳定和人民幸福；3. 使委内瑞拉成为地区社会、政治、经济强国，维护地区和平；4. 促进国际地缘政治新发展，谋求平衡与和平的多极世界；5. 维护地球生命，拯救人类。《祖国计划》强调，应建立以社会主义价值为基础的新社会道德、伦理和精神观，传承委内瑞拉人民诚实、有责任心、勤勉、无私、团结、艰苦奋斗的传统价值，重视意识形态在经济制度变革和社会主义过渡时期的重要作用。2012年10月，已连续执政近14年的查韦斯赢得了其政治生涯的谢幕之战——第三次总统大选。三度连任后的查韦斯明确表示，“委内瑞拉将继续朝着民主和玻利瓦尔主义的21世纪社会主义过渡”，并宣称“将广泛听取国家各个地方和各个层面的意见，包括反对党对于国家政治、经济、社会问题的建议和批评，来认真制订可行的、持久的第二个社会主义计划”。①

2013年3月，查韦斯不幸辞世。弥留之际的查韦斯早已对委内瑞拉“21世纪社会主义”的革命蓝图作出了规划和部署。

---

① 新华网：《查韦斯要求新政府提高效率》，http：//news. xinhuanet. com/world/2012 - 10/10/c_ 113324388. htm，2012年10月10日。

他指出，2009—2019 年是玻利瓦尔革命的第三阶段，是确立社会主义建设思想、战略、战术和纲领的伟大十年，并提出了“2019 年：誓死建成社会主义”的口号。2013 年 4 月，执政党候选人尼古拉斯·马杜罗·莫罗斯在总统大选中将查韦斯的《祖国计划》继续奉为执政纲领，并在当选后的 2013 年年底将其上升为国家法律。

近十多年来，委内瑞拉在查韦斯总统的领导下经历了前所未有的变革，在地区格局的重构中发挥着重要作用。作为这一进程的核心人物，查韦斯总统的不幸离世无疑给委内瑞拉“21 世纪社会主义”增添了不确定性。2015 年伊始，即查韦斯总统逝世和马杜罗政府执政两周年之际，委内瑞拉政局持续动荡，经济恶化、阶级冲突和官僚腐败使委内瑞拉“21 世纪社会主义”进程面临空前挑战，玻利瓦尔革命能否在石油红利和查韦斯政治遗产的支撑下继续前行，仍有待观察和研判。

纵观 2015 年，委内瑞拉宏观经济形势仍不见乐观，人民生活水平急剧下降。尽管马杜罗政府曾多次表示，有信心扭转委内瑞拉当前的社会经济颓势，延续查韦斯开创的玻利瓦尔革命和道路，但就短期而言，有利于委内瑞拉重振士气的各种主客观条件依然十分有限。2015 年 12 月初，在委内瑞拉全国代表大会①的中期选举中，马杜罗总统领导的执政党联盟十六年来首次失去了国会多数席位，玻利瓦尔革命因此面临更为严峻的挑战。

无论前景几何，查韦斯开创的委内瑞拉“21 世纪社会主

① 委内瑞拉议会全称为“全国代表大会”（简称“全代会”），是委内瑞拉最高立法机构，一院制，全代会主要职能有制定法律、修改宪法、依法监督政府和公共管理部门、宣布大赦和审批国家预算等，全代会代表由全国大选直接选举产生。

义”仍不失为拉美变革进程的先锋。这场革命“既是20世纪的最后一场革命，也是21世纪的第一场革命”,[①] 一场结合民族主义、泛美主义和国际团结的革命。[②]

（二）玻利维亚的社群社会主义

玻利维亚是拉美天然气生产和出口大国、主要矿产品出口国，但也是拉美最贫困的国家之一，工业不发达，粮食需大量进口。现任总统莫拉莱斯出身贫寒，是玻国历史上第一位印第安土著人总统，曾任玻利维亚古柯农组织领袖。

作为执政党“争取社会主义运动”的领导人，莫拉莱斯在2006年执政初始便提出了“社群社会主义”的主张。“社群社会主义”的基本主张包括实现社会正义、以人为本、建立和完善社群民主和参与式民主、建立“拉美大祖国”、继承和发扬独立先驱的革命思想、反对帝国主义和霸权主义、确保粮食安全、建立惠及全民的医疗卫生和教育体系、捍卫贫困人口和边缘群体的人权、平衡地区发展等。

玻利维亚总统莫拉莱斯认为，以玻利维亚农村社群为社会基础的“社群社会主义”是平等、互惠、团结的社会主义。首先，“社群社会主义”是以人为本的社会主义。“社群社会主义”承认并尊重人权的普遍性原则，主张保护印第安人、边缘及弱势群体的社会、经济、文化权利，力图消除贫穷、苦难和歧视；倡导土著民族自治，以保障其集体人权和在平等条件下行使公民权；主张捍卫中产阶级的权益要求，以使其充分发挥

---

① ABN, “Venezuela to defeat a historical barrier on February 15”, February 13 2009. http: //www. abn. info. ve/go_ news5. php? articulo = 169757&lee = 17.

② Leonel Vivas, “Venezuela: The Bolivarian Revolution Will not be Defeated”, Greenleft. org, May 26 2004. http: //www. greenleft. org. au/2004/583/32465.

生产潜力；将公社、工会和家庭视作社会发展的基础，受政府制度的保护。其次，“社群社会主义”是追求社会正义与团结的社会主义。“社群社会主义”主张建立以尊重、认同为基础的参与式民主和共识民主，使玻利维亚成为多民族、多文化和谐共存的国家；尊重不同社会、文化、政治、经济制度的国家，保持各自的传统哲学和智慧；继承拉美独立先驱的遗志，积极倡导拉美一体化与团结，建立“拉美大祖国”；强调第三世界各国人民的命运紧密相连，主张团结一切为实现主权国家自由、正义、解放而斗争的武装力量和社会运动；抵制各种殖民主义、帝国主义的干涉行为，反对建立“美洲自由贸易区”，谴责霸权国家的军备竞赛。第三，“社群社会主义”是关注人与自然和谐发展的社会主义。“社群社会主义”主张保护自然环境，注重人和自然在精神上的和平共处。尤其是 2008 年，莫拉莱斯总统在联合国土著问题常设论坛上提出的当代“十诫”——消灭资本主义、放弃战争、建立没有帝国主义和殖民主义的世界、水是一切生命的权利、尊重大地母亲、享有基础服务的人权、反对消费主义和遏制浪费、尊重文化和经济多样性、追求美好生活的十项建议，旗帜鲜明地阐释了“社群社会主义”拯救地球、拯救生物和人类的基本立场与决心。

近年来，莫拉莱斯总统在社群社会主义的基础上，又提出了“美好生活社会主义”的主张。“美好生活社会主义”旨在否定资本主义，倡导制订反资本主义的新方案，追求以“尊严、平等、共享与和谐”为基础的社会主义，呼吁发达国家承担更多国际责任，建立不同于以往的世界金融体系，主张求同存异、加强团结。2014 年 8 月，玻利维亚外交部长戴维在圣保罗峰会期间，又从“身份特征”、“美好生活”、“均衡”、“宇宙价值”四个特征对“美好生活社会主义”进行了详尽解读。

此外，拉美著名马克思主义学者、玻利维亚副总统阿尔瓦罗·加西亚·利内拉（Álvaro Marcelo García Linera，1962 –），对玻利维亚社会主义理论建设的贡献也不容忽视。左翼运动领袖和大学教授出身的阿尔瓦罗被誉为“辩证本质主义者”，是缔造玻利维亚左翼政府战略及政策的重要理论家和政治家，著有《工人阶级状况》《国际危机和人民政权》等作品。阿尔瓦罗认为，新自由主义是可以被战胜的，新自由主义在拉美已经过时，“社群社会主义”与“美好生活社会主义”才是玻利维亚的未来。阿尔瓦罗进一步解释，玻利维亚正处于由资本主义经济体制向社会主义和社群经济体制过渡的过程中，而这一过渡应通过“多民族国家”的形式来实现，是一种社会运动的统治，“土著农民社区”和“有组织的工人运动”是这一进程的两个基本支柱。①

在实践领域，莫拉莱斯总统倡导的“社群社会主义”取得了不少突破性进展。首先，成功推进了新宪法的制定和实施，进一步改善了玻利维亚的参与式民主，切实维护了印第安公民的生存和发展权利。新宪法于2009年年初的全民公投中通过。同年12月，莫拉莱斯总统连任成功。玻利维亚新宪法强调玻国多民族的国家性质，主张建立多民族选举机构为第四国家权力机关，实行区划自治制度，采用复合经济模式，限制大地产

① 袁东振：“拉丁美洲马克思主义报告”，《国外马克思主义研究报告》，人民出版社，2015年版，第202—208页。

和双重地契，并确立了土著人全权制宪会议的地位和职权等。其次，力推天然气和石油等能源国有化政策，从而扭转了新自由主义时期玻利维亚能源几乎全部为外资所控的局面，能源收入的增加为玻利维亚消除贫困、发展经济提供了重要的物质保障。第三，彻底摒弃了新自由主义发展模式，重视国家在经济运行中的作用，通过制订国家五年发展计划，探索复合经济发展道路，在经济与社会领域实施了一系列团结互助、扶贫扫盲等改革措施。推动古柯产业化，实施财政紧缩政策，修改投资法，稳定生产秩序，设立城镇发展银行为手工业者、中小生产者和小型企业提供贷款和补贴等。第四，通过颁布新土地改革法，缓解了玻利维亚土地分配严重不公的社会矛盾，有效保护了贫民和土著民的土地所有权和使用权。2007 年通过的新《土地改革法》规定，政府有权向庄园主征收闲置土地，继而分配给无地农民，政府还可向无地农民出让土地产权，为耕种者提供司法保障。第五，坚持独立自主的外交原则，积极发展同拉美各国及其他地区和国家的友好关系，在同美国等西方大国的交往中不卑不亢。

尽管其间曾爆发“燃油涨价风波”、抗议物价上涨和反对政府修路等大规模示威游行，但在莫拉莱斯总统的领导下，玻利维亚基本实现了政局稳定、经济发展和减贫增收。2014 年 10 月 12 日，莫拉莱斯第三次当选玻利维亚总统，而玻利维亚执政党也收获了 61.3% 的高支持率，从而延续了玻利维亚“社群社会主义”的执政理念与政策，巩固了拉美“21 世纪社会主义”的道路和阵营。2015 年 1 月，玻利维亚新一届政府平稳组阁。莫拉莱斯总统强调，本届政府旨在保持玻利维亚的社会稳定与经济增长，承诺深化司法改革，政府应把纪律性、守时、自省、减少官僚腐败和积极回应民众诉求作为工作准则。[①] 在上届任期内交出漂亮成绩单的玻利维亚财长阿尔赛（Luís Alberto Arce Catacora，1963－）表示，如何应对国际市场油气价格持续下滑对玻利维亚经济造成的影响是其团队面临的重要挑战，本届政府经济工作的重心在于不断完善玻利维亚社区生产性经济模式、保持国家宏观经济稳定、巩固经济本币化进程、深化税收制度改革和刺激内需等。

2006—2014 年，玻利维亚经济经历了年均 5.1% 的增幅，使玻利维亚人均 GDP 从 1182 美元增加到 2922 美元。[②] 据拉美经委会 2015 年 7 月发布的报告，在拉美及加勒比地区经济增长预期整体下调的背景下，预计玻利维亚 2015 年经济增长率为 4.5%，继续领跑南美各国，远高于拉美及加勒比地区 0.5% 的经济平均增长率预测。而国际货币基金组织、世界银行等机构，也先后把玻利维亚评定为中等收入国家。得益于经济增长红利的玻利维亚贫困率从 2006 年的 59.9% 降至 2011 年的 45%，赤贫率由 2005 年的 38.2% 下降到 17.8%，最低工资水平由 2005 年的 440 玻币（玻利维亚诺）提高到 2014 年的 1656 玻币。[③] 这表明，近年来随着经济的稳步发展，玻利维亚已脱离了低收入国家行列。2014 年，玻利维亚失业率位列南美国家最后一位，仅有 3.5%。此外，玻利维亚近年来的经济成就还先后得到了联合国粮农组织（FAO）、经济发展与合作组

---

① 驻玻利维亚经商参处：《玻利维亚总统莫拉莱斯连任，新一届内阁平稳组建》，http：//bo.mofcom.gov.cn/article/jmxw/201502/20150200888747.shtml，2015 年 2 月 5 日。

② 驻玻利维亚经商参处：《国际货币基金组织将玻利维亚评定为中等收入国家》，http：//bo.mofcom.gov.cn/article/jmxw/201508/20150801080440.shtml，2015 年 8 月 14 日。

③ 驻玻利维亚经商参处：《玻利维亚失业率南美最低》，http：//bo.mofcom.gov.cn/article/jmxw/201509/20150901123188.shtml，2015 年 9 月 26 日。

织（OCDE）等国际组织的肯定。联合国粮农组织认为，随着玻利维亚农业的发展，玻利维亚粮食主权问题日益得到解决，粮食生产不仅能满足内需，还可用于出口。① 据 OCDE 的报告，拉美地区 2010—2013 年税收收入持续增加，玻利维亚是该地区税收收入增幅最大的国家。玻利维亚税收近九年内增长了三倍，由 2005 年的 158.74 亿玻币增长到 2013 年的 598.83 亿玻币，极大地惠及了玻利维亚的教育、医疗等公共服务领域。②

总之，由于经济与社会发展领域的突出绩效，玻利维亚的“21 世纪社会主义”模式越来越受到各方关注。

（三）厄瓜多尔的 21 世纪社会主义

素有“香蕉之国”称号的厄瓜多尔在拉美国家中的发展水平位列中游，国民经济先后经历了可可时期、香蕉时期和石油时期等三个阶段。2000 年 1 月，厄正式实施经济美元化政策。现任总统拉斐尔·科雷亚·德尔加多，旅美经济学博士，自 2007 年 1 月执政后，宣布摒弃新自由主义经济模式，实行“宪法革命”和“21 世纪社会主义”。科雷亚认为，21 世纪社会主义是方法论，不存在教条，应不断革新和减少原教旨主义成分，扩大人民参与。科雷亚进一步解释道，“21 世纪社会主义”与传统社会主义既有区别又有联系；其共同点在于承认劳动价值高于资本价值、使用价值高于交换价值，强调社会公正和集体行动；其不同点在于传统社会主义缺乏对发展概念的界

---

① 驻玻利维亚经商参处：《玻利维亚粮食主权问题》，http：//bo. mofcom. gov. cn/article/jmxw/201409/20140900744055. shtml，2014 年 9 月 25 日。

② 驻玻利维亚经商参处：《玻税收九年内增长了三倍且增幅位列拉美第一》，http：//bo. mofcom. gov. cn/article/jmxw/201503/20150300914371. shtml，2015 年 3 月 18 日。

定，尤其缺少对资本主义和社会主义发展观的比较和辨析，而旨在提出新发展观的“21 世纪社会主义”主张通过投票而非暴力实现社会变革，倡导产权合理化而非完全国有化，强调国家主权和健康的民族主义。[①] 科雷亚在谈到厄瓜多尔“21 世纪社会主义”的特色时强调，该国的“21 世纪社会主义”受益于拉美本土的社会主义思想，如何塞·卡洛斯·马里亚特吉提出的安第斯社会主义思想等，是不同于传统社会主义，也不同于古巴、委内瑞拉、玻利维亚的社会主义。2014 年 8 月，科雷亚总统又进一步提出了“拉美现代社会主义”主张，试图完善此前的“21 世纪社会主义”论述。他认为，新自由主义在拉美遭到重创，社会主义是拉美各国解决结构性矛盾和发展问题的唯一出路，“现代社会主义”主张把市场和国家的作用有机结合，经济与社会的和谐发展才是变革的目标。

高度“碎片化”的政治格局、政治体制效率低下、政治腐败严重以及人民对政治体制的不信任是厄瓜多尔产生“21 世纪社会主义”的根本原因。[②] 厄瓜多尔的“21 世纪社会主义”实践主要有：1. 实行政治体制改革和司法制度改革，通过修宪扩大总统职权，增加政府权力，限制国会、最高法院和政党的权力，保障司法的独立性和公正性，严惩贪污腐败等。2. 加强国家对经济的干预力度，重申国家在资源领域的主权与利益，利用石油出口、侨汇收入和社会投入等手段拉动厄经济增长；发展“平民经济”，让农民、小手工业者、小企业主等从经济

---

① ［厄瓜多尔］拉斐尔·科雷亚·德尔加多：“厄瓜多尔的‘21 世纪社会主义’”，《拉丁美洲研究》，2008 年第 1 期，第 6—8 页。

② 杨建民：“厄瓜多尔的‘21 世纪社会主义’”，《拉丁美洲研究》，2009 年第 3 期，第 17 页。

发展中受益，控制高失业率等。3. 制定新的社会发展方略，重视教育和卫生事业的发展，设立社会发展基金，救助贫穷阶层等。4. 把推进地区一体化作为外交政策的优先目标，反对外来干涉，反对与美国签署自由贸易协议，并要求美国军队在租借合约到期后必须从厄瓜多尔的军事基地撤出等。

2009 年，新宪法通过后，科雷亚政府连任成功。尽管不乏反对党和意见群体的滋扰，但厄瓜多尔“21 世纪社会主义”的改革总体平稳顺利。2010 年 9 月 30 日，为抗议国民代表大会通过包含削减警察和军人福利待遇条款的《公共服务法》，厄瓜多尔首都基多等主要城市爆发大规模警察抗议活动并引发骚乱，科雷亚总统一度遭袭，后在军方、议会及国际社会的支持下脱困。2011 年 5 月 7 日，厄举行司法改革和媒体管控等十项政治和社会议题全民公投，有关议题均获得通过。2013 年 2 月，科雷亚三度连任，任期至 2017 年 5 月。

科雷亚总统开启第三届任期以来，厄瓜多尔总体局势平和，社会经济稳步发展。执政党虽在 2014 年 2 月的地方选举中失利，但科雷亚总统的支持率仍保持在 60% 以上的高位。2013 年以来，科雷亚政府力推经济结构转型，积极发展五大基础工业，实施选择性进口替代政策，并试图通过大规模公共投资和出口拉动经济增长，推进油气产业上中下游一体化，大力开发水电、风能等新能源。2015 年上半年，厄瓜多尔经济连续两个季度下滑，从而终止了自 2010 年 3 月以来连续 63 个月 GDP 持续增长的势头。部分国际组织认为，受石油和农产品等大宗商品国际价格下跌影响，厄瓜多尔面临着巨大的国际收支和平衡压力，有进一步衰退的可能。科雷亚总统坦言，目前国家处于十分困难的时期，但不会陷入衰退，2015 年厄瓜多尔经济将力图实现 0.4% 的微增长，2016 年预计增长约 1% 。[①]

（四）古巴的社会主义模式更新

自 2006 年劳尔·卡斯特罗执政古巴以来，古巴社会主义经济调整的节奏和力度有增无减。2011 年 4 月，古巴共产党召开了第六次全国代表大会，以纪念吉隆滩战役胜利 50 周年和古巴宣布实行社会主义制度 50 周年。这是自 1997 年古巴共产党召开五大以来的首届党代会，也是古巴实现最高领导权顺利交接以来的第一届党代会，因此格外引人注目。

古巴共产党第六次全国代表大会重点指向经济领域，旨在讨论与制定古巴经济与社会模式更新的大政方针与具体政策。内含 313 项条款的《党和革命的经济与社会政策纲要》在阐述古巴经济模式更新的性质与目的时强调，古巴将坚持社会主义方向，不断完善和“更新”经济与社会模式，发展国民经济，改善人民生活水平。在经济制度、体制和机制方面，《纲要》指出古巴未来仍将坚持以计划经济为主导，并适当考虑市场因素的作用；逐步实现党政分开，政企分开，适度放权，赋予国有企业更多自主权；在坚持以公有制为主体的前提下，力图调整就业结构，削减国有部门岗位，减少国有部门冗员，扩大非国有部门的就业岗位，鼓励更多私营经济，扩大个体户、承包、租赁、合作社、外资等所有制形式，扩大个体劳动者的活动范围，并向其提供银行贷款，允许其进入原材料批发市场等。在利用外资及金融改革方面，《纲要》指出应继续吸引外资、寻找资金来源以遏制生产部门的资金流失；重新调整外债

---

① 驻厄瓜多尔经商参处：《厄瓜多尔经济持续增长 63 个月后，今年下半年增长势头戛然而止》，http：//ec. mofcom. gov. cn/article/jmxw/201511/20151101159392. shtml，2015 年 11 月 10 日。

偿还期，严格履行偿债承诺以改善诚信；建立更加先进的金融体制，严控货币政策，逐步取消货币双轨制；向个体户和居民发放贷款等。在产业政策方面，《纲要》强调高度重视农业发展，深化农业改革，积极推进土地承包制，给农业以更大的自主权，力图减少古巴农业对进口的依赖，促进商品和劳务出口的增长等。在居民生活与社会保障方面，《纲要》指出古巴将继续实行全民免费医疗和免费教育，逐步取消低价定量供应日用品和食品的购货本制度，削减不必要的社会开支和政府补贴，放松对居民买卖房屋和汽车的限制等。在经济一体化部分，《纲要》还特别指出，古巴将优先参与 ALBA 一体化建设，积极推动地区短期、中期和长期的经济合作与互补，促进政治、经济与社会目标的实现。劳尔·卡斯特罗代表古巴共产党中央委员会在古共六大上发表了中心报告，报告围绕《纲要》主旨，就古巴未来经济与社会变革的路径及突破口提出了重要的指导性意见。大会还就“更新”党的工作方式、改进党风、整治腐败、克服官僚主义、增补中央委员等议题达成了共识。

在经历了半个多世纪的社会主义革命、建设与改革的艰苦历程后，今天的古巴社会主义在模式更新与美古关系破冰的新形势下迎来了难得的历史机遇，大力发展国家经济、制定古巴可持续发展的长期战略、巩固和发展古巴社会主义的既有成就成为古巴新时期的重要战略。

第四章

美洲玻利瓦尔联盟的历史渊源

ALBA 的创建旨在回应 21 世纪以来 ALCA 强加给拉美人民的不平等经济关系，而 ALBA 更标志着拉丁美洲同帝国主义百年斗争史的历史新高。今天的 ALBA 与 ALCA 俨然成为了一个多世纪前美洲“玻利瓦尔主义”和美国“门罗主义”的翻版与升级。当地区独立与团结遭到帝国主义的亵渎与阻挠，拉丁美洲的解放先驱不惜用生命捍卫“美洲人的美洲”。

19 世纪初，不到 20 年间，拉丁美洲的独立运动为后人留下了寻求地区一体化、独立发展和社会公正的宝贵思想遗产。从弗朗西斯科·德·米兰达（Francisco de Miranda，1750—1816）提出建立大哥伦比亚的地区设想，到西蒙·玻利瓦尔的美洲解放思想，再到何塞·马蒂、苏克雷（Antonio José de Sucre，1795 – 1830）、奥希金斯（Bernardo O'Higgins Riquelme，1817 – 1823）、圣马丁（José de San Martín，1778 – 1850）、伊达尔戈（Miguel Hidalgo y Costilla，1753 – 1811）、佩蒂翁（Alexandre Pétion，1806 – 1818）、莫拉赞（Francisco

Morazán, 1830 – 1840)、桑蒂诺(Augusto Cesar Sandino, 1893 –1934)等拉美解放先驱摒除民族主义的自私、心怀拉美大国家志向、力图实现地区最广泛团结的思想,成为支撑 ALBA 的重要精神财富。

作为拉美独立运动史上最杰出的先驱人物之一,委内瑞拉的西蒙·玻利瓦尔与古巴的何塞·马蒂是推动拉美一体化最具代表性的历史人物,他们对后来被称作“拉丁美洲”的地域和国家形成具有决定性影响。他们的核心思想是:布拉沃河以南的国家是一个整体,他们只能结成一个整体,抵抗从北方俯瞰整个美洲并将其作为自己后院的帝国主义。①

第一节 西蒙·玻利瓦尔主义:美洲联合思想

西蒙·玻利瓦尔,是南美独立运动的杰出领袖,委内瑞拉、哥伦比亚、厄瓜多尔、秘鲁、玻利维亚、巴拿马六国的“解放者”与“奠基人”。出身于委内瑞拉土生白人贵族家庭的玻利瓦尔,年幼时曾受过良好的西班牙式教育,少年时受到欧洲启蒙思想和法国大革命的洗礼,青年时即投身于祖国的独立解放事业。

作为南美北部独立战争中公认的领袖和最高军事统帅,玻利瓦尔一生志存高远,骁勇善战,百折不挠的战斗精神铸就了他九死一生的革命传奇。委内瑞拉独立战争期间,玻利瓦尔三

---

① [古巴] 奥斯瓦尔多·马丁内斯著:《垂而不死的新自由主义》,高静译,当代世界出版社,2009 年版,第 76 页。

次建立共和国，五次被逐出自己的国土。其麾下解放的国土相当于十九世纪西班牙领土的十倍，比西、法、德、英、意五个国家加在一起还大一倍半。其领导的西班牙美洲殖民地独立战争动员广泛，阵线浩荡，战事复杂，在近代战争史上极为罕见，其世界历史意义远远超过了北美独立战争，给拉美及第三世界人民留下了丰富的反殖民主义历史遗产。

作为杰出的资产阶级政治思想家，玻利瓦尔为建立美洲资产阶级民主共和制度、实现新大陆的变革与繁荣、争取被压迫民众的生存权与受教育权奉献出了毕生精力。玻利瓦尔早在独立战争最艰辛的年代，就开始认真思考和探索拉丁美洲摆脱西班牙殖民主义后新国家的政治结构、国家体制和发展道路问题。作为卢梭思想的虔诚信徒，他毕生倡导民主共和制度，主张解放黑奴，给予印第安人平等权利，在有色人种及奴隶制问题上坚持激进的民主主义观点。

作为西班牙美洲新国家的缔造者和设计师，玻利瓦尔以英、美两国资产阶级共和制为样板，但不盲从英、美的政治体制，力图根据西班牙美洲的现实，发展创新英美的共和体制。在给朋友马克斯维尔的信中，玻利瓦尔这样阐释他关于新殖民地政治体制的构想："没有任何先例和经验的我们，突然必须肩负井井有条地治理国家的重任……我们从没有机会像兄弟邻邦美国一样培养自己的能力和品德，所以我们暂不能建立真正的共和国，我们需要一个家长式的政府来慢慢治愈专制战争带给我们的创伤……简单地说，我们不想要君主制度，但我们还不完全适合建立共和政府，让我们在这两个极端之间寻找一个平衡吧……把我们的理想留待未来，而现在去寻找一个在这个地方、这个时候可行的方式。”[①] 玻利瓦尔崇尚西方资产阶级的自由民主，但委内瑞拉第一共和国的失败使他深刻地意识到，绝对的自由民主、高度分权的联邦制既不利于解放战争，也不利于新生共和国的巩固。玻利瓦尔一方面信仰民主共和，反对任何帝国专制和拿破仑主义，另一方面迫于内外交困的时局，又不得不强化中央集权，思想趋于保守后又构想出了一套自认为兼具君主政体、贵族政体和民主政体之长的混合政府体制。玻利瓦尔在拉美践行共和制、民主制和宪政的宏图最终在新兴军阀和地方考迪罗势力的联合围攻下灰飞烟灭。

玻利瓦尔是倡导美洲联合与国际合作最杰出的先驱者之一。有关美洲团结、合作与统一的思想，源自玻利瓦尔对拉丁美洲独立国家历史特点及共同命运的深刻认识。“美洲联合”，旨在捍卫拉丁美洲的自由独立，以革命的、反殖民霸权的国际合作对阵反革命的、殖民霸权的国际合作。玻利瓦尔在著名的《牙买加来信》中指出，新世界具有共同的历史起源、语言、习惯和宗教，但基于各国不同的气候、形势、利益及特点，又不可能建成一个统一的国家，随即准确地预言了美洲将形成十五至十七个独立国家的现实，并主张西班牙美洲各国独立后，应结成美洲共和国联盟。玻利瓦尔认为，弱者与强者结盟，弱者很可能变成强者的仆从，只有实现西班牙美洲新独立国家的大联合，才足以形成与欧洲抗衡的均势力量，只要把西班牙美洲的五大国——墨西哥、秘鲁、智利、拉普拉塔和哥伦比亚联合起来，世界上将没有力量能对抗这个真正团结的美洲。

“美洲联合思想”贯穿于玻利瓦尔毕生的革命实践中。委

---

① ［美］房龙：《美洲精神》，张文等译，北京出版社，2001 年版，第 167 页。

内瑞拉第一共和国失败后，玻利瓦尔逃到新格拉纳达，呼吁那里的人民援助委内瑞拉，把委内瑞拉视为哥伦比亚独立的摇篮。1814 年，第二共和国失败后，玻利瓦尔在海地革命力量的援助下得以重振旗鼓。1818 年，第三共和国在安戈斯图拉成立，玻利瓦尔在给拉普拉塔的信中表达了邀请他们结成统一政治实体的愿望，并宣布“我们的座右铭是南美的联合”。1819 年，在安戈斯图拉议会演讲中，玻利瓦尔主张把新格拉纳达和委内瑞拉联合成一个伟大的国家——哥伦比亚。1819 年，大哥伦比亚共和国成立后，玻利瓦尔以该国总统名义写信给秘鲁、智利新政府的领导者，建议缔结一项友好同盟和共同防御协定。1822 年，哥伦比亚同秘鲁政府缔结友好防御条约，强调西班牙美洲国家解放斗争的首要任务是联合起来，共同维护独立事业。1824 年 12 月 7 日，玻利瓦尔又以秘鲁共和国最高执政者的名义致函智利、拉普拉塔联合省、墨西哥和中美洲联邦政府，建议各国在巴拿马举行大会。1826 年 1 月，在西班牙殖民者最终被赶出秘鲁后，玻利瓦尔立即着手筹备在巴拿马召开全体西班牙美洲国家代表会议，力图建立地区联盟，以统一各国对外行动、协调防务、仲裁争端。1826 年 6 月 22 日至 7 月 15 日，西属美洲新独立国家首次联合会（巴拿马大会，又称美洲大陆会议）在巴拿马城召开。会议由哥伦比亚共和国发起，哥伦比亚、秘鲁、中美洲联邦和墨西哥国代表与会。会议通过了“关于西班牙美洲共和国‘团结、联合和永久同盟条约’的协议”、“关于建立常设联络机构及联络地点的协议”和“关于共同防御的军事协定共三项协议”。关于建立永久同盟的协议强调，美洲新独立国家间应结成联盟，各缔约国相互承认公民权，禁止贩卖奴隶，彻底根绝奴隶贸易。协议规定，一旦某缔约国受到外国的攻击，各国海陆军要予以支援，共同维护缔约国的主权和独立；各缔约国间的争端应通过调停与仲裁来解决。“关于常设机构和联络地点的协议”规定，每两年召开一次各国代表会议，战争时期每年召开一次，联络地点设在墨西哥。在军事协定中，倡议建立一支包括陆军和海军的联合部队，共同保卫美洲国家的独立。

玻利瓦尔在巴拿马大会上进一步阐述了他对美洲国家新国际关系和建立美洲国际组织的设想。“一、新世界将由一批独立的国家组成，并由一部共同的法律处理它们之间的对外关系和赋予它们参加一个总的常设代表大会的权力；二、这些新国家的生存将获得新的保障；三、西班牙将遵从英国而靖和，神圣同盟将承认这些新生国家；四、这些国家各自保持对自己内部局势的控制，各国之间互不干预；五、各国之间将不分强国与弱国而一视同等；六、通过这些真正的新秩序建立一种完善的平衡；七、任何一国遭受外敌侵犯或内部陷入混乱时，所有其他国家都将给以援助；八、消除种族与肤色不同产生的影响和作用；九、美洲将不再恐惧大闹圣多明各岛的魔怪，也没有理由再害怕人数众多的当地土著；十、由于得到自由与和平的赐福，一项社会改革终将实现……”①

会后，拉美新独立国家内部政治斗争加剧，各国间亦摩擦不断，除哥伦比亚外，其他国家均未正式批准上述协定，玻利瓦尔力促美洲联合的第一次努力以遗憾告终。巴拿马大会协定落空的历史主因归咎于当时拉美社会历史条件的不成熟。19 世

---

① 罗荣渠：“论西蒙·玻利瓦尔的世界历史地位”，转引自《对巴拿马大会的意见》（1826 年 2 月），《玻利瓦尔选集》第二卷 1951 年纽约版，第 561—562 页。

纪初，拉美资本主义发展先天不足，加之长期战乱，使半封建半奴隶制的拉丁美洲积重难返，考迪罗主义与地方割据势力的兴盛最终击碎了玻利瓦尔美洲联合的理想。

巴拿马大会是世界近代史上殖民地国家独立后，为实现地区联合及共同防御而召开的首次会议。玻利瓦尔在会上提出的"新兴民族独立国家应加强反殖民霸权的国际团结才能巩固自身独立"、"独立美洲拥有共同命运和一体化理想"、"制定新国际法"、"未来世界将建立在公正、自由与平等基础上"、"未来建成世界联邦"等思想与主张在西半球赢得了巨大的国际赞誉，时至今日仍是拉丁美洲进步力量推崇的理想与原则。

巴拿马大会后，玻利瓦尔本人已没有时间和精力践行自己的宏愿，但他深信这一符合美洲人民和世界人民利益与愿望的历史宏愿必将随着时间的推移被各国人民所接受和实践。他说："一百个世纪之后，当后人追溯我们公法的渊源和回顾这些确保了他们命运的条约时，将怀着崇敬之情指向巴拿马地峡大会纪录。在这些史料中将会找到最早的联盟方案，而这种联盟标志了我们和全世界关系的开端。"① 在弥留之际，玻利瓦尔表达了他未能实现南美联合的遗憾："如果我的死亡能够使联盟成为现实，我会平静地走入我的坟墓。"②

2011 年 12 月，拉美和加勒比国家共同体 33 个成员国的领导人及官员在委内瑞拉首都加拉加斯举行首次领导人会议。在这次不包括美国和加拿大的领导人峰会上，时任委内瑞拉总统

---

① 罗荣渠："论西蒙·玻利瓦尔的世界历史地位"，转引自《致西班牙美洲各国外交部长的公函》（1821 年 12 月 7 日），《玻利瓦尔选集》第二卷，第 458—459 页。维森特·莱库纳编：《玻利瓦尔选集》，1951 年纽约版。

② ［美］房龙著：《美洲精神》，张文等译，北京出版社，2001 年版，第 200 页。

的查韦斯高调表示，拉美和加勒比国家共同体将继承拉美独立运动领袖玻利瓦尔的衣钵，进一步加强地区融合，终结美国的霸权主义。查韦斯说，“我们必须向着玻利瓦尔描绘的伟大政治实体前进”，“我们正为拉美今后的团结、独立和发展奠基”。[①]

第二节　何塞·马蒂主义：反帝爱国思想与“我们的美洲”

何塞·马蒂是古巴杰出的民族英雄、诗人和思想家。马蒂出生在哈瓦那一户西班牙下级军官家庭，幼时家境贫寒。自小就对社会压迫、专制及不合理的现实表达出强烈批判的马蒂，15 岁起就加入到反西班牙殖民主义的战斗中。他深刻的时代洞察力源自其丰富的革命实践与思考。他一方面积极投身于解放祖国的革命洪流，奔走于西班牙、美国等地组织宣传革命队伍，另一方面高举爱国主义旗帜，笔耕不辍，抨击殖民政府的罪恶。作为拉美历史上最伟大的诗人之一和拉美现代主义文学的奠基人，马蒂《自由的诗》《我们的美洲》《美洲我的母亲》《玻利瓦尔》等作品在西班牙语世界脍炙人口。1892 年 4 月 10 日，何塞·马蒂当选为新成立的古巴革命党最高领导人。1895 年 5 月 19 日，42 岁的马蒂在抗击西班牙军队的战斗中壮烈牺牲。

马蒂一生著述颇丰，思想深邃。他有关人人平等、民族独

---

① 新华社：《查韦斯激情讲述玻利瓦尔梦想，欲终结美霸权主义》，http://news.sohu.com/20111204/n327814110.shtml，2011 年 12 月 4 日。

立、两个美洲、世界平衡、人类团结和反帝国主义的思想既是古巴的民族精粹，也是拉丁美洲宝贵的历史遗产。尤其是他关于“两个美洲”的阐述，犀利地剖析了19世纪新兴的近邻美国觊觎拉美的帝国主义本质，并强烈表达了拉丁美洲只有团结独立才能振兴图强的历史远见。马蒂所指的两个美洲，一是“北方”美国，二是“我们的美洲”、“美洲我的母亲”拉丁美洲。马蒂认为，“在这块大陆上居住着两个天性与志向都不同的民族”,[①]“由于他们的起源、历史和习惯不同，他们的心灵很不相同，他们所相同的只是人类基本的特征”。[②] 马蒂进一步告诫拉美人民，“不了解我们强大邻国的蔑视态度是我们美洲最大的危险”，“对人之善应该信赖，对人之恶不可不防”，“各国人民都应树起耻辱柱，去惩罚那些挑唆仇恨的人”。[③] 马蒂认为，“‘我们的美洲’的意义比一般人想象的要大”，“这些显得很小的国家——在领土和人口方面的确如此，但在志向和判断能力方面却不一定——还在稳步地摆脱昨天殖民地的不良传统，以及某种依赖和奴隶地位”，“我们的美洲是由于错爱了外来的、表面上的共和制形式而开始被那种错误的、罪恶的美洲主义观念引向这种依赖和奴隶地位的”，“健康的美洲主义要求每一个美洲国家都按照自己的健康所必需的自由意志和方式来发展，哪怕他们会在涉水时弄湿衣服、在登高时绊倒，只要他们不损害其他任何国家的自由就行”，“当然也不能容许某

---

① 毛金里、徐世澄编：《何塞·马蒂文选：长笛与利剑》，云南人民出版社，1995年版，第79页。

② 徐世澄：“试论何塞·马蒂思想——纪念何塞·马蒂150周年诞辰”，《拉丁美洲研究》，2002年第6期，第5页。转引自 Emilio Roig de Leuchsenring，Marti，antimperialista，Segunda edicion，Ministerio de Relaciones Exteriores，1961，p. 42。

③ 毛金里、徐世澄编：前引书，第44页。

个贪婪的、有野心的国家以贸易或任何别的借口来征服他们和暗算他们”。[①]

旅居美国长达15年之久的马蒂，对帝国主义的控诉真实有力。他深谙美国社会的方方面面，对美国的经济发展与民主印象深刻，对美国下层民众的困苦处境深表同情。在《美国的真相》一文中，马蒂深刻地揭露了美国社会尖锐的两极分化。“在那里（美国），一方面是达科他州的破窟和生长在那里的粗野而豪放的人们，另一方面是东部的豪华的、享有特权的、高人一等的、淫荡的、不正义的都市”；[②] 美国“无情地在他们的奴隶背上签署自己自由的文书”。在众多论述美国问题的作品中，马蒂一针见血地指出了19世纪末处于垄断资本主义阶段的美国对外扩展的侵略本质——“庞大的邻居无视美洲，其傲慢是我们美洲最大的危险”。1889年11月，马蒂在通讯《华盛顿的国际大会》中指出，美国打算在美洲扩张它的统治，联合美洲各国结成反欧联盟；他提醒美洲国家对美国保持警惕，“一个强大的和野心勃勃的邻国正在不断地推行它由来已久的、明目张胆的霸权政策……这个邻国从来也不想促进这些国家的发展，它和这些国家交往只不过是为了阻止它们的进展”。[③] 1891年5月，马蒂在《美洲各共和国货币会议》中，强烈批判了任何企图同美国订立政治同盟与贸易互惠协定的主张。马蒂反问道：“美国难道会真诚地邀请西班牙美洲去参加

---

① 朱景冬著：《何塞·马蒂评传》，社会科学文献出版社，2010年版，第91页。

② 徐世澄：“试论何塞·马蒂思想——纪念何塞·马蒂150周年诞辰”，《拉丁美洲研究》，2002年第6期，第6页。

③ 毛金里、徐世澄编：《何塞·马蒂文选：长笛与利剑》，云南人民出版社，1995年版，第56页。

一个对西班牙美洲有好处的联盟吗？同美国在政治上和经济上联合起来，对西班牙美洲来说是合适的吗？”马蒂进一步强调，拉美各国必须争取和保持经济独立，使本国对外贸易多元化，如果经济上不独立，对外贸易又集中在一个国家（美国），就很难在政治上获得自由。“说是组成经济联盟，实际上是政治联盟。做买主的国家就是发号施令的国家，做卖主的国家只能听候差遣。必须平衡贸易，才能保障自由。如果把商品只出售给一个国家，便是自取灭亡；要想得到拯救，就得把商品出售给一个以上的国家。一个国家如果对另一个国家的贸易有过分的影响，这种影响就会变成政治上的影响”；“一个国家要想自由，必须在贸易上实现自由，要同几个差不多强的国家同时进行贸易。”① 在谈及美国染指古巴的历史诡计时，马蒂亦给予了彻底揭露与批判。“有一项是迄今为止我们所了解的对我国居心叵测的计划，这就是强迫和促使我国去进行战争的罪恶计划，这样，他们就有干涉的借口。他们企图以仲裁人或保证人的身份占领我国。这是自由的各国人民历史上最卑劣的行径，再没有比这更冷酷的罪恶了。”② 1895 年 5 月 18 日，马蒂在他牺牲的前一天给好友写信时，仍在表达自己的使命和决心：“现在我每天都可能为我的国家和责任而贡献出生命，我的责任是通过古巴的独立，及时防止美国在安的列斯群岛的扩张，防止它挟持这一新的力量扑向我们的美洲。我到目前所做的一

---

① 毛金里、徐世澄编：《何塞·马蒂文选：长笛与利剑》，云南人民出版社，1995 年版，第 83—84 页。

② 徐世澄：“试论何塞·马蒂思想——纪念何塞·马蒂 150 周年诞辰”，《拉丁美洲研究》，2002 年第 6 期，第 6—7 页。转引自 Jose Marti，Obras Escogidas，Editorial de Ciencias Sociales，La Habana，Cuba，1992，TomoII，p. 419。

切，以及今后要做的一切，都是为了这个目的。鄙视我们的、嚣张和残暴的北方企图吞并我们美洲的国家，这条道路必须堵塞，我们正在用鲜血来堵塞……我曾在恶魔的心脏生活过，因此熟知它的五脏六腑：我擎着大卫的投石器。”①

马蒂是古巴人，也是拉丁美洲人，他的爱国主义理想与精神早已超越了国界，甚至拉丁美洲，成为名符其实的国际主义榜样。深深热爱祖国和拉美的马蒂既自豪于拉美丰饶的水土和淳朴的民风，又困扰于羁绊拉美进步与发展的考迪罗主义和美帝国主义。他说，“美洲只要还有一个国家受奴役，其他国家的自由就都处于危险之中”，② 并号召源于同一历史、同一文化的拉美人民加强团结，并肩抵抗美帝国主义的侵略行径。马蒂认为，美洲的情况十分复杂，因为新的东西不可避免地和过去的东西混杂在一起，新社会模式必须根据每个国家的特点来制定，“无论是欧洲的经验还是美国的经验，都无法解开西班牙美洲的谜”，“一个国家的政府形式应该适合本国的国情”。③

何塞·马蒂曾说，“经济上受奴役但政治上获得自由的人民终究会失去所有的自由；而经济上获得自由的人则可以继续赢得政治上的独立”。④ 作为古巴革命的先驱，马蒂牺牲后，他的爱国主义精神与革命思想一直感染和鼓舞着古巴革命者和古巴人民为祖国的独立和自由而战，为团结拉美各国人民、共同

---

① 毛金里、徐世澄编：《何塞·马蒂文选：长笛与利剑》，云南人民出版社，1995年版，第409—417页。

② 郝名玮：“评马蒂的爱国主义思想与实践”，《世界历史》，1995年第2期，转引自何塞·马蒂：《我们的美洲》（J-Marti，OurAmerica），纽约1977年版，第113页。

③ 朱景冬著：《何塞·马蒂评传》，社会科学文献出版社，2010年版，第75页。

④ B. 伯恩斯著：《简明拉丁美洲史》（中文版），湖南教育出版社，1989年版，第260页。

抵抗美国的地区入侵而奋斗。1959 年 1 月 1 日，古巴革命胜利，古巴获得了真正意义上的独立自主。1991 年召开的古巴共产党第四次代表大会和 1992 年召开的古巴第三届全国人民政权代表大会，已先后把马蒂思想写入了古巴共产党党纲和修改后的古巴共和国宪法。马克思列宁主义、马蒂主义和卡斯特罗思想是指导古巴共产党和古巴人民进行社会主义革命与建设一脉相承的思想体系。马蒂有关建立自由的、有尊严的共和国，谋求世界平衡，促进社会公正平等及“我们的美洲”思想集中体现了古巴的民族精神，是古巴共产党治国理政的重要思想来源。1991 年 10 月，受马蒂“我们的美洲”思想的鼓舞和指引，古共四大在《对外政策决议》中指出，“一体化是拉美国家发展的必由之路，古巴愿同其他拉美国家实现一体化与合作”。

根植于玻利瓦尔主义和马蒂主义的 ALBA 在继承拉美独立先驱反帝、爱国及团结思想的同时，更试图在不断变动的世界秩序中重铸拉丁美洲的尊严、生机与丰饶。批判性与自主性是玻利瓦尔主义和马蒂主义的精髓与灵魂，ALBA 的批判性主要体现在反帝国主义、反殖民主义、反新自由主义全球化、反美洲自由贸易区等主张上，而自主性则体现在 ALBA 对“大国家”理想的探索和创新上。

第五章

美洲玻利瓦尔联盟的战略与规制

作为政治联盟的美洲玻利瓦尔联盟具有明确的战略目标与指导原则。为贯彻 ALBA 的伦理价值与意识形态，联盟设计了特色鲜明的治理结构与运行机制。

第一节　美洲玻利瓦尔联盟的战略目标与原则

随着 ALBA 的纵深发展，联盟的战略与原则不断完善，经济与社会领域的发展目标与步调日趋和谐。

一、美洲玻利瓦尔联盟的总纲与战略目标

（一）ALBA-TCP 总纲

1. 与拉丁美洲的贫困和社会排斥做斗争。
2. 保护人权与劳动权，维护商业领域的性别平等。
3. 优先保护生态环境，推动各国财政一体化。
4. 保护地区农民及农产品，以应对工业发达国家的贸易保

护主义和农业补贴政策。

5. 解除不可偿还外债的重负。

（二）ALBA-TCP 的战略目标

1. 能源一体化（加勒比石油计划、南方石油计划等）。

2. 投资一体化。

3. 金融一体化（南方银行、ALBA 银行）。

4. 媒体一体化（Telesur）。

5. 保护拉美及加勒比文化（尤其是土著及印第安文化）。

6. 社会项目（教育、医疗卫生、住房、就业等）一体化："奇迹使命"（Misión Milagro）、"我能行"（Yo Si Puedo）、"内向街区"（Barrio Adentro）等。

7. 建立应对自然灾害和社会紧急情况的协同机制。

8. 各成员国财政一体化。

9. 环境保护措施一体化。

10. 促进土著人民知识产权的监管与保护。

11. 加强多边立场的协调。

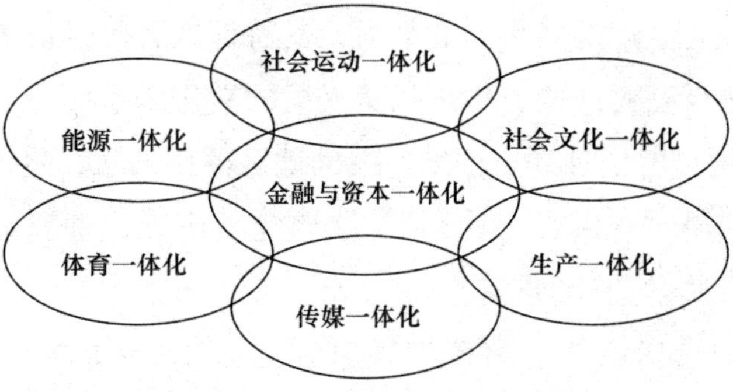

图 5-1　ALBA 一体化战略目标图解

资料来源：根据 ALBA-TCP 官网信息整理，2012 年 5 月。

二、美洲玻利瓦尔联盟—人民贸易协定的基本原则

2009 年 12 月，ALBA-TCP 第八届峰会通过了美洲玻利瓦尔联盟—人民贸易协定基本原则。十二条联盟原则和二十三条人民贸易协定原则准确鲜明地概括了联盟在意识形态、经贸合作等战略领域的基本价值与指导思想，集中体现了 ALBA-TCP 南南合作的精神与宗旨。

（一）美洲玻利瓦尔联盟（ALBA）的原则[①]

1. 贸易与投资不是目的，而是实现公平与可持续发展的工具，拉丁美洲与加勒比地区真正的一体化不能盲从市场，也不能仅被视为地区各国扩大外贸市场的简单战略。欲推进地区一体化，国家必须作为经济活动的监管者与协调者实现有效参与。

2. 根据成员国不同的经济发展现状，给予各国特殊待遇与区别待遇，以确保所有国家分享一体化利益。

3. 促进成员国间的经济互补合作与各国的非竞争性生产，提升专业化生产的效率和竞争力，支持地区各国经济的均衡发展，实施反贫困战略，维护拉美人民的文化认同。

4. 通过特别计划，团结与援助地区落后国家，包括应用现代技术实施“大陆扫盲计划”、实施免费医疗计划和地区经济社会发展奖学金计划等。

5. 查韦斯总统在南美洲国家峰会（Ayacucho）上提出建立社会应急基金。

---

① http：//alba-tcp. org/content/principios-fundamentales-del-alba.

6. 推进拉美及加勒比国家通信与交通的整体发展，包括公路、铁路、海运及电信设施等。

7. 推动地区可持续发展，保护环境，促进资源的合理利用，防止无关人民的、浪费的消费模式扩散。

8. 促进地区能源一体化，确保地区人民享有稳定的能源供给，如委内瑞拉创立的加勒比石油计划（Petroamérica）。

9. 促进区内投资，减少地区各国对外资的依赖，为此建立了拉美投资基金、南方发展银行及拉美相互担保协会。

10. 维护拉美及加勒比地区文化认同，尤其是尊重与促进本土及印第安文化。建立替代性传媒南方电视台，传播真实的拉美。

11. 保护知识产权，使其成为抵御跨国公司贪婪、保护拉美各国文化遗产的工具，而非阻止各国多领域合作的障碍。

12. 协调 ALBA 在多边谈判中的立场，促进国际组织（尤其是联合国等机构）的民主与透明。

（二）人民贸易协定（TCP）的基本原则①

1. 为实现成员国的尊严和福祉，倡导互补、团结与贸易合作，改善人民尤其是弱势群体的福利，推进贸易与合作规则的制定。

2. 捍卫贸易主权，不干涉内政，尊重成员国宪法和法律，不强迫成员国接受条件、规则与承诺。

3. 促进人民、国家与公司间的贸易互补与团结。促进合作基础上的社会经济互补，充分利用各成员国的国力与潜能，节

---

① http：//alba-tcp. org/content/principios-fundamentales-del-tratado-de-comercio-de-los-pueblos-tcp.

约资源，创造就业。谋求不同国家间的互补、合作与团结。促进 ALBA 成员国间长期科技交流与合作，发挥成员国在各领域的优势，力主形成 ALBA 在科技创新领域的合力。

4. 保护关乎民族利益的生产，促进国家与人民的全面发展。为促进所有经济部门的整体性增长，力促各成员国工业化和产品多样化。拒绝“非出口则亡”的前提假设，对出口导向型的飞地经济发展模式表示质疑。充分调动国内生产要素，优先考虑国内市场与生产，以满足人民的基本需求。根据互补原则，进口必需品，出口剩余品。

5. 对经济较弱的国家给予优惠待遇。为实现可持续发展和至高无上的社会幸福，对弱国实行无条件的合作与援助。自由贸易协定在大国与小国间强制实行平等互惠规则，而人民贸易协定在承认不同国家差异的同时，实行有利于小国的经济规则。

6. 承认主权国家在社会经济发展和经济调控过程中的作用。不同于自由贸易协定追求各经济部门私有化和弱化国家的做法，人民贸易协定试图加强国家在各级经济活动中的核心地位，以应对各种有悖于公共利益的私有化，如寡头垄断、卡特尔、囤积、投机和高利贷等。人民贸易协定支持企业和自然资源的国有化与回收，并制定相关法律机制以确保人民的相应权益。

7. 维护人类与自然的和谐，尊重地球母亲的权利，协调经济增长与自然保护，促进可持续发展。

8. 贸易与投资用以增强拉美人民的历史与文化认同。为扩大跨国公司的市场，自由贸易协定试图将全人类变成单纯的消费者，使消费模式同质化，而人民贸易协定旨在促进贸易中文化表现形式的多样性。

9. 对社区、公社、合作社、社会生产企业、中小企业等给予照顾。向 ALBA 以外的市场联合推广各成员国出口，共同促进成员国间的互补性生产。

10. 促进 ALBA 成员国粮食主权与安全，确保人民享有充足优质的粮食供应。

11. 实行针对发展中国家需要的贸易关税政策。消除成员国间阻碍互补性的所有壁垒，允许成员国为保护幼稚产业、增进国内发展与人民福利提高关税，进而实现 ALBA 最大限度的一体化。不对称的、非互惠性的关税减让，有助于欠发达国家通过提高关税，保护其幼稚产业，促进其内部发展和人口福利。

12. 促进人权等基本服务领域的贸易活动。承认国家在公共服务重点领域的主权管控，由国家直接提供基础性和战略性服务，或与伙伴国进行联合投资。反对自由贸易协定在水、教育、医疗卫生、交通、传媒和能源领域的私有化，人民贸易协定力图促进与加强国家在基础服务领域的作用，以保护基本人权。

13. 开展服务业不同领域的合作。促进不同服务部门的发展合作。在关乎国家能力建设的关键领域优先开展合作，在医疗卫生、教育等领域寻求社会解决办法。承认国家对服务业的主权管控，促进国有服务业企业的发展。推动各服务业部门的国际合作，以应对不同规模服务业企业间的不正当竞争。

14. 通过公共采购，促进相互尊重与合作。公共采购是促进国家生产、完善计划机制的有效途径，应通过适宜的联合采购、合作参与予以加强。

15. 通过大国家企业在贸易领域进行联合投资。联合不同国家的国有企业，维护成员国主权，实现互惠发展。

16. 合作而非雇佣关系。外国投资应尊重民族国家的法律。与自由贸易协定实行一系列有利于跨国公司的优势和保障不同，人民贸易协定主张外国投资应尊重东道国法律，对利润进行再投资，对待争议应等同于其他国内投资者，须与东道国协商解决。外国投资不得起诉民族国家和政府制定符合公众利益的政策。

17. 贸易尊重生命。自由贸易协定旨在促进生物多样性和人类基因组的专利化，两人民贸易协定将其视为人类和地球母亲的共同遗产加以保护。

18. 将发展权、健康权置于知识产权之上。自由贸易协定试图在人类健康、环保和经济增长领域寻求专利化或延长发明专利的有效期（许多专利在基金和公共补贴的资助下已完成），而人民贸易协定将人类的发展权和健康权置于跨国公司的知识产权之上。

19. 建立货币与金融机制，维护地区货币金融主权与独立，促进地区各国的互补性。

20. 充分尊重和保护劳动者及印第安人的权利，制裁相关公司而非国家。

21. 主张贸易谈判公开化，人民是贸易的主体与参与者，不存在秘密的、人民背后的谈判。

22. 根据 ALBA-TCP 框架对质量的新定义，质量是知识的社会积累，质量在生产中的应用旨在满足人民的社会需求，“标准”不能成为各国人民生产与贸易的障碍。

23. 维护人员自由流动的人权。人民贸易协定重申了人员自由流动的权利，以加强全世界所有国家间的兄弟情谊。

第二节　美洲玻利瓦尔联盟的治理结构

美洲玻利瓦尔联盟的治理结构服务于 ALBA 发展的实际需要，在践行地区经济一体化主旨的同时，十分重视发挥社会部门从下至上的力量与智慧。ALBA 总统委员会作为联盟最高领导机构，下设社会委员会、经济委员会、政治委员会和社会运动委员会。

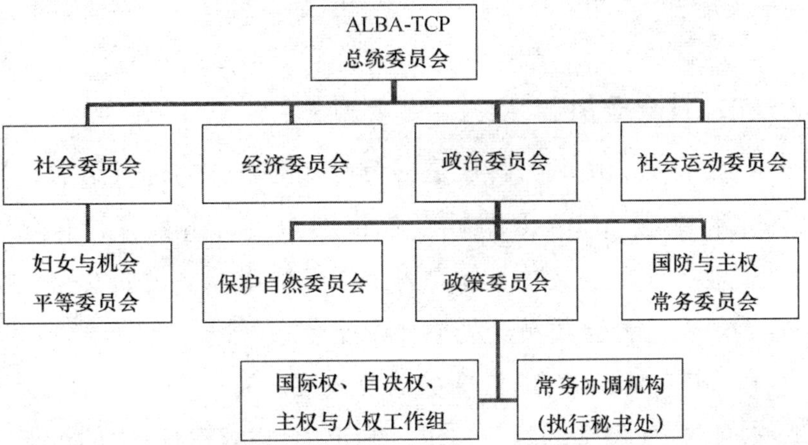

图 5－2　ALBA-TCP 治理结构图

资料来源：http：//alba-tcp. org/content/estructura-y-funcionamiento-alba-tcp，2015 年 12 月。

一、总统委员会

总统委员会即成员国元首委员会，是 ALBA-TCP 最高协商、决策与政策指导机构。现任总统委员会由委内瑞拉玻利瓦尔共和国总统马杜罗、古巴国务委员会主席劳尔·卡斯特罗、多民族玻利维亚国总统莫拉莱斯、尼加拉瓜共和国总统丹尼尔·奥尔特加·萨阿韦德拉（Daniel Ortega）、多米尼克国总理罗斯福·斯凯里特（Roosevelt Skerrit）、厄瓜多尔共和国总统科雷亚、圣文森特和格林纳丁斯总理拉尔夫·冈萨维斯（Ralph E. Gonsalves）、安提瓜和巴布达总理贾斯顿·布朗（Gaston Browne）、圣卢西亚总理肯尼·安东尼（Kenneth Davis Anthony）、圣基茨和尼维斯联邦总理蒂莫西·哈里斯（Timothy Harris）、格林纳达总理基思·米切尔（Keith Mitchell）共十一位元首组成。

二、社会委员会[①]

社会委员会由联盟各成员国负责社会事务的部长组成，旨在深化和跟进 ALBA-TCP 社会项目的执行，由教育、医疗卫生、就业、住房、文化、体育等工作组构成，下设妇女与机会平等委员会。社会委员会的主要职能有：

1. 制定 ALBA-TCP 社会战略及政策。
2. 根据成员国的具体需求，制定项目执行过程中的重点。
3. 评估大国家计划社会项目执行的有效性。
4. 推进大国家计划重点项目的执行。

社会委员会下设妇女与机会平等委员会，旨在拓展女性的主体空间，彭励女性在 ALBA-TCP 一体化倡议与项目中的积极作为。

---

① http：//alba-tcp. org/contenido/consejo-social-0.

三、经济委员会[①]

经济委员会由各成员国指定的工业、经济、金融、贸易、计划及发展部部长组成。作为联盟战略、政策与项目的协调机构，经济委员会主要负责互补性生产、粮农、工业、能源、贸易、金融和技术等领域的事务，力主建设以人民贸易协定（TCP）为指导原则的ALBA共同发展经济区。委员会下设能源一体化、粮食安全与主权、贸易互补、技术主权、工业与生产互补、新地区金融构架、旅游、基础设施与交通、产业产权原则、争端解决等10个工作组。

经济委员会分为部长级和技术专家级双层职能架构，前者主要负责在部长会议中就联盟的经济、金融政策与战略达成共识，后者受部长会议委托，以常务特设工作组的形式，负责研究与规划联盟的共同经济政策。经济委员会的主要职能有：

1. 制定地区生产标准、计划与政策，跟踪与评估大国家计划项目执行情况。

2. 制定区内贸易扩展战略。

3. 制定“共同发展经济区”一体化金融系统。

4. 制定与地区生产相配套的科技研发人才与资源战略。

5. 制定指导区内经济组织及活动的统一标准。

6. 确保地区货币委员会（SUCRE）、ALBA银行和联盟其他经济机构的运行。

7. 在必要时，根据ALBA既有的职能结构，对工作组报批

---

① http：//alba-tcp. org/contenido/consejo-economico-del-alba-tcp.

政策委员会的各项决议进行系统控制。

8. 避免工作组在运行中出现两重性，根据任务的轻重缓急实现协同互补作业。

9. 评估大国家计划相关项目的有效性。

10. 推进大国家计划重点项目的执行。

四、政治委员会[1]

政治委员会由各成员国外交部长组成，旨在协助总统委员会实现各国在国际战略及政治领域的相关讨论与政策提案，是ALBA-TCP 主要的协商与战略指导部门。其主要职能有：

1. 发布宣言与决策。

2. 制定与讨论 ALBA-TCP 政治、经济、社会合作日程与战略。

3. 指导与批准 ALBA-TCP 政策委员会及常务协调机构的工作。

4. 接收部长委员会和其他机构的活动信息，对其工作提出意见与建议。

5. 评估和批准政治委员会及常务协调机构提交给总统委员会的议程与文件。

6. 审查和批准 ALBA-TCP 各级职能结构，从政治战略角度对经济委员会、社会委员会及 ALBA-TCP 其他机构提出的建议与决策进行评估。

7. 评估大国家计划的有效性。

---

① http：//alba-tcp. org/contenido/consejo-político-0.

8. 推动大国家计划的实施。

政治委员会主要下设机构包括：

（一）政策委员会

由各成员国外交部高级官员组成。直接隶属于联盟政治委员会，是主要的政策协调和执行机构。其主要职能有：

1. 制定政治委员会的会议议程，并协助其他委员会及工作组制定议题。

2. 确定 ALBA-TCP 外交重点，增进各方在政治、经济和社会等发展议程上的共识。

3. 协同常务协调机构下设的执行秘书处，支持部长委员会的运作，包括相关工作的政策指导及绩效评估。

4. 评估 ALBA-TCP 结构职能设置的有效性，向政治委员会上报相关结构职能调整的提议。

5. 制定上报政治委员会的 ALBA-TCP 战略及宣传计划。

6. 协调 ALBA-TCP 各部工作。

7. 审批由常务协调机构及其他机构上报的政策建议及大国家计划的合作与一体化项目。

8. 制定 ALBA-TCP 同地区组织间的交流计划，并跟踪执行。

政策委员会下设：（1）国际权、自决权、主权与人权工作组。工作组旨在从拉美人民一体化和跨文化的视角重新审视相关议题，协调 ALBA-TCP 在该领域的国际立场与认识。（2）常务协调机构（执行秘书处）。该处由各成员国派驻的协调官员组成，设一名常务协调官，各成员国轮值 2 年。ALBA 的常务协调机构设在委内瑞拉首都加拉加斯，其首要职能是组织联盟各国的合作与一体化活动，建立同其他机构的长效沟通机制。

该机构的具体任务包括协调成员国内部及成员国间的各部工作，召开 ALBA 组织结构设置与调整的相关活动与会议，管理 ALBA 文件、报告、数据及档案，执行、跟踪、监控与评估大国家企业与大国家计划的运行及 ALBA 政策委员会、部长委员会和峰会达成的协议与决策，对政策委员会（在专家会议支持下）上报部长委员会审批的计划与倡议进行可行性论证，推动 ALBA 的进步，宣传 ALBA 的成就。

执行秘书处是常务协调机构下设的支持机构，由一名执行秘书长、一名秘书长助理及各工作组组长组成，旨在执行与跟踪上级的决策与指令，由跟踪及监控部、统计及数据部、媒体及信息部、技术支持与管理部协同运作。其主要职能有：

1. 统筹 ALBA-TCP 各成员国的国家协调机构。

2. 协调各工作组的活动。

3. 联系与协调 ALBA 银行和 Petrocaribe 的工作。

4. 组织常务协调机构、政策委员会、部长委员会、峰会、技术委员会及其他部门的活动与会议。

5. 制定与管理 ALBA 的文件及档案。

6. 协调专项工作组的跨部门工作。

7. 草拟常务协调机构在运行标准、物流、预算、行政、金融及内部管理方面的相关议案。

8. 向常务协调机构提交活动报告。

执行秘书处主要通过以下部门开展工作：（1）跟踪及监控部。其主要职能包括支持、跟踪、控制和评估 ALBA-TCP 计划与活动的影响力，跟踪政策委员会各项协议的执行情况、接收与汇总各成员国协调机构上交的项目跟进与监控报告，集中更新大国家计划的数据，跟踪技术工作组提交的计划发展协议，同 ALBA 银行的跟踪与监控部门协同工作，向执行秘书处提交报告等。(2) 统计及数据部。该部旨在为 ALBA 领导机构的决策提供信息与统计数据。其主要职能包括根据 ALBA 既定方针，建立与巩固统一的成员国指标体系，与成员国协调机构合作采集各成员国的一手及二手信息，为技术组提供相关统计、经验、需求和可能性分析，跟踪 ALBA 内部贸易及区外贸易情况，同银行金融信息单位协同合作，向执行秘书处提交报告等。(3) 媒体及信息部。其主要职能包括支持各成员国协调机构做好宣传推广工作，在非成员国组织 ALBA 与其他一体化机制的论坛，为 ALBA 决策提供指导原则、成员国国情及可行性计划等方面的参考，向执行秘书处提交报告等。(4) 技术支持与管理部。其主要职能包括协调 ALBA-TCP 各部及相关机构的活动往来，维持 ALBA-TCP 各部良好的内部沟通，提供 ALBA-TCP 进步与成就的相关统计信息，分析 ALBA-TCP 政策的经济、政治及社会影响，同 ALBA-TCP 社会运动保持联系，支持成员国协调机构的管理，向执行秘书处提交报告等。

（二）保护自然委员会

保护自然委员会，由各成员国环境部长组成，旨在制订 ALBA-TCP 的环境日程，重建自然和谐，让当代人与下一代人平等共享可持续发展的大自然，推进“地球母亲”权利的保护与延展。

（三）国防与主权常务委员会

国防与主权常务委员会由各成员国国防部长组成，旨在建立统一的人民一体化防务战略，组建享有主权与尊严的地区军校。

五、社会运动委员会①

社会运动委员会，是促进社会运动直接参与 ALBA-TCP 的主要机制。委员会主张反帝国主义、反新自由主义，旨在保护自然、促进社会正义、实现真正的国家主权、增进社会安全与人民福祉。负责组织协调各成员国的社会运动以及认同 ALBA-TCP 价值的非成员国社会运动，从而推进 ALBA-TCP 的发展，扩展 ALBA-TCP 的影响。社会委员会的主要职能有：

1. 向 ALBA-TCP 总统委员会上报来自社会运动的提议、计划、宣言与主张。

2. 在提出倡议的同时，接受、评估和引导来自非 ALBA-TCP 成员国的社会运动的合作计划。

3. 广泛宣传 ALBA-TCP 的目标、行动和成就。

4. 从社会运动的角度，推进大国家计划的实现。

5. 动员各成员国的社会运动，积极参与到 ALBA-TCP 的计划与倡议中。

除基本构架外，美洲玻利瓦尔联盟的组织特征还呈现出多主体、多层次的特点。“多主体”具体表现为国家机构、政党、私营部门（合作社、家族及中小企业）、行业联合会、公民社会及社会运动组织、社会企业（社区所有或社会产权企业）、基层直接民主机构（如委内瑞拉社区委员会）等。“多层次”体现在联盟的多边或双边主体，试图构建跨地区或次地区、跨国或跨省市的交流与合作方式。

---

① http：//alba-tcp. org/contenido/consejo-de-movimientos-sociales-0.

第三节　美洲玻利瓦尔联盟的运行机制

倡导变革与创新的美洲玻利瓦尔联盟，有别于拉美乃至世界其他一体化模式的独特之处在于，ALBA 力图在促进区内贸易谈判与增长的同时，创建一个彻底打破依附链条、各成员国独立自主解决地区事务的一体化集团。在这个以解放、团结与服务人民为最高宗旨的一体化框架内，古巴利用医疗卫生和教育优势支援其他成员国实施扫盲计划、改善医疗服务体系，而委内瑞拉则利用石油资源帮助能源紧缺或财政无力负担社会计划及基础设施建设的邻国谋求发展。

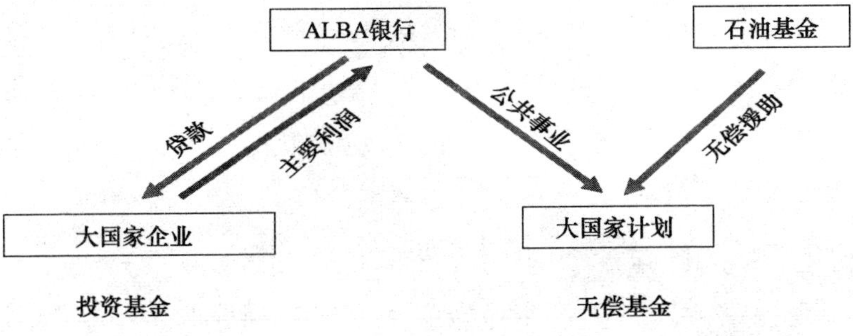

图 5－3　ALBA 运行机制图解

一、建立一体化协调机构

（一）建立地区金融机制

2008 年 1 月建立 ALBA 银行（古巴、尼加拉瓜、委内瑞拉、玻利维亚），启动资金 5000 亿美元，资助大国家企业与大国家计划，向成员国提供贷款，建立用于资助社会发展项目的无偿贷款。

（二）建立地区能源机制

ALBA 拟通过签署委内瑞拉石油商业化的双边与多边贸易协议（例如 Petrocaribe、委内瑞拉与尼加拉瓜签署的石油协议规定 25% 的已购石油将用于社会项目），实现地区能源互助与一体化。

二、建立大国家公司项目（包括大国家企业和大国家计划）

（一）大国家企业

大国家企业是部分成员国基于目前的生产效率而提出的有利于环境可持续发展、改善劳动条件、促进再分配公平的生产组织倡议。大国家企业涉及领域包括：1. 电力、石油、天然气；2. 药品生产与分配；3. 电信；4. 港口、铁路和运输；5. 食品生产与商品化；6. 社会旅游业；7. 水泥及其衍生品生产。

（二）大国家计划

大国家计划主要关注社会、文化和福利等非生产性领域的发展。大国家计划的重点项目有科技中心计划、再造林计划、水源计划、ALBA 大学计划和大国扫盲计划等。另有 48 项提议有待实施。

表 5－1　ALBA-TCP 大国家计划

领域	大国家计划
金融	ALBA 银行
教育	扫盲和继续教育
基础设施	发展港口、铁路、航空等基础设施建设
科学技术	科技中心
食品	农产品公司、食品公司
能源	电力公司、石油公司、天然气公司
环境	林业管理和木材经销公司
	生活饮用水卫生
卫生	药品经销公司
	卫生登记控制中心
矿产	水泥公司
公平贸易	进出口公司
	ALBA 商店
旅游	旅游大学
产业	社会旅游
	复杂生产项目
文化	ALBA 文化基金
通信	电信公司

资料来源：http：//www. alianzabolivariana. org/modules. php？ name = Content&pa = showpage&pid = 2080.

三、社会运动的参与

社会运动委员会由各成员国国内的工会、行会、社区、民族、青年、妇女运动和非政府组织组成，旨在推动各成员国国内社会运动的发展与壮大，提升社会运动在地区政治、经济、社会、文化等领域的影响和作用。社会运动委员会的主要宗旨包括：1. 为受歧视阶级争取历史上曾被剥夺的社会权利、劳动权利、环境权利和政治权利。2. 监督 ALBA 一体化战略在既定原则下的实施情况；3. 促进大国家计划和大国家企业在财富再分配和社会发展方面的积极作用。

各成员国在 2007 年分别组建本国的 ALBA 社会运动委员会筹建委员会。2008 年 1 月，各成员国社会运动委员会代表（150 人）在加拉加斯正式组建 ALBA 社会运动委员会。委员会决定：1. 在成员国动员更多的社会运动组织参与 ALBA，并在非成员国国内建立 ALBA 社会运动委员会的分支机构；2. 拟定委员会的行动纲领和工作计划，完善委员会的组织机制；3. 推动大国家计划和大国家企业的相关工作。

2009 年，ALBA-TCP 首届社会运动峰会与第七届联盟峰会在玻利维亚同期举行。2010 年，联盟在厄瓜多尔召开第十届国家与政府首脑峰会期间，召开了印第安人与非洲裔领导人特别会议。2012 年，联盟第十一届峰会期间，社会运动委员会签署了“社会运动苏克雷协议”。2013 年，在厄瓜多尔举行第十二届峰会期间，联盟再次召开了社会运动峰会。

第六章

美洲玻利瓦尔联盟的主要协议与项目

金融、能源与大国家企业及计划是 ALBA-TCP 着力打造的关键部门，各项协议与项目的有序推进使 ALBA-TCP 在生产性与社会性战略领域齐头并进。

第一节 ALBA 金融

ALBA 金融主要涉及 ALBA 银行、地区统一货币系统苏克雷和南方银行等新兴金融建制。在 2012 年 2 月召开的联盟第十一届峰会上，ALBA 计划各成员国分别投入 1% 的外汇储备，组建 ALBA 联营的地区性发展银行，从而进一步完善 ALBA 未来的金融框架与运行机制。

一、ALBA 银行

2007 年 6 月，ALBA 部长委员会第一次会议首次提出了建立 ALBA 银行的倡议，此后 ALBA 先后举行了 6 次技术性会议，商讨建立ALBA银行的具体步骤与细节。2008年1月24日，ALBA部长级技术会议出台了ALBA银行基础协议、成立协议等文件，并于两天后的ALBA第六届峰会获得正式通过。2008年4月25日，ALBA银行正式运营，其首要任务是为成员国食品、药品、通信和农业等项目提供融资。ALBA银行现有成员国玻利维亚、尼加拉瓜、古巴、委内瑞拉、圣文森特和格林纳丁斯，其总部位于委内瑞拉首都加拉加斯，分行位于古巴哈瓦那。

ALBA银行的使命是协助成员国实现经济与社会的可持续发展、减少贫困与不平衡、增进ALBA成员国乃至整个地区的经济与金融一体化，在团结、合作、互补及尊重国家主权原则的基础上，促进ALBA各国公平、积极、和谐与平等的经济交流。

根据ALBA银行的成立协议，银行将于第二份批准书交存委内瑞拉外交部之日起第30天生效。2009年9月1日起，ALBA银行正式成为国际公法承认并保护的、具有独立法人资格的地区性金融机构。

表6－1　ALBA成员国批准ALBA银行成立协议的日期

国家	批准日期
委内瑞拉	2009年7月29日
古巴	2009年7月31日
尼加拉瓜	2009年8月28日

资料来源：《ALBA银行成立协议》，参见http：//www.bancodelalba.org/descargas/info-alba2.pdf。

ALBA 银行的目标：1. 促进拉丁美洲人民的经济发展；2. 推进人民科技的发展；3. 促进生产力的发展；4. 保护自然资源；5. 促进卫生、教育、住房、社会保障、社区社会经济的发展；6. 引导和加强参与式民主发展；7. 减少社会排斥；8. 消除性别与种族歧视；9. 整合与扩大成员国基础设施建设。

ALBA 银行的职能：1. 资助发展计划与项目；2. 推动、创造和管理各类有偿援助与无偿援助，重点流向经济、社会及环境发展领域；3. 为投资可行性研究，技术援助、研发、转让与吸收提供资源；4. 促进商品与服务的公平贸易。

ALBA 银行的主要经济活动包括：

1. 提供信贷、授信额度、债券、担保等服务；

2. 发行、承销各种有价证券；

3. 提供金融、贸易等经济活动的清偿与结算服务；

4. 提供资产组合管理服务，组织、建立和管理信托基金及其他信托化运作；

5. 开展证券代理人和托管人业务；

6. 为各类政府机构、地区组织、国际组织及 ALBA 成员国的国有独资企业、国有控股或合资企业提供资金。

ALBA 银行的角色：

1. 推进苏克雷信息系统（S. I. S.）的开发与实施，通过 S. I. S. 系统处理并记录各成员国央行间的实时交易；

2. 通过 S. I. S. 系统的运行与维护，管理中央结算所（la Cámara Central de Compensación de Pagos，CCC）；

3. 作为信托实体，管理储备和贸易融合基金（el Fondo de Reservas y Convergencia Comercial，FRCC），促进 CCC 的临时赤字融资，通过刺激生产和出口的融资减少贸易不对称，从而确保 FRCC 财政能力的进一步加强。

ALBA 内部融资试点计划——委内瑞拉—玻利维亚双边项目，旨在推动两国间的贸易往来，尤其是增进双边纺织品和木材贸易。据统计，该计划已惠及两国 56% 的木材行业和 44% 的纺织品行业。

表 6－2　ALBA 银行管理的专项援助基金

ALBA 食品	旨在促进粮食生产，提高粮食产量，主要受益国有海地、圣文森特和格林纳丁斯、圣基茨和尼维斯联邦、牙买加、圭亚那、苏里南、伯利兹、尼加拉瓜和洪都拉斯
圣基茨和尼维斯联邦	通过农业、渔业、通信科技、金融、旅游等相关项目，促进社会经济发展
海地	人道主义基金：ALBA 成员国援建海地专项基金

ALBA 银行的其他战略重点包括：1. 在 A 类出资国开设分支机构，在共同发展经济区（Zona Económica de Desarrollo Compartido，VII Cumbre del ALBA-TCP）框架下，促进和提升地区金融与生产领域的互补性；2. 协助管理 ALBA-Petrocaribe 基金（2009 年 6 月 12 日，ALBA 第六届峰会决定实施 PDV-Caribe 对 18 个国家的石油援助）；3. 通过制订一揽子计划，挖掘地区各国的发展潜力和互补性，使其成为 ALBA 银行或其他潜在外国债权人的贷款对象（包括银团贷款）。

二、地区统一货币苏克雷

2008 年 11 月，ALBA 第三届特别峰会首次提出了建立苏克雷（SUCRE）地区货币体系的倡议，并初步计划建立“苏克雷共同账户单位”，“支付补偿中央商会”和“稳定、储备及发展基金”等机制。“苏克雷”全称地区支付补偿统一体系（El Sistema Unitario de Compensación Regional de Pagos），SUCRE 为其词首大写字母组合，代表该体系共同账户的一个单位。在此次会议的最后宣言中，ALBA 各国首脑一致认为，建立 ALBA 货币经济区将有助于保护 ALBA 成员国免受跨国资本的掠夺，促进 ALBA 各国经济发展，使 ALBA 从无效的全球金融体制和美元霸权中解放出来。

2009 年 4 月，ALBA 成员国在联盟第七届峰会上一致通过了组建苏克雷的框架协议。玻利维亚、古巴、厄瓜多尔、尼加拉瓜和委内瑞拉共同签署的苏克雷框架协议，决定成立包括苏克雷最高决策机构——苏克雷地区货币委员会、苏克雷共同账户单位、储备与贸易趋同基金、支付补偿中央商会等四大支柱机构。2009 年 10 月，ALBA 签署《苏克雷组建协议》。2010 年 1 月，《苏克雷组建协议》生效，苏克雷地区货币委员会（CMR）成立，委员会首次会议决定发行 1.52 亿苏克雷，在成员国间进行分配。作为苏克雷体系的主要管理机构，地区货币委员会负责制定相关政策和措施，并在交易中为各国提供虚拟货币，无论各国贸易额多少，所有会员均享受同等权利。

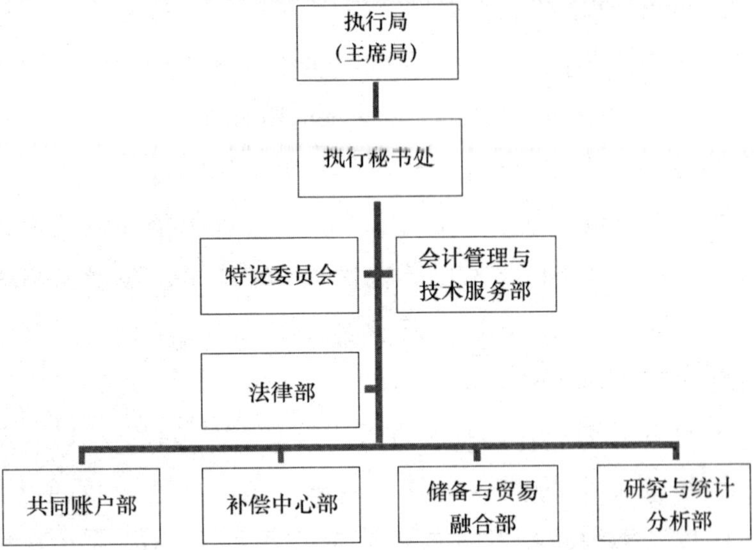

图 6－1　地区货币委员会结构图

资料来源：http：//www. sucrealba. org/index. php？ q = content/consejo-monetario-regional-del-sucre-cmr.

表 6－3　苏克雷对各国货币汇率

货币	玻利维亚	古巴	厄瓜多尔	委内瑞拉
苏克雷	BOB	CUC	USD	BF
	8. 7062	1. 2509	1. 2509	5. 3788

资料来源：http：//www. sucrealba. org/index. php？ q = content/unidad-de-cuenta-com%C3%BAn－%E2%80%9Csucre%E2%80%9D.

2010 年初，委内瑞拉对古巴的出口贸易首次采用苏克雷结算系统。2010 年 1 月底，古巴向委内瑞拉购买了 360 吨大米，共计支付 10. 8 万苏克雷，约合 13. 5 万美元。自 2010 年 7 月起，委内瑞拉与厄瓜多尔两国开始启用苏克雷作为双边贸易的支付方式。委内瑞拉国家电视台直播了两国首次使用苏克雷结算的双边贸易。在这项交易中，委内瑞拉银行向厄瓜多尔国家促进银行支付了 189.415 万苏克雷的交易款，用于购买 5430 吨大米。苏克雷支付体系通过网络系统完成了交易，交易各国由会计授权实施，授权操作一旦成功，对方银行便会收到款项。苏克雷各成员国均设有苏克雷账户，如委内瑞拉的初始账户余额为 6730.8 万苏克雷，厄瓜多尔账户余额为 2400 万苏克雷。若出现差额，可通过苏克雷意外基金进行补偿。一些受银行和保险业监管的公立或私立机构，以及由社会经济部担保、在央行有活期账户的合作信用社和合作储蓄所也采用了苏克雷支付体系。而大多数因无法使用非地区货币进行贸易结算的小生产商也将受益于苏克雷支付体系，只要在中央银行开设一个账号便可享受到参与国际贸易的便利。

现阶段苏克雷作为虚拟货币被用作地区贸易结算和各国央行的支付工具，但苏克雷计划未来成为类似欧元的地区性统一货币，其价值将根据苏克雷组建协议，由 ALBA 成员国的玻利维亚玻利瓦尔诺、古巴比索、尼加拉瓜科多巴、委内瑞拉玻利瓦尔和厄瓜多尔美元等一篮子货币决定。每种货币在一篮子货币中的比重与各经济体在苏克雷区的经济权重相匹配，并计划建立苏克雷同欧元、美元等其他货币的兑换机制。苏克雷一篮子货币的建立将推动地区一体化朝着地区实体货币一体化演进。

ALBA 成员国认为苏克雷是一种全新的贸易交换模式，有利于发展经济主权，减少对发达国家贸易规则的依赖，特别是对美元的依赖，还将减少贸易不平衡现象，刺激出口，使成员国经济互补互足，有效对抗经济危机，推动地区贸易和各国经济增长。[①] 而另有专家认为，由于 ALBA 区域内贸易量较小，苏克雷投入使用后对于成员国减少对美元的依赖效果尚不明显，尤其是委内瑞拉的绝大部分贸易依然是与美国和欧盟进行的，美国是委内瑞拉最大的贸易伙伴，2009 年双边贸易额达 200 亿美元，而同期委内瑞拉与联盟其他成员国间的贸易额仅为 36 亿美元，委内瑞拉只有 2% 的出口和 2.1% 的进口是同该联盟成员国进行的，因此苏克雷启用初期的政治象征性意义居多。[②] 2011 年，ALBA 各成员国间的苏克雷贸易共计 333 笔，相当于 431 笔贸易总量的 77%，贸易结算共计 2.16 亿苏克雷。预计 2012 年底，使用苏克雷结算的 ALBA 贸易额将超过 7.5 亿苏克雷。[③]

2014 年 5 月，苏克雷地区货币委员会主席埃乌多马尔·托瓦尔在玻利维亚中央银行举行的一项活动上表示，美洲玻利瓦尔联盟 – 人民贸易协定（ALBA-TCP）成员国，通过苏克雷体系结算贸易金额达 22 亿美元，约合 16 亿苏克雷，2014 年以来各成员国通过苏克雷体系进行了 22 笔结算，总金额达 1600 万苏克雷（折合 2000 万美元），这表明该结算方式正日益稳定，效果良好，各成员国选择苏克雷的道路是正确的，该体系帮助成员国加强了本地区的贸易和生产。[④] 据 ALBA-TCP 2014 年上半年统计，75.96% 的苏克雷用户为私营企业，另有 24.04% 的

① 商务部：《苏克雷在拉丁美洲影响不断扩大》，2010 – 07 – 23，http：//www.cnr.cn/allnews/201007/t20100723_506781755.html。

② 杨志敏："'苏克雷'与'去美元化'"，《人民日报》2010 – 02 – 09，http：//ilas.cass.cn/cn/kygz/content.asp？infoid = 13239。

③ Prensa Latina：*El sucre consolida y fortalece la integración en los países del ALBA*，http：//www.rebelion.org/noticia.php？id = 146896，2012 – 03 – 25.

④ 驻古巴经商参处：《ALBA 成员国通过苏克雷支付体系结算情况稳定》，http：//cu.mofcom.gov.cn/article/jmxw/201405/20140500591394.shtml，2014 – 05 – 19。

用户为国有部门。①

三、南方银行（Banco del Sur）

南方银行的概念最早由委内瑞拉前总统查韦斯于1998年首次参选总统时提出。2006年，在委内瑞拉和阿根廷的一次合作中，委内瑞拉总统查韦斯和阿根廷总统基什内尔鉴于国际市场上原油和初级产品价格一路走高，南美各国出口大增、外汇储备充裕的机遇，提议建立由南美国家组成的南方银行，将地区各国的部分外汇储备统一规划，为地区各国基础设施建设提供融资，并为金融危机中的拉美国家提供紧急贷款，以减少国际货币基金组织和世界银行对南美各国的经济干预。2007年4月，巴西同意加入。2007年10月，经过多轮谈判，阿根廷、玻利维亚、巴西、厄瓜多尔、巴拉圭、乌拉圭和委内瑞拉等南美七国代表齐聚巴西里约热内卢商讨南方银行的启动事宜，并通过了南方银行的成立协议，计划2009年12月正式投入运营，约定南美十二国均可从南方银行贷款。2007年10月，哥伦比亚正式提交加入申请。2007年12月，南美七国领导人及代表在阿根廷首都布宜诺斯艾利斯签署成立南方银行的法律文书。截至2008年4月，南方银行仍在等待各成员国立法机关审批各国投资方案，成员国的投票权限亦尚未确定。2009年3月，拉美部分国家达成共识，同意投入近100亿美元作为南方银行的启动资金，其中委内瑞拉、阿根廷和巴西分别

① ALBA-TCP, *Informe de Gestión 2004 – 2014*: "*10 años consolidando la solidaridad y la integración entre los pueblos de nuestra américa*, http: //alba-tcp. org/public/documents/decimo/Espanol/INFORME_ de_ gestion. pdf, 11 SEPTIEMBRE, 2014, p. 22.

出资20亿美元，厄瓜多尔、玻利维亚、巴拉圭、乌拉圭出资10亿美元。

2009年9月26日，在委内瑞拉玛格丽塔岛参加第二届南美洲和非洲首脑会议的阿根廷、巴西、巴拉圭、乌拉圭、厄瓜多尔、玻利维亚和委内瑞拉七国元首正式签署南方银行成立协议。根据该协议，南方银行的启动资金为200亿美元，阿根廷、委内瑞拉和巴西各出资40亿美元，高于巴拉圭、乌拉圭和玻利维亚的出资额。在第二届南美洲和非洲首脑会议全会上，委内瑞拉前总统查韦斯还提议南美洲和非洲联合成立一家银行。南方银行总部设在委内瑞拉首都加拉加斯，分部设在阿根廷首都布宜诺斯艾利斯和玻利维亚行政首都拉巴斯。基本组织架构包括部长委员会、管理委员会、董事会及执行委员会和审计委员会。各国财政及经济部长组成南方银行的最高决策机构——管理委员会。

南方银行成立后，南美各国领导人积极评价南方银行，希望南方银行成为消除地区贫困和不平等、促进拉美一体化、提升拉美国家国际影响力和发言权、替代国际金融机构的地区经济合作新模式。南方银行的倡导者之一——委内瑞拉前总统查韦斯认为，建立南方银行是南美国家实现经济独立和发展的战略选择，有助于南美国家摆脱对发达国家的经济依附。运行初期，南方银行在投票权的分配方式、财政特权与豁免权、各国具体出资额、是否优先考虑基础设施投资、银行性质（是政策性银行还是金融管理机构）、是否为大型民营企业提供融资、各国投资分配和不同的融资条件、采购及收购、参与透明度、社会与环境保障等问题上还存在不同程度的分歧。

表 6－4　南方银行资本投入情况表

南方银行资本： 根据 2008 年 4 月蒙得维的亚部长会议、2008 年 6 月布宜诺斯艾利斯部长会议签署的协议
• 核定资本：200 亿美元
• 认购资本：70 亿美元
• 各国投入：
○经济实力较强的国家：阿根廷、巴西和委内瑞拉，分别投入 20 亿美元
○中等经济实力国家：乌拉圭和厄瓜多尔，分别投入 4 亿美元
○经济实力较弱的国家：巴拉圭和玻利维亚，分别投入 1 亿美元
• 首期认购资本：
○阿根廷、巴西、委内瑞拉：20%，其余每年 4%
○玻利维亚、厄瓜多尔、巴拉圭和乌拉圭：10%，其余每年 9%
• 贷款组合
○阿根廷、巴西、委内瑞拉：4 倍
○玻利维亚、厄瓜多尔、巴拉圭、乌拉圭：8 倍
• 最大风险暴露限额：银行净资产的三倍（最多不超过 4.5 倍）
• 最高债务限额：银行净资产的 2.5 倍

资料来源：Isabel Ortiz y Oscar Ugarteche，El Banco del Sur：Avances y desafíos，http：//www.cadtm.org/El-Banco-del-Sur-Avances-y-desafíos，2008－4，p. 95.

加入该行的首期出资额不得少于认购额的 20%。第一类国家要在 5 年内付清其全部认购金额，其他国家要在 10 年内付清。交付货币的 10% 可以使用成员国当地货币，其他须使用国际流通货币。作为地区新型金融机构，南方银行旨在为南美国家联盟成员国提供经济、社会发展和环境保护等方面的融资服务，建设新的国际融资渠道，增进地区一体化，以减少对美元的依赖。在国际金融危机的背景下，南方银行对南美国家的生产性投资起到了一定的促进作用。

随着南方银行的不断发展，南美国家领导人对地区各国自主探索金融一体化的路径也有了更为深入的认识。例如 2015 年 7 月，委内瑞拉总统马杜罗在接受采访时表示，委内瑞拉政府有意倡导美洲玻利瓦尔联盟加入金砖国家开发银行，认为加入金砖国家开发银行必将使拉美和加勒比地区人民受益。马杜罗认为，南方银行的成立为金融多元化趋势下的拉美经济注入了活力，南方银行旨在为南美各国融资提供便利，同时摆脱国际货币基金组织和世界银行通过提供贷款对南美国家经济决策权施加的影响，而金砖国家开发银行的积极经验为南方银行提供了借鉴。①

第二节　ALBA 能源

ALBA 能源主要由加勒比石油计划、南方石油计划、安第斯石油计划、美洲石油计划组成，涉及国家包括 ALBA 成员国、加勒比国家及南美各国。

一、加勒比石油计划（PETROCARIBE）②

2005 年 6 月 29 日，加勒比地区十四国元首在首届地区能源峰会上签署能源合作协议——加勒比石油计划（Petrocaribe）。目前，该倡议共有 18 个成员国，包括安提瓜和巴布达、

① 参见 http：//news. xinmin. cn/world/2015/07/10/28099418. html，摘自 2015 年 7 月 24 日。

② http：//www. petrocaribe. org/.

巴哈马、伯利兹、古巴、多米尼克、格林纳达、危地马拉、圭亚那、海地、洪都拉斯、牙买加、尼加拉瓜、多米尼加共和国、圣基茨和尼维斯、圣文森特和格林纳丁斯、圣卢西亚、苏里南与委内瑞拉。[1] 力图以石油促团结的加勒比石油计划，主张充分尊重各国独立与主权，并将联合、团结、合作、互补、能源安全、社会经济安全、能源主权、保护自然、南南合作视为基本政治原则。加勒比石油计划的核心成员国委内瑞拉为此制定了内外兼顾的新能源政策，一方面通过打造委内瑞拉国家石油公司（PDVSA）的新角色加强石油主权，另一方面本着团结、互补与统一的原则，力图帮助拉美人民克服因能源紧缺而造成的社会不平等与生活困苦。作为石油生产大国，委内瑞拉承诺以优惠的价格和信贷支持，向加勒比石油计划成员国供给石油，以保障这些国家的能源安全。

委内瑞拉作为世界上油气储量最大且炼油能力领先的国家，历来不乏对邻国的援助。但原来的援助框架仅对富国有利，却忽视了同加勒比和中美洲国家共有的历史遗产——相同的海域、非洲人和土著人的混合人口、殖民史、人民的解放斗争、开发自然资源的需求与潜力。2007 年 11 月，委内瑞拉总统查韦斯在沙特阿拉伯举行的第三届石油输出国组织（OPEC）首脑峰会上指出，全球最贫困的 50 个国家日均消耗原油 70 万桶，OPEC 国家有责任帮助这些国家的民众解除因能源紧缺而造成的贫困。另据世界银行统计，粮食和能源消费占据了全球贫困人口 70% 的消费支出。然而截至 2012 年，Petrocaribe 仍然

---

① http: //www. petrocaribe. org/index. php? tpl = interface. sp/design/union/readmenu-princ_ acerca. tpl. html&newsid_ temas =4, 03 -01 -2010.

是世界上唯一履行该倡议的地区协议。委内瑞拉国家石油公司（PDVSA）及其下属公司委内瑞拉－加勒比石油公司（PDV Caribe）致力成为改善地区能源供给，创新石油政策、技术与基础设施建设，维护 Petrocaribe 成员国主权与能源安全的重要平台。Petrocaribe 作为 ALBA 的一部分，旨在通过委内瑞拉政府的支援和地区各国的团结，帮助中美洲和加勒比小国应对高油价、国际投机和经济危机等其无法独自克服的系统性风险，从而推进西蒙·玻利瓦尔建立拉美大国家的历史宏愿。2008 年 7 月，多米尼加共和国总统莱昂内尔·费尔南德斯（Leonel Fernández）在委内瑞拉召开的 Petrocaribe 第五届首脑特别峰会上谈到，全球 57 个人均年收入低于 6000 美元的石油净进口国中有 14 国在拉丁美洲及加勒比地区，与资本主义的野蛮、投机、贪婪逻辑不同，委内瑞拉倡导的 Petrocaribe 是团结与慷慨的典范，一个石油生产及出口国不仅和其他石油生产及出口国坐在一起开会，还召集石油净进口国分享石油财富简直是不可思议的事情。[①]

Petrocaribe 的决策部门有：1. 部长委员会。该委员会由各国能源部长组成，其主要职能包括协调与制定战略政策及计划，确定各部门的职责以完成特殊任务，就 Petrocaribe 的战略重心、技术与法律支持、工作会议等达成共识，对执行秘书处的运行负有最高会计责任，决定吸收新成员或解除成员资格，召开每年一次的常务会议及必要的特别会议，指定一名负责召集与主持会议的主席及候补主席。2. 执行秘书处。执行秘书处

① Petrocaribe：el escudo antimiseria，http：//www. petrocaribe. org/index. php? tpl = interface. sp/design/union/readmenu_ acerca2. tpl. html&newsid_ obj_ id = 676&newsid_ temas = 4，2010 - 1 - 2.

由委内瑞拉能源与石油部代理。其主要职能有准备部长委员会的会议日程、直接处理 Petrocaribe 的日常事务、确保部长委员会决策的执行与跟进、向部长委员会提交相关报告及政策建议、确定部长委员会优先调研项目、向部长委员会提交调研的资源分配建议等。

截至 2009 年 5 月，Petrocaribe 累计为成员国提供 9050 万桶原油，其中 30 亿美元的石油援助共节省出 14 亿美元的经费，直接投入到成员国各项发展计划中。另一方面，委内瑞拉国家石油公司（PDVSA）还与 8 个成员国的国有石油公司组建了混合制企业，对石油提炼、仓储和营销设施进行联合投资，如 2007 年 2 月在圣文森特和格林纳丁斯投入运营的液化石油气站，2009 年 6 月在多米尼克启动的燃料储藏及分销仓库，2007 年 12 月在古巴重新投入运营、日均炼油 6. 7 万桶的卡米洛 · 西恩富戈斯（Camilo Cienfuegos）炼油厂。此外，Petrocaribe 还在尼加拉瓜、海地、安提瓜和巴布达、多米尼克及圣基茨和尼维斯启动了发电项目。这些计划旨在帮助成员国克服能源紧缺，维护能源主权，建立能源长效供给战略，改善成员国能源加工技术与设施。此前，地区各国均依附于跨国公司和中介投资机构，对原油及其衍生品的供给链条毫无掌控权。

Petrocaribe 不仅为成员国提供石油供给与支付便利，更成为 ALBA – 加勒比基金支持地区社会经济计划（旅游、教育、医疗、住房、环境卫生、交通、体育和农业）的重要资金来源。截至 2012 年 6 月，该基金已支援加勒比 11 国 85 个项目共计 1. 79 亿美元和 0. 29 亿美元支持的三项可再生能源电力工程。除能源项目外，该计划还致力于帮助成员国缓解粮食危机。在 Petrocaribe 第五届峰会上，查韦斯总统提出了加勒比粮食计划（Petroalimentos），主张建立各国农业部常务理事会。2008 年 7 月 31 日，该理事会在洪都拉斯召开第一次会议，拟定了维护地区粮食安全与主权的相关方针、政策与主张。

Petrocaribe 下设若干技术专家组，负责把脉相关项目的创设与执行，进而推动地区能源多样化和各成员国的经济社会发展。工作组主要涉及能源节约与有效利用、可再生能源和替代能源、石油化工、天然气、职业技术培训与指导、能源供给及 ALBA－加勒比基金的核查与审计、计划与贸易公平委员会、通信等领域。为实现地区能源多元化，Petrocaribe 在考虑地区能源格局及潜力的基础上，设立了 40 余个可再生能源和替代能源项目。与此同时，Petrocaribe 还启动了地区化工产业发展潜力、石化产品原材料、炼油开发系统、石化行业发展趋势等相关研究，并制订了石化产品生产的相关计划。为推动地区石化产业发展，Petrocaribe 还制订了加勒比、中美洲和南美洲天然气供应总体规划（el Plan Maestro de Suministro de Gas Natural），为天然气修建不同运输工具，如液态天然气管道和压缩天然气管道等。

Petrocaribe 非但没有损害委内瑞拉的利益，反而让委内瑞拉获得了更多的地区发展空间，除去地缘优势，文化历史同源亦使地区各国紧密地团结在 Petrocaribe 周围。此前，委内瑞拉多与跨国公司和中间商开展石油合作，后者几乎掌控了所有的营销环节及定价权，捞取了丰厚的石油收益。委内瑞拉提出的 Petrocaribe 拒绝主导地区能源市场的商业逻辑，主张各成员国以集体身份同世界强国谈判，通过能源互助维护成员国的主权与独立，进而谋求多极化的世界秩序。查韦斯总统认为，Petrocaribe 搭建的经济平台不但有助于加勒比国家解决共同的经济问题，更为地区小国同世界多极力量展开集体谈判与交往赢得了砝码，加勒比国家将有望同中国、俄罗斯及其他委内瑞拉友国建立战略联盟关系。尼加拉瓜总统奥尔特加指出，这些选择公平贸易之路的拉美及加勒比国家充分关照到了各国现存的经济差异，他们彼此间的对话与合作都是无附加条件的。

2014 年 5 月 8 日，萨尔瓦多总统萨尔瓦多·桑切斯·赛伦（Salvador Sánchez Cerén，1944 – ）正式提出了加入加勒比石油组织的申请。他表示，加勒比石油计划是以优惠的支付条件供应石油产品，18 个缔约国均从中获益。成员国参照原油价格可获得 1—2 年的付款宽限期。如每桶原油价格超过 40 美元，付款期限可延长为 17—25 年，年利率为 1%，还可用产品或服务偿还部分油款。[①]

二、南方石油计划（PETROSUR）[②]

南方石油计划（Petrosur）是一项由委内瑞拉政府发起的政治与贸易框架。该合作与一体化机制旨在利用成员国的互补性，促进各国民主公平地开发与利用能源，进而改善各国人民的社会经济现状。该协议重视巴西 Petrobras 石油公司、阿根廷 ENARSA 石油公司、乌拉圭 ANCAP 石油公司和委内瑞拉 PDVSA 石油公司的战略合作与联盟关系，力图推进上述四国国家石油公司在碳氢化合物产业链中的整体协商与发展。Petrosur 旨在降低交易成本（规避中介机构），获得融资优惠，利用商

① http://cu.mofcom.gov.cn/article/jmxw/201405/20140500582969.shtml.

② http://www.petrocaribe.org/index.php?tpl=interface.sp/design/union/readmenu_acerca2.tpl.html&newsid_obj_id=618&newsid_temas=4.

业协同效应解决地区经济社会的不平衡，使地区各国因投机和地缘政治因素而产生的能源成本及其负面影响最小化。

三、安第斯石油计划（PETROANDINA）[①]

2005年7月18日，安第斯共同体总统委员会第16次会议在秘鲁首都利马召开，各国元首在会上签署了安第斯石油（Petroandina）能源一体化倡议。Petroandina作为玻利维亚、哥伦比亚、厄瓜多尔、秘鲁和委内瑞拉多国国家石油及能源机构与企业的战略联盟平台，旨在推动各国电力联网和天然气的发展、重要能源的相互供给及能源项目的联合投资与开发。各成员国政要在峰会上签署了《利马总统法令：民主、发展与社会凝聚》。该协议在综合考虑现有双边协议的基础上，就委内瑞拉提出的安第斯石油计划及南美一体化背景下安第斯能源议程的可行性与优势达成了共识，并肯定了石油、煤炭、天然气、水能、风能、太阳能等资源的地区潜能及其在安第斯与南美一体化和现代化进程中的重要性。

该合作框架的首个受益国为厄瓜多尔。该国是石油净出口国、OPEC老成员国及汽油进口国。厄瓜多尔每年进口燃料额达10亿美元。根据Petroandina协议，委内瑞拉为厄瓜多尔提供的炼油服务将为其节省一部分进口燃料开支。

---

① http://www.petrocaribe.org/index.php?tpl=interface.sp/design/union/readmenu_acerca2.tpl.html&newsid_obj_id=376&newsid_temas=4.

四、美洲石油计划（PETROAMERICA）[①]

美洲石油计划（Petroamérica）是由委内瑞拉政府依托ALBA框架建立的地区能源一体化计划。计划以团结与互补性为原则，旨在民主公平地利用能源，维护人民的发展权益。查韦斯总统在签署与多米尼加共和国的能源合作协议时表示，"委内瑞拉拥有世界第一的石油储备和拉美第一的天然气储备，从北极到阿拉斯加、再到火地岛，我们拥有加勒比地区第一的天然气储备，我们愿意同北方、南方、东方与西方，尤其是我们的邻国、我们的兄弟人民共享资源；我们有石油、有天然气，而多米尼加却经常停电，巴西北部因石油紧缺而欠发达，哥伦比亚边境缺乏石油，海地甚至连医院供电都难以保障，格林纳达和其他加勒比国家亦有类似情况，这是不公平的；委内瑞拉决心实践玻利瓦尔美洲计划，实现真正的美洲团结与自由。"

Petroamérica由Petrosur（包括阿根廷、巴西、乌拉圭）、Petrocaribe（加勒比14国）和Petroandina（CAN成员国玻利维亚、厄瓜多尔、哥伦比亚、秘鲁和委内瑞拉）三项次地区能源一体化协议组成。Petroamérica旨在从能源与发展潜能的视角重新定义国际关系，利用经济、社会、文化的互补性减少地区不平衡，通过合作与互补，克服投机与地缘政治因素造成的能源市场扭曲，满足地区主权国家的能源需求，使主权能源成为拉美及加勒比地区内生发展与一体化的引擎，加强MERCO-

---

① http://www.petrocaribe.org/index.php?tpl=interface.sp/design/union/readmenu_acerca2.tpl.html&newsid_obj_id=367&newsid_temas=4.

SUR、CAN、ALBA 和 UNASUR 等地区倡议，通过消除贫困建立一个更加公平、团结与高效的社会。

Petroamérica 及其次地区计划力图为地区各国打造一个直接谈判、联合倡议与宣言、签署一体化合作协议、达成国家或企业间合作意向与双边协议、建立新公司与特殊合作协议的平台。该平台欲涉及的具体领域包括提供原油及衍生品，交换商品、服务，基础设施建设与融资，联合设计、建设与运营炼油厂、仓储与终端设施，联合营销原油、衍生品、液化石油气、沥青及润滑油，交通与物流，整体勘探和开发石油与天然气资源，天然气的加工与销售，石油化工业，技术及培训，生态燃料及公共政策等。Petroamérica 协议还就拉美及加勒比国家国有能源公司的一体化提出了倡议，以推动各国有企业在石油和天然气勘探、开采和营销上的联合投资与运营。

第三节　ALBA 大国家企业和大国家计划

2008 年 1 月 26 日，在加拉加斯举办的 ALBA 第六届峰会上，美洲玻利瓦尔联盟发布了大国家企业和大国家计划的定义。大国家（Grannacional）概念源自 ALBA 秉承的“大国家”思想。“大国家”本质上是一个政治概念，却涵盖了国家生活的方方面面。“大国家”可从三个层面加以理解：1. 历史与地缘政治层面：拉美独立先驱玻利瓦尔主张建立一个伟大的民族，实现拉美及加勒比各共和国的大团结，“大国家”概念吸收了“超大国家”的含义，它代表各国共同行使国家与地区主权，采取统一的政治行动，但不寻求超国家的建制，各国可自主发展本国的政治认同。2. 社会与经济层面：为满足人民的社会需求，各国经济发展战略不应局限于本国视野，“大国家”旨在克服国与国间的障碍，增强地方集体应对全球性挑战的能力。3. 意识形态层面：批判新自由主义全球化，主张打破自由市场的神话。“大国家计划”是指导 ALBA 成员国开展社会建设与援助的行动纲领，计划遵从 ALBA 原则与目标，一般由两个或两个以上国家负责具体执行。“大国家企业”是由 ALBA 成员国组建的生产性企业，其产品主要面向 ALBA 各国，力图建立一个有效运转的公平贸易区。

一、ALBA 粮食[①]

ALBA 粮食项目旨在促进各成员国共同发展农业，进而应对投机性粮食生产危机，将粮食用作燃料的生产原料，缓解基本生活消费品的高投入成本。ALBA 粮食项目涵盖 ALBA 和 Petrocaribe 成员国。项目由各国农业部协调，依托ALBA－粮食基金和 ALBA－粮食大国家企业运行。[②]

二、ALBA 环境[③]

（一）大国家计划——水、环境卫生与水域

1. 水与环境卫生：通过恢复、改善、维修、建造和安装服务，扩大饮用水及环境卫生的覆盖范围。

2. 水域：平衡经济与社会发展，合理利用现有自然资

① http：//alba-tcp. org/content/alba-alimentacion.

② http：//alba-tcp. org/public/documents/pdf/Presentacionalbaalimentos. pdf.

③ http：//alba-tcp. org/contenido/alba-ambiente.

源，使农村社区充分享有水资源，确保水资源发挥相应的生产力。

（二）大国家计划——建立林业大国家企业

通过成员国间的技术、生产、环境与金融合作，创办 ALBA 联合林业公司。

三、ALBA 科技[①]

（一）大国家计划——ALBA 科技创新中心

以公平、尊严、人道、团结与互补为原则的 ALBA 科技创新中心旨在汇聚和提升拉美国家的科研技术能力，通过建立科学、技术与创新管理体系，协调科技发展的需求、机会和水平，进而推动关键领域的知识与技术生产、占有及转让。中心的建成将使 ALBA 成员国的科研能力与现有资源相匹配，促进科研合作与人才交流，发挥科学技术对社会经济的推动作用。中心还为科学家、技术家、企业家和本土社区提供了有所作为的天地，为创造一个更加公平正义的社会搭建了平台。作为推进大国家计划—科技项目的实体机构，中心负责协调各国的科技研发事务，支持各成员国提出与执行科技创新计划，建立科技共享和科普宣传机制等。

（二）电子医疗体系

为改善成员国边远农村的医疗条件、增加普通民众就医机会，大国家计划拟借助电子信息技术，通过玻利瓦尔卫星建立电子医疗体系，统一 ALBA 成员国患者病历登记系统。

---

① http：//alba-tcp. org/content/alba-ciencia-y-tecnologia.

（三）电化教育：市辖支持系统

ALBA 拟完善电教系统，借力电信技术提供由市政府管辖的数字教育资源存储、教育资源实验室和虚拟环境支持等教育服务，用以支持委内瑞拉国家高等教育培训计划的教学项目，进而满足人民受教育的需求。

（四）ALBA 卫星计划

（五）科技极计划（Proyecto Polo Científico）——拉美第一个知识管理、生产与传播中心

（六）建立 ALBA 电视与电影学校计划

四、ALBA 公平贸易①

（一）大国家企业——ALBA 进出口公司（ALBAEXIM）

ALBA 进出口公司负责进出口原料、设备、机械和制成品，力图推动 ALBA 成员国的产业发展，满足社会需求，改变对跨国公司及寡头垄断的依附。

（二）ALBA 商店

ALBA 商店旨在推动 ALBA 成员国的自主生产和营销，加深市场对 ALBA 产品的了解、使用与消费，积极融入国际市场，打破寡头卖主垄断，使 ALBA 产品及大国家企业获得国际认可。

---

① http：//alba-tcp. org/content/alba-comercio-justo.

五、ALBA 文化[①]

ALBA 文化大国家计划[②]拟采用大国家企业的形式，打造 ALBA 文化基金会，推动地区发展与团结，繁荣人民文化，增进 ALBA 各国对拉美文化价值的认同。2007 年 1 月，ALBA 文化基金会在委内瑞拉首都加拉加斯成立，用以推动 2008—2010 年间的 ALBA 文化战略计划。ALBA 文化项目共包含 5 个子计划及 64 个小项目。5 个子计划分别为：1. 文化产品与服务的生产、分配与推广，如出版文化语言图册、设立奖学金与比赛、创办 ALBA 之家等；2. 协调与发展同社会运动和文化团体的网络关系，创立替代性文化促进网络、开展多边合作论坛与计划等；3. 开展文化方面的人力资源培训，建立 ALBA 讲坛、工作坊、青年学者计划等；4. 促进拉美及加勒比文化价值的合法化，通过设立奖项等宣传和提升拉美及加勒比地区本土文化；5. 通过发行杂志、举办文化节、创办网站等扩大 ALBA-TCP 在民众中的社会影响力及行动力。

六、ALBA 教育[③]

（一）ALBA 大国家计划——扫盲与继续教育

“扫盲与继续教育”项目旨在消除 ALBA 成员国文盲，为民众提供初等教育机会。

---

① http：//alba-tcp. org/content/alba-cultura.

② http：//albacultural. org/.

③ http：//alba-tcp. org/content/alba-educacion.

（二）ALBA 教育大国家计划——ALBA 人民大学（UNIALBA）

ALBA 人民大学的建设目标包括：1. 为实现拉美的“大国家”联合，促进人道的、科技的、多元的知识生长与替代发展；2. 通过知识培训与生产，改善人民生活水平，推动 ALBA 人民的团结；3. 通过培训、创作与社会实践，发展具有批判精神与合作意识的人文教育，以满足人民多样的文化需求，推动世界的多极化发展。

七、ALBA 能源[①]

建立能源和油气大国家企业，增强 ALBA 能源协议国的技术、金融和能源获取能力，以指导液态烃、天然气、电力和替代能源等价值链领域中的经济活动。

八、ALBA 工矿业[②]

（一）ALBA 复杂生产项目

在合理的技术服务机制，原料、机械及设备供应，运输、仓储和营销服务的支持下，实现不同阶段的生产商、产品、区域和消费者间的协调。该项目包含三个子计划——不锈钢大国家企业、铝制品生产与销售企业以及白色家电制造厂。

（二）水泥大国家企业

在古巴和委内瑞拉的参与下，ALBA 在玻利维亚奥鲁罗及波托西地区建立年产量 100 万吨的波特兰水泥厂。

---

① http：//alba-tcp. org/content/alba-energia.

② http：//alba-tcp. org/content/alba-industria-y-mineria.

（三）矿业研究与勘测所（INGEOALBA）

具有企业性质的矿业研究与勘测所，旨在绘制 ALBA 国家的地质图，通过研究、勘探和认证，确定 ALBA 主权能源一体化计划中矿物的储量与规模。

（四）采矿和冶金公司

（五）铝业公司

（六）钢铁公司

九、ALBA 医疗卫生[①]

2014 年 10 月 20 日，美洲玻利瓦尔联盟（ALBA）成员国在应对埃博拉病毒特别峰会上表示，拉美和加勒比地区将团结一致，启动区域流行病监测网，以防埃博拉病毒的入侵。一旦发生疫情，要及早发现、防止扩散。会议决定组建专家队伍，培训医护人员使用生物安全设备。委内瑞拉总统马杜罗出席会议并表示，拉美国家应在边境，尤其是机场和港口加强监控，并建立监测和隔离疑似病例的机制。在峰会开幕式上，联合国秘书长潘基文发来消息，赞扬古巴和委内瑞拉在应对埃博拉疫情中扮演的角色。埃博拉疫情牵动着全球外交，甚至为对立国家开辟了合作空间，如古巴向美国得克萨斯州的埃博拉病例提供医疗支持。[②]

（一）建立 ALBA 药品监管中心（ALBAMED）

对 ALBA 大国家医药进出口和配给公司经营的药品，实施

---

① http：//alba-tcp. org/content/alba-salud.

② 驻委内瑞拉经商参处，http：//ve. mofcom. gov. cn/article/jmxw/201410/20141000771224. shtml。

统一的药品卫生注册登记制度，通过把关药品的来源和去向，保障 ALBA 人民及时获取安全有效的药品及相关信息，以完善 ALBA 药品选购及配给的新体系。

（二）建立医药产品的配给与营销大国家企业[①]

建立 ALBA 医药产品分配与营销大国家企业，发展药品公平贸易，优先考虑成员国公共卫生系统的需求。建立符合每个成员国具体情况的药品配给机制，力争在 5 年内满足成员国 25% 的需求。

（三）设立残疾人心理遗传学临床研究计划

该计划旨在促进残疾人非歧视性地融入社会生产、政治与文化领域，促进残疾人的个人能力发展。

十、ALBA 通信[②]

（一）建立电信大国家企业（ALBATEL）

建立大国家电信公司，通过委内瑞拉驻外子公司对成员国提供产业援助、技术支持、电信网络的运营与维护、人员培训、经验交流、工程调研、技术研发与创新和网络安全维护，进而促进 ALBA 成员国的全面与可持续发展。

（二）媒体瞭望台双边计划（Proyectos Binacionales de Observatorios de Medios）

由厄瓜多尔和委内瑞拉创立的媒体瞭望台双边计划拟向 ALBA 成员国推广。该计划旨在建立媒体监测机制，以应对地区寡头、跨国资本和西方国家对 ALBA 国家发起的媒体战，推

① http：//alba-tcp. org/public/documents/pdf/Presentacionalbasalud. pdf.

② http：//alba-tcp. org/content/alba-telecomunicaciones.

进成员国传媒信息法律框架的完善与发展。

（三）南方广播电台计划

十一、ALBA 交通①

为满足各成员国重点领域的优先发展需求，基础设施大国家计划拟在各国现有建设的基础上，设立 ALBA 大国家基础设施建设集团，发展海上通信、铁路基础设施、机场基础设施和港口基础设施，创建飞机维修、航空运输及内河运输大国家企业。

十二、ALBA 旅游②

（一）ALBA 酒店业大国家计划

该计划拟组建拉美及加勒比地区酒店网络——ALBA 大国家酒店集团，以促进成员国旅游政策的制定与发展，进而提升 ALBA 成员国在多目的地旅游业中的竞争力。

（二）ALBA 人民大学网（UNIALBA）支持下的旅游专业本科与研究生教育及培训

建立、发展与增强旅游专业的大学教育，推动旅游部门的人民团结和主权发展。

（三）ALBA 旅游初级培训机构及网络

建立面向不同劳务层级的旅游基础和专业培训机构及网络，推动旅游业认证标准的建立与完善，改善旅游业服务质量，提升道德水平，扩展南方革命视野。

---

① http：//alba-tcp. org/content/albatransporte.

② http：//alba-tcp. org/content/alba-turismo.

（四）发布 ALBA 多目的地旅游产品

推进 ALBA 多目的地旅游产品定位，通过发展旅游业，繁荣 ALBA 成员国经济。

（五）社会旅游宏观计划

确保弱势群体和有组织的社区享有宪法规定的休闲娱乐权，吸收不同于 ALBA 但富有社会主义革命精神的文化知识。

十三、ALBA 传媒

（一）南方电视台[①]

成立于 2005 年的南方电视台（Telesur），是世界上第一家跨国公共电视台。有别于政治宣传工具的南方电视台，旨在挑战发达国家的传媒帝国，向全球报道“我们的美洲”，反映拉丁美洲的真实现场与独立声音，培育拉美民众的社会批判意识、参与精神与文化认同，推动地区传媒独立及拉美一体化。[②] 20 世纪 40 年代，作为拉美第一代构成主义艺术家，乌拉圭画家加西亚创作了一幅南北美倒置的地图，旨在颠覆世人北上南下的传统价值观，呼吁人们对南美的尊重与关注。南方电视台宣传语“我们的北方在南方”即取材于此，意在通过南方声音抗衡欧美的北方视角。

2005 年 7 月 24 日，为纪念西蒙·玻利瓦尔诞辰 222 周年，由委内瑞拉、阿根廷、古巴和乌拉圭共同创建的南方电视台在其总部委内瑞拉首都加拉加斯正式开播，玻利维亚、厄瓜多尔

---

① http：//www. telesurtv. net/secciones/canal/index. php.

② 李菡：“浅析拉美的另类传媒——以南方电视台为例”，《拉丁美洲研究》，2011 年第 3 期，第 49—53 页。

和尼加拉瓜先后于 2006 年和 2007 年加入电视台的运作与传播。以西班牙语和葡萄牙语为工作语言的南方电视台通过卫星、有线、网络和互动电视等媒介，全天候不间断地向拉美、中东、北非、欧洲等地区播出节目。据初步估算，南方电视台在拉美的潜在观众多达 6500 万人，而在世界其他地区通过有线电视收看南方电视台的观众达到 550 万人。以新闻评论为主的南方电视台注重节目的教育功能，其新闻时事类节目占节目总比 40%—60%，并严格控制体育和文化类节目，拒绝流行电视剧等娱乐元素。作为世界上第一家跨国公共电视台，南方电视台的股权结构具有无可争议的公共性，拉美多国政府通过联合运营方式，对电视台的节目内容予以严格审查与督导。南方电视台下设咨询委员会，由乌拉圭作家爱德华多 · 加莱亚诺、阿根廷诺贝尔和平奖得主阿道弗 · P. 埃斯基维尔和法国《外交世界》主编伊格纳西奥 · 拉莫内等 36 位左翼知识分子组成。南方电视台力图实现工作人员的国际化和节目来源的多元化，并在全球设有 11 个常驻记者站，还与拉美和欧洲一些国家电视台建立了合作关系。南方电视台独立制作 63% 的拉美新闻，其他新闻来自乌拉圭的“第四频道”（Canal 4）、古巴的“古巴视野”（Cubavisión）、哥伦比亚的“制度频道”（Canal Institucional）和墨西哥的“法律频道”（Canal Judicial）等电视台，这些电视台多数为公共电视台。南方电视台一方面有助于增进拉美各国人民的相互了解与文化认同；另一方面有助于南方国家突破发达国家对全球传媒市场的垄断，让世界倾听来自发展中国家的不同声音，进而推动国际信息舆情新秩序的重构。南方电视台未来将面临如何维持报道独立性、高质量节目来源及资金运作三大挑战。

（二）南方广播电台[1]

坐落于委内瑞拉首都加拉加斯的南方广播电台，旨在成为服务人民的传媒工具，为建立全新多元的国际体系提供南方视角与声音。

（三）ALBA 电视台[2]

位于委内瑞拉首都加拉加斯的 ALBA 电视台，旨在联合地区社群运动与社区组织，打造具有国际影响力的拉美本土社区电视频道，配合反帝国主义的人民斗争，增强南方国家的主体认同，促进迈向社会主义的政治、经济与文化变革。ALBA 电视台力图通过卫星信号覆盖拉美本土每一个社区及社会组织，成为教育、动员和联系大众，增进拉美社会主义认同和情感的旗帜性工具。作为一项分散化的社会项目，ALBA 电视台主要致力于创造和加强拉美社区电视台的力量，促进无线电频谱的民主化，开展音视频制作培训，为社区电视台提供技术与法律支持。ALBA 电视台不仅是一个电视频道，它还是联通拉美和世界社会运动的纽带，为南方国家改革政治与意识形态搭建了讨论平台。ALBA 电视台有助于拉美替代力量从维护本土社区电视台、社区组织和社会运动的斗争转向为全世界人民争取权力的政治斗争，在同基层群众保持紧密联系的同时，通过社区电视台网络增强 ALBA 电视台的国际影响力，从而集中力量打破资本主义和帝国主义的话语垄断。

---

① http：//www. laradiodelsur. com/.

② http：//albatv. org/ALBA-TV-herramienta-para-la. html.

十四、ALBA 体育

美洲玻利瓦尔联盟运动会始于2005年，每两年举行一届，旨在促进美洲各国间的友谊、合作和一体化。2009年4月，ALBA第三届运动会在古巴哈瓦那举行，共有来自25个国家和地区的1500多名运动员报名参赛。除美洲国家外，还有来自欧洲、亚洲、非洲等地区的运动员参赛，其中包括哈萨克斯坦、博茨瓦纳、法国、德国、西班牙等。参赛运动员人数较多的国家有古巴、委内瑞拉、厄瓜多尔、玻利维亚、哥伦比亚和危地马拉等。

第七章

美洲玻利瓦尔联盟的成就与挑战

ALBA成立十一年来，其成员国各项经济与人文指标均有所改善，尤其在增进地区福利与团结方面成绩显著。目前，ALBA自身建设方面仍面临不少制度性痼疾与挑战，ALBA与地区大国、地区一体化组织及美国的关系等地缘政治因素也将成为左右ALBA未来的重要外部环境。尽管2008年的资本主义经济危机对ALBA各国经济造成了一定冲击，但ALBA成员国坚持投入，联盟各主要项目和计划并未停歇，这充分显示了ALBA团结互助的合作精神。

第一节　美洲玻利瓦尔联盟的发展现状与成就

ALBA在改善其成员国经贸结构与质量、推动成员国经济增长的同时，在整合社会力量、增进地区平等、提升社会福利等领域贡献显著。

一、美洲玻利瓦尔联盟的发展数据与指标

（一）ALBA 成立五周年时的经贸发展情况

ALBA 成立以来，各成员国经贸结构与规模呈现良性发展趋势。

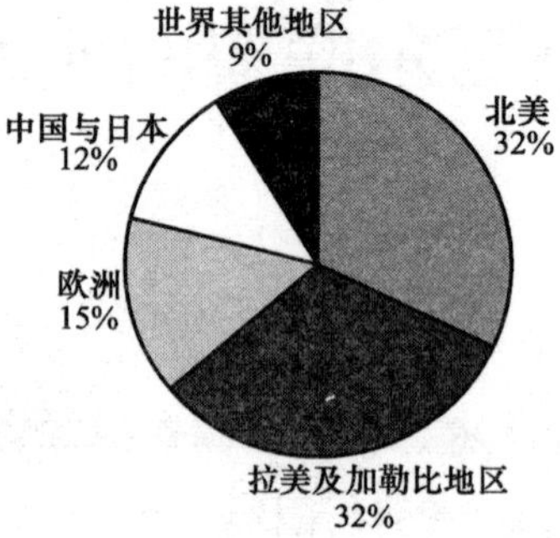

图 7－1　2009 年 ALBA-TCP 出口地区分布图

资料来源：CEPAL，División de Estadísticas y Proyecciones Económicas，INE Bolivia，ONE Cuba，INEC Ecuador，INEC Nicaragua，INE Venezuela y CARICOM. Statistics Sub-Programe，Caribbean Community Secretariat，http：//alba-tcp. org/public/images/Estadistica/Exportacionestotales. jpg，2015 年 12 月。

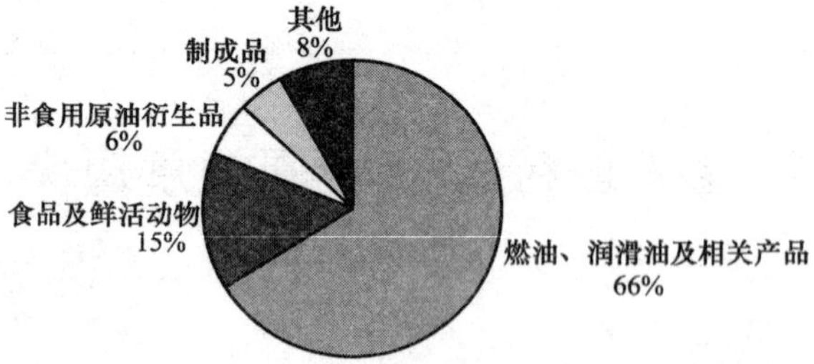

图 7－2　ALBA 主要出口项目

资料来源：CEPAL，División de Estadísticas y Proyecciones Económicas，INE Bolivia，ONE Cuba，INEC Ecuador，INEC Nicaragua，INE Venezuela y CARICOM. Statistics Sub-Programe，Caribbean Community Secretariat，http：//alba-tcp. org/public/images/Estadistica/Rubrosexportacion. jpg，2015 年 12 月。

2009 年 ALBA 成员国间贸易总额达 43.52 亿美元，主要贸易项目为燃油及润滑油（24%）、食品（24%）。①

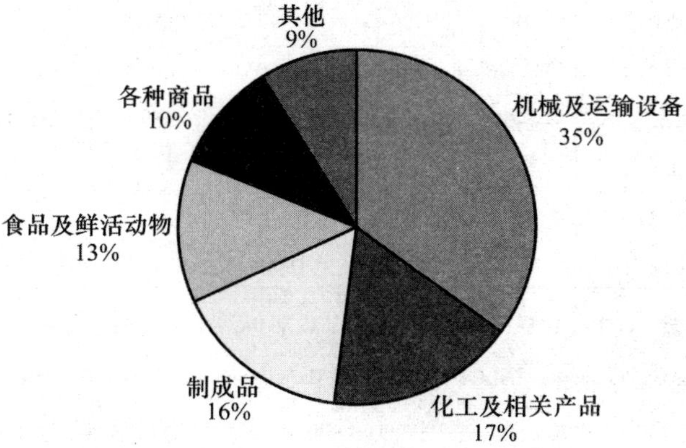

图 7-3　ALBA 主要进口项目

资料来源：http：//alba-tcp.org/public/images/Estadistica/Rubrosimportacion.jpg，2015 年 12 月。

ALBA 各成员国经济平稳增长，受 2009 年经济危机的影响出现了调整。

表 7-1　ALBA-TCP 国内生产总值变化图②

（以现有市场价格计算　单位：百万美元）

国　家	2004 年	2005 年	2006 年	2007 年	2008 年	2009 年
ALBA-TCP	195950	238403	292992	347169	445392	465248
安提瓜和巴布达	815	867	1011	1155	1203	1098
玻利维亚	8773	9549	11452	13120	16674	17340

① http：//alba-tcp.org/public/images/Estadistica/Comerciointra.jpg.

② http：//www.alba-tcp.org/public/images/Estadistica/PIB.jpg.

续表

国　家	2004 年	2005 年	2006 年	2007 年	2008 年	2009 年
古巴	38203	42644	52743	58604	60806	62279
多米尼克国	285	299	316	344	374	376
厄瓜多尔	32646	36942	41705	45504	54209	52022
尼加拉瓜	4465	4872	5230	5599	6248	6149
圣文森特和格林纳丁斯	421	446	498	554	582	585
委内瑞拉	110343	142785	180037	222289	305296	325399

资料来源：CEPAL，División de Estadísticas y Proyecciones Económicas，INE Bolivia，ONE Cuba，INEC Ecuador，INEC Nicaragua，INE Venezuela y CARICOM. Statistics Sub-Programe，Caribbean Community Secretariat，http：//alba-tcp. org/public/images/Estadistica/PIB. jpg，2015 年 12 月。

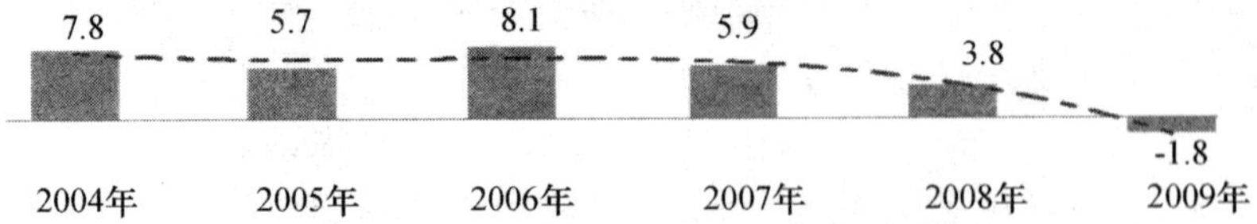

图 7－4　ALBA 成员国国内生产总值年增长率

资料来源：http：//alba-tcp. org/public/images/Estadistica/Crecimientopib. jpg，2015 年 12 月。

受资本主义经济危机的影响，2009 年 ALBA-TCP 各成员国国内生产总值均出现不同程度的下滑，但各国政府仍坚持投入 ALBA 社会项目。

表 7－2　2009 年 ALBA-TCP 国际储备①（单位：百万美元）

国　家	国际储备
委内瑞拉	339633
玻利维亚	8450. 5
尼加拉瓜	5386. 9
厄瓜多尔	3990. 2
安提瓜和巴布达	125. 8
圣文森特和格林纳丁斯	98. 5
多米尼克国	74. 2

资料来源：http：//alba-tcp. org/public/images/Estadistica/Reservasint. jpg，2015 年 12 月。

（二）ALBA 人文发展指数

ALBA 成立以来，得益于联盟免费的基础教育和大学教育、预防性及治疗性医疗服务、粮食供给、可持续经济及能源等项目，共有 1100 万成员国居民脱离贫困，各国居民生活质量显著提升。根据 ALBA 成立五周年时各成员国的数据汇总，拉美及加勒比地区各国的平均人文发展指数（IDH）为 0. 745，而 ALBA-TCP 国家则为 0. 788。2005 年，ALBA 各国的人文发展指数为 0. 658，位居中游水平；2012 年，根据 ALBA 新成员国的补充数据，ALBA-TCP 国家的人文发展指数均值达到了 0. 721 的高位水平，人民生活水平明显改善。②

---

① http：//www. alba-tcp. org/public/images/Estadistica/Reservasint. jpg.

② ALBA-TCP，*Informe de Gestión 2004－2014*：“*10 años consolidando la solidaridad y la integración entre los pueblos de nuestra américa*，http：//alba-tcp. org/public/documents/decimo/Espanol/INFORME_ de_ gestion. pdf，11 SEPTIEMBRE，2014，p. 5.

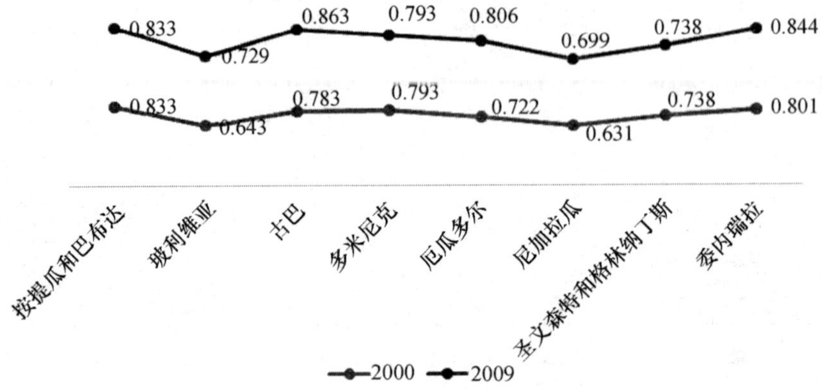

图 7－5　2000-2009 年 ALBA-TCP 国家人文发展指数趋势图

资料来源：http：//alba-tcp. org/public/images/Estadistica/IDH. jpg，2015 年 12 月。

截至 2012 年，委内瑞拉 13 年间经济增长 300%，贫困人口减少一半以上。[①] 在人口营养方面，ALBA 各成员国也取得了不少成绩，古巴、多米尼克、圣文森特和格林纳丁斯、委内瑞拉四国的营养不良人口比率成功降至总人口的 5% 以下，因此被国际机构宣布为零饥饿国家。此外，尼加拉瓜、玻利维亚和厄瓜多尔的饥饿人口比率分别下降了 35%、10. 5% 和 6. 20%。[②]

① 管彦忠：《委内瑞拉 13 年经济增长 300% 贫困人口减少一半以上》，http：//world. people. com. cn/GB/57507/17018190. html，2012 年 2 月 3 日。

② ALBA-TCP，*Informe de Gestión 2004－2014*："*10 años consolidando la solidaridad y la integración entre los pueblos de nuestra américa*，http：//alba-tcp. org/public/documents/decimo/Espanol/INFORME_ de_ gestion. pdf，11 SEPTIEMBRE，2014，p. 23.

表 7－3　ALBA 成员国社会发展情况

	古巴	委内瑞拉	玻利维亚	尼加拉瓜	多米尼克
扫盲	1961 年以来全境零文盲	2005 年以来全境零文盲	2008 年 12 月以来全境零文盲	2009 年 7 月以来全境零文盲	88%
免费巡诊（社会医疗）	全民享受	截至 2009 年 7300 万人次	截至 2009 年 3100 万人次	截至 2009 年逾 100 万人次	－
眼科手术（奇迹计划）	270000 人	截至 2009 年 668844 人	截至 2009 年 466585 人①	截至 2008 年 264265 人	3000 人
古巴援建的眼科中心	全民免费的公共医疗网络	17	15	1	－
反贫困	不承认贫困	26%②	35%	48%	30%
预期寿命	77.5 岁	74.3 岁	63.9 岁	73.2 岁	75.6 岁
儿童死亡率（每千名新生儿）	4.7	16	52	29	13

资料来源：Josette Altmann Borbón（Editora），*América Latina y el Caribe*：*ALBA*：*¿Una Nueva Forma de Integración Regional?*，Teseo，February 15，2011. p. 149.

ALBA 成员国 15—49 岁间的育龄女性平均生育 2 个孩子。2000 年至 2008 年间，ALBA 成员国 5 岁以下儿童死亡率下降了 32%，见表 7－4。

---

① 包括阿根廷、秘鲁、巴西、巴拉圭的患者。

② 根据拉美经委会的数据，1999 年委内瑞拉的贫困率为 48.1%。2008 年，委内瑞拉总统查韦斯在总统就职报告中称，委内瑞拉贫困率已降至 26%，十年间赤贫人口率从 1999 年的 20% 降至 6%。参见古巴《格拉玛报》2009 年 3 月 24 日。

表 7－4　ALBA 成员国 5 岁以下儿童死亡率（每千名活产婴儿）①

国　　家	2000 年	2008 年
委内瑞拉	23	18
古巴	9	6
玻利维亚	66	49
尼加拉瓜	42	27
多米尼克	16	11
厄瓜多尔	34	25
圣文森特和格林纳丁斯	23	13
安提瓜和巴布达	19	12

资料来源：http：//alba-tcp. org/public/images/Estadistica/Fertilidadymortalidad. jpg. ，2015 年 12 月。

二、美洲玻利瓦尔联盟的成就

2009 年，美洲玻利瓦尔联盟在成立五周年之际，对联盟的前期成绩作出了如下总结：

（一）ALBA 为消除地区贫困、促进地区平等和社会福利搭建了平台

自 ALBA 成立以来，ALBA 国家一方面加强同地区其他国家和国际组织的联动，一方面协力互助，通过推进使命计划等社会项目，极大地改善了成员国在医疗、教育、残疾人帮扶等领域的情况，为消除地区贫困、促进地区平等和人权作出了显著贡献。2012 年 2 月，玻利维亚驻西班牙大使阿尔门德拉斯在马德里举行的纪念美洲玻利瓦尔联盟成立七周年大会上强调 ALBA 在扫盲和消除贫困方面成绩显著，七年间成员国文盲减

① http：//www. alba-tcp. org/public/images/Estadistica/Fertilidadymortalidad. jpg.

少了98%，儿童的入学率达到94%，共有1000万公民脱贫，700万穷人的眼病得到了治疗。[①]

1. 扫盲与继续教育计划

自ALBA扫盲计划和继续教育计划实施以来，共有古巴、委内瑞拉（2005）、玻利维亚（2008）和尼加拉瓜（2009）等四个ALBA-TCP成员国实现了联合国教科文组织定义的“全境无文盲”目标。

2000年，ALBA成员国84%的总人口为文盲，2010年得益于古巴学习法“我可以”扫盲计划在各成员国的实施，ALBA成员国96%的人口、共计364.3万人具备了读写能力，成功脱盲，其中厄瓜多尔81.9万人、尼加拉瓜50万人、玻利维亚82.4万人、委内瑞拉150万人脱盲。[②] 该计划还使ALBA公民获得了继续教育的机会，更多的公民被纳入正规教育体系，2010年ALBA初等教育净入学率达90%。[③]

2. “奇迹”使命[④]

“奇迹”使命是一项旨在为拉美国家贫困患者提供免费眼科治疗的人道主义援助计划。2005—2010年，约计200万名患者接受了ALBA“奇迹”使命的治疗，其中委内瑞拉178.808万人、玻利维亚5.38万人、厄瓜多尔10.2万人、尼加拉瓜6.5522万人、多米尼克3010人、安提瓜和巴布达1182人、圣文森特和格林纳丁斯1286人。ALBA“奇迹”使命不仅治愈了

---

① 管彦忠：《美洲玻利瓦尔联盟国家7年减少文盲98%》，人民网2012年2月22日，http：//world. people. com. cn/GB/17190779. html。

② http：//alba-tcp. org/public/images/Estadistica/Alfabetizacion. jpg.

③ http：//alba-tcp. org/public/images/Estadistica/Alfabetizacionyescolaridad. jpg.

④ http：//alba-tcp. org/public/images/Estadistica/Misionmilagro. jpg.

ALBA-TCP 人民，还扩展到全世界的 21 个国家，共计 229 万余名就医困难的患者重见光明。

3. 残疾人扶助计划

残疾人心理遗传学临床研究计划旨在帮助被社会排斥的残疾人重新融入社会生活，发展残疾人的各项潜能。ALBA 先后有古巴、委内瑞拉、厄瓜多尔、玻利维亚、尼加拉瓜、圣文森特和格林纳丁斯七国试行该项目，并计划在多米尼克、安提瓜和巴布达继续推进该项目。

2010 年，ALBA-TCP 各国共计 229. 466 万名残疾人受益于各成员国推出的关爱残疾人项目。[①] 该计划还包括促进 ALBA-TCP 成员国残疾人假肢和矫形器的生产与制造。

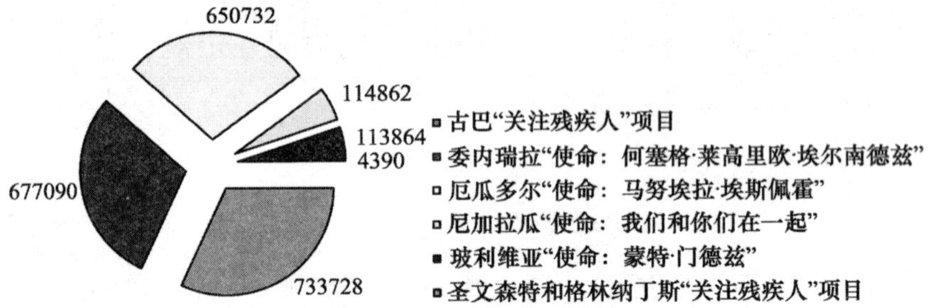

图 7－6　ALBA 关注残疾人计划

资料来源：http：//alba-tcp. org/public/images/Estadistica/Discapacidad. jpg，2015 年 12 月。

4. 拉美医学院（ELAM）

坐落于古巴和委内瑞拉的拉美医学院旨在培养德才兼备的

① http：//alba-tcp. org/public/images/Estadistica/Discapacidad. jpg.

社区医生。ALBA 为拉美各国年轻人设立了 5000 个奖学金，用于资助其在古巴和委内瑞拉学习医学。迄今为止，共有来自拉美、加勒比和非洲的 2000 余名青年学生在此学习，这将极大地缓解 ALBA-TCP 成员国及拉美各国所面临的医疗困境。

5. ALBA 文化基金

成立 ALBA 文化基金为进一步组建 ALBA 大国家文化企业打下了基础。ALBA 文化基金有助于地区文化产品与服务的创作、生产与营销。以 ALBA 基金为代表的 ALBA 文化项目旨在团结拉美创造者、艺术家、知识分子、社会运动与非政府组织等，共同抵制娱乐业推崇的伪文化潮流。建立 ALBA 文化之家网络，进一步丰富了成员国的社会文化生活，有助于传播地区思想文化，繁荣艺术文学创作。

6. 传媒主权

目前，为维护地区文化独立与传媒主权，ALBA 已投入运行的媒体有 ALBA 电视台（ALBA TV）、南方广播电台（Radio del Sur）和南方电视台（TeleSur）。

由社会运动推动的 ALBA 电视台，旨在协同拉美本土社区电视台，促进地区人民一体化，建设与加强拉美认同，推动地区面向社会主义的政治、经济与文化变革。

南方广播电台旨在通过国际广播电台的网络，用真实的视角报道拉美、非洲、亚洲、欧洲和大洋洲等多元的政治、社会与文化，打破西方媒体对世界人民的信息垄断和操纵，提供信息、娱乐和教育等方面的最佳替代。

南方电视台是拉美目前唯一的百分之百本土制作的拉美新闻频道。该台全天 24 小时不间断地播出由拉美各国制作的新闻、纪录片、评论、访谈等电视节目，力图报道真实的拉美，帮助拉美人了解、参与和评论地区事务及现实挑战。

此外，在信息通信方面，ALBA-TCP 成员国 76% 的人口拥有移动电话，34% 的人口使用无线网络。[①]

7. ALBA 运动会

2005 年，旨在提升 ALBA 人文价值，展现 ALBA 团结、友谊和替代风貌的第一届 ALBA 运动会在古巴召开。ALBA 运动会每两年召开一次，截至 2015 年已成功举办六届，先后吸引了包括拉丁美洲、非洲、欧洲、亚洲等 30 多个国家的近万名运动员参赛，因而又被称为“友谊运动会”。

8. 援助海地

自 2010 年 1 月 12 日海地遭受强震后，ALBA-TCP 通过了涵盖医疗卫生、金融、能源、粮农、教育、移民、重建、安全、交通与物流等领域的海地专项援助计划，以帮助海地灾后重建与发展。地震发生后，ALBA-TCP 立即在海地搭建了五个难民救助营地，累计为当地 3455 户家庭、17112 人提供了住房、食品、卫生、教育和娱乐等物资与服务。居民就医总人次达 55939 例，共计 5904 人接种了疫苗。在委内瑞拉政府的资助下，总额达 5000 万美金的 ALBA 海地人道基金被用于海地灾后重建和古巴政府面向海地的医疗援助项目。在 2010 年召开的 ALBA 政治委员会特别会议上，ALBA 决定免除海地在加勒比石油计划中拖欠委内瑞拉的燃油费用，并承诺为海地提供可靠的燃油供给。

海地是美洲玻利瓦尔联盟的长期受邀成员国（观察员国），近年来与 ALBA 开展了多项合作。在委内瑞拉的倡议下，海地

---

① http://alba-tcp.org/public/images/Estadistica/TIC.jpg.

通过加入加勒比石油计划获得了廉价燃料；900多名海地青年毕业后成为专业工作者，600人在大学学习，许多人在古巴医学院毕业后成为医生；古巴顾问帮助海地进行扫盲，已有16万人具备读写能力；古巴和委内瑞拉在海地建立医院，并提供现代化的医疗设备，为海地全国137个社区中的127个社区提供医疗服务；古巴现有400多名医生和技术人员在海地工作。①

（二）ALBA力主建设共同发展经济区，为实现地区经济独立和发展打下了基础

为建成ALBA共同发展经济区，ALBA拟通过最大限度地推广大国家计划与企业、制定人民贸易协定、运行地区统一结算体系苏克雷、组建ALBA银行等，建设和巩固旨在捍卫拉美经济独立、主权与团结的替代发展模式。

1. ALBA银行

作为地区金融新构架的支柱之一，ALBA银行的建立，有助于拉美国家在民主化和公平分配的基础上，自主控制储蓄和金融资源，优先投资战略部门和具有社会团结特征的经济项目，通过科学决策维护地区金融主权。

2. 苏克雷（SUCRE）

为应对世界金融危机、完善地区金融体制，ALBA框架内的地区统一货币结算体系应运而生。苏克雷旨在成为推动地区经济金融合作及一体化的互补机制。其优势在于：（1）使用本地货币结算进口；（2）消除汇率成本；（3）降低交易成本；（4）缩短国际支付的等待时间；（5）降低进口成本，为消费

① 管彦忠：《美洲玻利瓦尔联盟在拉美成为美国寡头打击目标》，2010年2月5日21：11人民网，http：//news. ifeng. com/world/201002/0205_ 16_ 1539115. shtml。

者提供更低廉的价格。目前，委内瑞拉与古巴、委内瑞拉与厄瓜多尔之间的贸易已实现苏克雷结算。

3. 大国家计划与企业

大国家计划与企业通过整合 ALBA 各成员国在政治、社会、文化、经济、科学与工业等领域的资源，有效促进了 ALBA 在粮食、环境、科技、公平贸易、文化、教育、能源、工矿业、医疗卫生、通信、交通、旅游等方面的长足发展。

4. 人民贸易协定

ALBA-TCP 经济互补委员会各工作组依照联盟的职能结构设立，致力于协调各国经济政策，促进人民团结。ALBA 人民贸易协定谈判体现了 ALBA 国家力图在生产领域实现经济互助一体化的强烈意愿。ALBA 的人民贸易协定机制加强了成员国间的经济关系，繁荣了地区贸易、旅游展销会，推动了 ALBA 同非洲、亚洲和中东国家的商业往来。

5. 粮农生产的增长

ALBA 粮食基金、粮食协议和粮农计划等一系列机制的建立，有助于各成员国人民拥有优质足量的粮食供应。ALBA 还拟建粮食银行和粮农生产大国家企业，以确保成员国粮食生产与分配的自给自足。

2008 年，ALBA 在第五届特别峰会上启动了 50 亿美元的粮食基金，以帮助各成员国克服食品危机、促进粮农生产和维护粮食主权。截至 2012 年，ALBA 粮农计划已资助七个国家的十个项目。截至 2014 年，伯利兹、圭亚那、海地、牙买加、尼加拉瓜、圣基茨和尼维斯、圣文森特和格林纳丁斯、苏里南等国的 12 个粮农和畜牧业创新项目，获得了共计 3700 万美元的粮农计划资助。[①]

表 7－5　ALBA 粮农计划简表

伯利兹 圭亚那 牙买加 尼加拉瓜 苏里南 圣文森特和格林纳丁斯 圣基茨和尼维斯	• 农场集成系统 • 畜牧业研究和生产 • 改进比斯坎水产养殖设施 • 扩大种子生产 • 收购机械 • 农场机械化 • 中央农场灌溉设施 • 粮食生产和调研

6. 进一步实现能源安全

ALBA 能源项目拟筹建覆盖石油、天然气、炼油、石油化工、交通运输基础设施、仓储、物流、电力、新能源、海运等领域的 ALBA 大国家能源企业，以增强 ALBA 能源协议成员国在技术、金融与能源供给等方面的能力。目前，ALBA-TCP 成员国 86% 的人口拥有自来水资源，93% 的人口拥有日常用电。[②] 在替代能源方面，ALBA 为成员国无电地区提供了 2000 块太阳能板。

7. 谋求技术独立

为尽快实现技术独立，ALBA-TCP 力图推进以下科技工程：（1）在玻利维亚境内建立卫星通信地球站，启用西蒙·玻

① ALBA-TCP, *Informe de Gestión 2004－2014*: "*10 años consolidando la solidaridad y la integración entre los pueblos de nuestra américa*, http: //alba-tcp. org/public/documents/decimo/Espanol/INFORME_ de_ gestion. pdf, 11 SEPTIEMBRE, 2014, p. 23.

② http: //alba-tcp. org/public/images/Estadistica/Sbasicos. jpg.

利瓦尔卫星；（2）建立 ALBA-TCP 成员国政府间通信数据网络；（3）启用 NAP14 区域网络，为 ALBA 地区提供类似互联网运营商集合点的网络服务器入口；（4）建立电信社区中心（CETELCO），为城乡边远地区提供社区电信和广播服务。上述工程的实施，将有助于 ALBA-TCP 成员国依靠自身力量，谋求技术独立，进而报道和传播真实的拉丁美洲。

8. 建立 ALBA-TCP 经济空间

2012 年 2 月，ALBA 成员国正式签署了 ALBA-TCP 经济空间（EcoALBA）成立协议，以推进联盟各国的经贸合作与往来。2013 年 7 月，玻利维亚、古巴、尼加拉瓜和委内瑞拉与拉丁美洲一体化协会（ALADI）签署了“第 70 号局部经济互补协定”（ACE N° 70），以促进中间产品贸易，加强各成员国生产设备的整合优化，发展联盟向第三方国家出口的能力。2014 年 1 月，“第 70 号局部经济互补协定”在委内瑞拉与尼加拉瓜生效；2014 年 3 月，协定在古巴生效。同期，玻利维亚等国也加入到筹备相关政策的行列。①

9. 与 MERCOSUR 等一体化机制合作建立互补性经济区（ZEC）

ALBA-TCP 还致力于加强与其他地区及次地区一体化机制的合作与交流，促进地区一体化整体框架的协同发展。

2013 年 12 月，ALBA-TCP 和加勒比石油计划（Petrocaribe）成员国在委内瑞拉首都加拉加斯召开特别峰会，地区 18 国国家元首、政府首脑或代表出席。会议讨论了 ALBA-TCP、

---

① ALBA-TCP, *Informe de Gestión 2004 – 2014*: “*10 años consolidando la solidaridad y la integración entre los pueblos de nuestra américa*, http: //alba-tcp. org/public/documents/decimo/Espanol/INFORME_ de_ gestion. pdf, 11 SEPTIEMBRE, 2014, p. 29.

Petrocaribe 与南方共同市场（MERCOSUR）、加勒比共同体（CARICOM）合作构建互补性经济区（ZEC，Zona Económica Complementaria）的可能，以进一步整合各国交通、通信、生产、旅游、贸易、社会及文化资源。会议成立了由牙买加、厄瓜多尔、委内瑞拉、多米尼加和尼加拉瓜等国代表组成的“互补经济区”建设领导小组，以协调 ALBA-TCP 同 MERCOSUR、CARICOM 的合作关系。

2014 年 7 月，为促进地区贸易公平与互补，改善人民福利，加强地区各国政治经济往来，MERCOSUR 成员国在其加拉加斯峰会上一致决定，与 ALBA-TCP、CARICOM 和 Petrocaribe 共同组建互补性经济区。一方面，互补性经济区力图通过多边合作计划与项目，推动地区各国在能源、旅游、农商、交通和通信等领域的经贸发展。另一方面，互补性经济区旨在加强草根运动的广泛参与和联系，促进拉美人民的文化交流与往来。

东加勒比国家组织（OECS）、中美洲一体化体系（SICA）、加勒比国家联合会（OCS）、南美国家联盟（UNASUR）等地区组织也积极参与到一体化协同机制的创建与维护中，为拉美国家共同打造具有广泛代表性和强大功能性的单一政治经济集团——拉美和加勒比国家共同体（CELAC）提供了可能。

（三）ALBA 巩固了地区团结和各国政治主权，为建立多极世界搭建了平等交流的空间

旨在促进世界格局多极化的 ALBA 成立 11 年来，力图协调多边立场，一致对外，地区影响力不断扩大，各项社会、政治及经济项目进展顺利。

1. 促进地区政治民主与团结

自 ALBA-TCP 成立以来，西方国家始终不遗余力地抹黑古巴、委内瑞拉、玻利维亚等成员国的政治民主与合法性，以阻挠 ALBA-TCP 在地区团结与一体化方面的积极作为。

为此，ALBA-TCP 试图发挥地区组织外部监督的职能，促进各成员国改善民主政治架构，维护基层民主权利。2014 年，ALBA-TCP 首次作为国际选举观察员，参与了厄瓜多尔首都基多市、卡尔奇省、圣多明哥省等地区选举的监督工作。此次选举产生了 23 位省长、23 位副省长、221 位市长、1305 位市政议会成员和 4079 位教区委员会委员。ALBA-TCP 执行秘书处表示，ALBA-TCP 的民主监督职能是建立在尊重厄瓜多尔政治变革和社会、经济、文化特点的基础上的，只有尊重国家的特殊性，才能真正促进厄瓜多尔的民主化进程。

2. 反对干涉主义和战争

ALBA 反对帝国主义在拉美的军事干涉、威胁和占领，支持仍属美国殖民地的波多黎各人民争取独立和主权的斗争。与此同时，ALBA 还力图维护地区和平，倡导通过和平谈判化解地区争端和矛盾。

3. 捍卫地球母亲的权利

ALBA 认为具有掠夺性的资本主义制度是造成气候变化等人类生存危机的罪魁祸首，全人类应联合起来，保护地球母亲的权利，应对气候变化的挑战，并从制度层面寻求根本解决之道。ALBA 各成员国一致支持世界“气候变化和地球母亲权利”人民峰会[①]通过的决议，并谋求改变现状的具体政策建议，拥护“我们不改变气候，我们改变制度”的会议宗旨。

4. 共同维护ALBA人权

ALBA反对一切反人民的运动和倡议，控诉虚假的、双重的人权标准，并试图在充分尊重人权的基础上推进各项社会事业的深入发展。

5. 协调联盟政治立场

ALBA集团坚决反对美国对古巴长达半个世纪之久的经济、贸易和金融封锁。ALBA力挺莫拉莱斯总统对玻利维亚境内分裂主义势力的斗争。ALBA呼吁国际社会尊重拉美及加勒比地区国家的主权，反对任何形式的霸权主义和帝国主义。ALBA反对洪都拉斯政变。ALBA集团在美洲国家组织会议上多次谴责该组织自1962年以来将古巴排除在外的做法，认为这一非正义的决议严重伤害了古巴人民的尊严和感情。

（四）ALBA推动了地区社会运动的整合与发展，促进了政府与人民的有效沟通

ALBA的基本价值与原则决定了ALBA各国政府必须与社会运动保持顺畅的沟通、对话与合作，从而形成地区变革的合力，创造更大的替代空间。ALBA通过建立社会运动委员会，积极推动社会运动的地区认同，密切同公民社会的关系。2009年10月，ALBA-TCP在玻利维亚科恰班巴召开了首届社会运动

---

① 2010年4月，第一届世界气候变化人民峰会在玻利维亚科恰班巴举行，来自全世界五大洲142个国家的民间环保组织、其他非政府组织代表及40多个国家的官方代表共3.5万多人参会，委内瑞拉前总统查韦斯、古巴国务委员会副主席拉索等国家领导人亦出席了会议。会议决议指出，世界各国人民要求发达国家偿还欠地球母亲的债，并支付环境恶化的代价；要求发达国家承诺减少有害气体的排放指标。

委员会峰会，并提出了六条原则：1. 与 ALBA-TCP 目标及原则相一致的社会运动委员会，是一个包容、开放、多元的空间；2. 委员会分享与发展有利于人民的共同议程，而不仅仅是建立一个解除争端的政治代表机构；3. 委员会是协调经济、社会政策及立场的空间，而不仅仅是社会行动的论坛与大会；4. 委员会完全认同 ALBA 一体化进程的总原则；5. 委员会具有代表性与合法性；6. 尽管成员国政府保持委员会的可行性与包容性受到了公民运动方面有关专家的质疑，但委员会在促进社会运动发展上仍然值得肯定与鼓励。

ALBA 还积极探索符合各成员国具体国情的社会运动会议机制，以促进工人阶级、农民、妇女、青年等群体的利益申诉与斗争，进而制定和实施从整体上替代资本主义的地区社会经济纲领。社会运动会议机制将力促各成员国政府与人民的长效沟通，广泛吸纳多元、平等和非暴力的价值观，承认生产与经济的多样性，为 ALBA 制定符合人民利益的公共政策提供了出发点。目前，ALBA 社会运动委员会已分别在玻利维亚和古巴建立了社会运动定期会议机制，其他各国的社会运动会议亦在筹建中。截至 2013 年，ALBA 社会运动委员会已召开了五次会议，分别就地球母亲和印第安人民应对气候变化、声援政变后的洪都拉斯人民、抗议封锁古巴和美驻拉美军事基地等地区和国际事务进行了讨论，协调了立场，并提出了相关倡议。

ALBA 不仅在成员国范围内发挥着积极影响，还得到了地区其他国家（无论是亲 ALBA 还是反对 ALBA）不同程度的响应与支持。例如，秘鲁是拉丁美洲坚定信奉市场经济的国家之一，但 ALBA 的主张和实践同样受到了秘鲁人民运动的欢迎，尤其是在秘鲁境内安第斯地区的库兹克（Cuzco）和布诺（Puno)，甚至还组建了 ALBA 的分支机构，以声援深陷亚马逊地区争端的社会运动。此外，巴拉圭政府和阿根廷政府出于各自考量，都表达了与 ALBA 寻求合作的意愿。①

总之，ALAB-TCP 正通过各种机制的不断完善，促进成员国人民福祉、社会安全和政治稳定，进而实现拉美团结与一体化。

第二节　美洲玻利瓦尔联盟面临的机遇与挑战

就天然禀赋而言，ALBA 成员国虽资质各异，但各国总体矿产资源丰裕，其中五个成员国具有丰富的铁、铝、镍、锡、金、煤等矿物资源和饮用水资源。就地缘优势而言，成员国尼加拉瓜甚至还存在修建一条贯通大西洋和太平洋新运河的现实可能性，其所蕴藏的经济潜力与战略意义重大。就组织作为而言，ALBA 自成立以来便积极投身于地区及国际事务，联盟影响力不断拓展。2009 年 6 月，ALBA 成立政治委员会，并于同年 7 月就 ALBA 原成员国洪都拉斯政变事件迅速作出反应，成为第一个公开反对洪都拉斯政变的地区组织。2009 年 12 月，ALBA 又以地区集团的身份亮相哥本哈根世界环境峰会，发表相关建议主张。2010 年 1 月，ALBA 就海地地震后美国军事介入发表声明，表示担忧。

当前，国际经济危机的蔓延加剧了美洲玻利瓦尔联盟的

① Solares Gaite A.：*Integración. Teoría y procesos. Bolivia y la integración*，Edición electrónica gratuita，2010，Texto completo en www. eumed. net/libros/2010e/814/，p. 205.

“替代”色彩，然而联盟意识形态合法性的提升却无法抵消ALBA在自身组织建设和地缘政治环境等各方面面临的诸多挑战。ALBA-TCP成员国国家机器的官僚作为、成员国缺少共同边界的潜忧、西方传媒的误导与信息战、帝国主义与本土寡头的勾结干扰、新自由主义模式的遗存、双边自由贸易协定的大量签署、主要成员国委内瑞拉爆发政府与国会冲突等主客观因素成为制约ALBA代表性、成长性与可持续性的重要原因。

一、ALBA-TCP：新一体化模式的理论困惑

尽管美洲玻利瓦尔联盟在实践领域开展得如火如荼，但如何从理论上界定和解释这个架构独特的新兴一体化组织尚存争议。迄今为止，苏东国家组建的经济互助委员会是世界上唯一一个公认的非资本主义一体化组织，而ALBA自身的非资本主义特征还有待更为严谨和详实的考察与论证。尽管ALBA在补偿贸易和双边形式上与经互会有相似之处，但经互会成员国一致的计划经济特征却是ALBA所不具备的。较经互会的非资本主义特征而言，ALBA更多地继承了拉美一体化组织的特征，如支付补偿体系苏克雷（SUCRE）与拉美一体化协会（ALADI）及中美洲共同市场的补偿机制相仿，而旨在积聚扶贫资源的ALBA银行本质上与安第斯促进公司（CAF）和中美洲经济一体化银行（BCIE）同为地区性金融机构。

ALBA条约未来的执行情况将在很大程度上取决于各成员国政府对ALBA政治价值和意识形态的认同度，而非ALBA框架本身坚实的合作基础。尽管ALBA在执行医疗和教育项目方面均获得了一定成绩，但各成员国在协调相关政策以推动知识

经济发展方面仍乏善可陈。建设中的 ALBA 各成员国尚未真正形成相互依存的关系，ALBA 不仅需要与社会计划中的不平衡做斗争，更需要引领民众参与到变革自身发展环境的事业中去，即为边缘群体创造整体发展的条件。这就需要 ALBA 切实做好各项目框架的战略评估，统筹规划好各经济部门中生产服务型企业的科学研究、知识管理与就业，从而进一步改善外贸结构。

ALBA 发展战略应建立在考察各国及地区间不同发展水平和发展差异上。一方面，ALBA 应密切关注全球数字信息技术的发展前沿、生物及纳米科学等领域的最新发现为新兴国家增进人民福祉、提高生产力而带来的发展机遇；另一方面应积极推进 ALBA 框架下科学技术的研发与转化，尤其是适用于成员国具体政治、经济和社会现状，关乎各国及地区战略发展的科学与经济活动。①

二、ALBA-TCP 的一元格局与多元价值

根据传统一体化理论，国际化的地区一体化进程需由一个或一组核心国家倡导与推动，如欧盟的德国与法国、经济互助委员会的苏联等。从某种程度上而言，委内瑞拉在 ALBA 的角色与此相当。这并非否认古巴对美洲玻利瓦尔联盟的贡献，但古巴与委内瑞拉的实际投入相比，两国确实存在一定差距。例如，ALBA 银行 85% 的启动资金来自委内瑞拉，ALBA 银行的

---

① Martín Astorga, E., Carralero Rodríguez, S.: "*Cuba-ALBA-TCP: Experiencia y Perspectiva. Hacia una nueva concepción de la relación Ciencia y Economía*", en Contribuciones a la Economía, septiembre 2011, en http://www.eumed.net/ce/2011b/.

注册资本为10亿美元，这意味着委内瑞拉贡献了其中的8.5亿美元。如下表所示，委内瑞拉对ALBA各成员国慷慨解囊，是ALBA各项计划必不可少的后援力量。

表7－6　委内瑞拉对ALBA国家的援助

国家	贡献项目	总额（万美元）
古巴	建设150个ALBA之家	200
	电力计划	200
	比那尔·里约内生发展计划	586.2
	对古巴医生发放400美元/月工资	9600
	资助建材采购	1000
	资助安全设备采购	2000
	提供旅游业信贷	1000
	建设西恩富戈斯地区的社会工程	3040
多米尼克	建设一座新机场	1000
	建设海洋保护屏障、援建住房与信贷	1500
尼加拉瓜	医疗卫生、教育、农业、能源与出口计划	9000
	委内瑞拉社会经济发展银行（BANDES）的社会计划	1000
	32座发电厂	3200
	免除债务	2620
玻利维亚	援助玻利维亚的南方基金	3000
	资助5000名奖学金	1670
	修建一条高速公路	3000
	建立ALBA之家	8000
	电视频道	500
	建设足球场	400
厄瓜多尔	委内瑞拉社会经济发展银行（BANDES）开业	1000

资料来源：Josette Altmann Borbón（Editora），*América Latina y el Caribe*：*ALBA*：*¿Una Nueva Forma de Integración Regional?*，Teseo，February 15，2011. p. 66.

首先，ALBA 过度依赖委内瑞拉的经济援助是这一新兴地区集团不得不面临的潜在风险。作为 ALBA 后援国与领导力量的委内瑞拉，国内经济始终问题层出，如经济结构单一、过度依赖外部市场、缺乏制度性和产权保护等。若委内瑞拉终止其超级后盾的角色，ALBA 的决策进程和组织协调将严重受阻。自 20 世纪初以来，石油经济一直是支撑委内瑞拉国家收入的命脉产业。在委内瑞拉石油产业国有化以前，以私有产权和市场规律为主导的石油经济被描述为“食利资本主义”，即依靠国际市场对自然资源的需求而非生产性活动获取收入来源的外围资本主义经济形态。这一收入模式的优势在于，一旦国际市场原油价格走高，委内瑞拉即可享受到石油红利对关键部门和领域的贡献。查韦斯政府的“21 世纪社会主义”亦未能摆脱这一固有的石油经济发展模式。有学者甚至将委内瑞拉的现行发展模式称之为“食利社会主义”，并认为 ALBA 的运行从某种程度上是这一食利逻辑的国际延续，石油收入给予委内瑞拉的经济自由度同样直接影响到 ALBA 的进展，石油成为马杜罗政府谋求地区领导力和一体化的前提条件。许多 ALBA 计划与项目是在国际油价 150 美元/桶时启动的，而油价持续下跌和低位盘旋的趋势使严重倚靠委内瑞拉财政能力的 ALBA 面临严峻考验，ALBA 的可持续性不得不大打折扣。

其次，在意识形态和价值领域推崇多元公平的 ALBA 由于各成员国自身发展不平衡，组织投入不均，在集体经济活动中难免出现搭便车现象，短期易滋生利益分配不均，长期则必将挫伤 ALBA 成员国间的合作积极性。例如，委内瑞拉受益于古巴“使命计划”的人道主义援助，而除古巴外的其他各国却难以提供与委内瑞拉石油收入相匹配的回报。一旦委内瑞拉石油经济遭遇国际市场的系统性危机，委内瑞拉能否继续容让ALBA框架内的“搭便车”现象以维护ALBA的现有模式，仍有待观察。

三、ALBA-TCP与拉美其他一体化框架的重叠与分化

旨在维护地区主权与自治的ALBA在完善自身一体化框架的同时，积极支持拉美独立自主的一体化运动。2009年12月，在联盟第八届峰会上，ALBA发表宣言称“支持‘里约集团’和‘拉美和加勒比国家共同体’，组建一个只有拉美及加勒比国家参与的地区一体化和团结组织”。[①] 另一方面，ALBA强势的意识形态主张又从某种程度上分化了地区一体化了的既有路径。[②]

一些专家认为，ALBA不仅是对美国主导的自由贸易区ALCA的替代，也是对拉美南方共同市场、安第斯集团等其他拉美一体化模式的替代。事实上，ALBA各成员国均不同程度地参与了拉美现有的其他一体化协议。

① ALBA-TCP, DECLARACIÓN CONJUNTA, Ⅷ Cumbre-La Habana, Cuba-13y14 de dicember de 2009, http: //alba-tcp. org/contemido/declaraclon-coyunta-Viii-cumbre.

② Josette Altmann Borbón (Editora), *América Latina y el Caribe: ALBA:¿Una Nueva Forma de Integración Regional?*, Teseo, February 15, 2011, p. 11.

表 7-7　ALBA 成员国参与的地区一体化协议

一体化协议	ALBA 成员国
中美洲计划（Proyecto Mesoamérica）	尼加拉瓜
南美国家联盟（UNASUR）	委内瑞拉、厄瓜多尔、玻利维亚
安第斯集团（CAN）	厄瓜多尔、玻利维亚
南方共同市场（MERCOSUR）	委内瑞拉、玻利维亚
中美洲一体化体系（SICA）	尼加拉瓜
加勒比共同体（CARICOM）	古巴、多米尼克、安提瓜和巴布达、圣文森特和格林纳丁斯、
亚马逊合作组织（OTCA）	委内瑞拉、玻利维亚、厄瓜多尔
加勒比国家联盟（AEC）	尼加拉瓜、古巴、多米尼克、安提瓜和巴布达、圣文森特和格林纳丁斯
拉美及加勒比国家共同体（CALC）	委内瑞拉、古巴、玻利维亚、尼加拉瓜、厄瓜多尔、多米尼克、安提瓜和巴布达、圣文森特和格林纳丁斯

资料来源：Josette Altmann Borbón（Editora），*América Latina y el Caribe*：*ALBA*：*¿Una Nueva Forma de Integración Regional?*，Teseo，February 15，2011. pp. 98-99.

如何处理 ALBA 与其他一体化模式间的关系成为 ALBA 成员国面临的现实问题。就运行逻辑而言，ALBA 同拉美其他一体化模式存在相当大的差异。委内瑞拉、玻利维亚已正式加入南方共同市场（MERCOSUR），玻利维亚和厄瓜多尔是安第斯共同体成员（CAN），尼加拉瓜是中美洲一体化体系（SICA）成员，多米尼克、安提瓜和巴布达、圣文森特和格林纳丁斯是加勒比共同体（CARICOM）成员。ALBA 与上述资本主义一体化模式的区别在于ALBA既不寻求建立自由贸易区，也不试图建立关税同盟，甚至不推崇生产要素的自由流通，不专注于知识产权与投资，而是力主搭建一个非资本主义的一体化模式。然而不同一体化模式的属性决定了ALBA成员国存在不可避免的内在矛盾。如玻利维亚在ALBA框架内倡导补偿贸易形式，而该国在莫拉莱斯总统执政之前已是自由贸易区安第斯集团的成员国，目前该国尚未提出退出安第斯集团的请求。而委内瑞拉已加入南方共同市场的自由贸易区，并反对在ALBA框架内设立自由贸易区。在尼加拉瓜现任总统奥尔特加2007年执政尼国以前，尼加拉瓜已是CAFTA-RD成员国，该条约是由中美洲五国及多米尼加共和国与美国在2004年签署的自由贸易协定。CAFTA实行的不仅仅是资本主义一体化模式，更是美国自20世纪80年代末以来倡导北美自由贸易区和美洲自由贸易区的政策延续，该协议不但主张彻底的市场开放，还主张在世界贸易组织强调的知识产权、服务业、政府采购等领域实行深入的一体化。而尼加拉瓜参与的ALBA不以竞争力为基础，强调地区团结，注重贸易公平和对自由贸易的补偿，反对在知识产权和服务业等领域实行管制，主张维护人民受教育及就医的基本人权。2010年2月，尼加拉瓜产业与贸易促进部部长奥尔兰多在谈及CAFTA与ALBA对尼加拉瓜的现实影响时表示，CAFTA与ALBA确实代表两种不同的政治哲学，但这并不必然意味着两者在实践中不存在互补，尼加拉瓜政府试图打造包括CAFTA、ALBA以及尼加拉瓜与欧盟合作协议等在内的贸易合作协议网络，以确保尼加拉瓜顺利对接国际市场，实现生产与贸易的最大互补。[1] 奥尔兰多的看法在尼加拉瓜并不鲜见，ALBA 成员国能否顺利解决与其他拉美一体化模式的兼容性仍有待实践。

2013 年 12 月和 2014 年 7 月，ALBA-TCP 和 MERCOSUR 分别在各自峰会上探讨了跨一体化组织、合作建立经济互补区（ZEC）的可能。2014 年 11 月，南方共同市场和太平洋联盟成员国外长在哥伦比亚的卡塔赫纳市召开会议，一致同意联合 Petrocaribe、ALBA-TCP、MERCOSUR 和 CARICOM 建立经济特区。越来越多的合作意向表明，打破现有体制障碍、重组一体化格局已成为拉美各界谋求地区一体化与团结的新共识与新趋势。

四、ALBA-TCP、美国和拉美地缘政治

近年来，ALBA 与美国的双边及多边关系成为拉美地缘政治的又一敏感话题。由于 ALBA 在国际事务上的政治立场和外交政策很大程度上依赖于核心国委内瑞拉甚至查韦斯总统的个人价值观，而查韦斯倡导建立多极世界、反对新自由主义和建设“21 世纪社会主义”等主张引起了美国的极大不安与警戒。进入 21 世纪以来，美国将委内瑞拉及 ALBA 其他几个左翼成员国长期视作革命轴心国加以排斥。ALBA 反帝国主义的立场决定了它拒绝美国任何关于改变现状的提议，尤其是与自由贸易协定（TLC）相关的经济与贸易政策。ALBA 同美国的矛盾

---

[1] Tortilla con Sal, “Es posible una nueva Nicaragua con nuevas oportunidades para la gente pobre” (2010), Entrevista con el ministro de Fomento, Industria y Comercio de Nicaragua, Orlando Solórzano, 25 de febrero de 2010. http://www.rebelion.org/noticia.php?id=101153.

造成了它与地区亲美国家间的裂痕，进而从某种程度上造成了地区局部的不稳定和疏离。

而事实上，ALBA 成员国同美国的关系远非简单的意识形态对峙，目前 ALBA 没有任何一个成员国能完全隔绝与美国的双边往来，有的国家在经贸、能源等领域甚至与美国关系密切。如尼加拉瓜虽然认可 ALBA 的公平贸易原则，但在实践领域却与美国签署并维持着自由贸易协定关系。就委内瑞拉而言，美国是其最主要的石油出口国，对委内瑞拉的石油经济意义重大。而玻利维亚的莫拉莱斯政府则一直积极寻求美国在贷款融资方面的最惠国待遇。

目前，拉美地区大国均未表示出加入 ALBA 的兴趣。墨西哥出于意识形态的分歧不大可能加入 ALBA。另有阿根廷和巴西虽近年来与委内瑞拉在经贸、能源等领域关系密切，但两国一方面在南方共同市场框架中共担重任，其加入 ALBA 的主观意愿并不强烈；另一方面两国在意识形态上并不寻求脱离以美国为主导的既有国际秩序，反而积极参与美国参加的 G20 集团会议和主办的首届核安全峰会。从地区博弈的角度看，ALBA 的演进亦从一定意义上显示出各成员国对巴西谋求地区领袖地位的不信任。ALBA 欲成为真正意义上的新自由主义替代选择，就必须确保其对地区主导权的争夺不至于威胁到 ALBA 对自身制度框架的维护。

2013 年 12 月，ALBA-TCP 与 Petrocaribe 第二届特别峰会在委内瑞拉加拉加斯举行。会上，ALBA-TCP 成员国达成了加强联盟制度建设的协议草案，试图根据联盟基础性文件涉及的原则、条款和目标，打造一个更为灵活而非官僚主义的一体化框架。该协议草案体现了联盟深化制度建设、推进拉美替代一体化政治战略的决心，同时也体现了联盟对查韦斯总统一体化遗产的继承与发展。

五、世界资本主义经济危机中的 ALBA-TCP

2003—2007 年是世界经济和拉美经济近 40 年来发展最好的时期，2008 年的经济危机却使这一乐观前景黯然失色。面对不利的外部因素，拉美各国的紧密合作将远远超越政治范畴，全球经济的不确定性使拉美地区和次地区面临更为严峻的结构调整和更加激烈的竞争。因此，基础设施、能源、通信和贸易配套设施等方面的投入和措施在促进地区竞争力和经济增长方面至关重要。拉美经委会认为，未来拉美国家应重点关注基础设施建设、贸易支持、创新、减少不平衡、社会凝聚、同亚太地区加强联系、气候变化七个方面的内容，以应对脆弱的国际经济环境。①

2009 年，ALBA 一体化进程及成员国经济受世界经济危机拖累显现出一定程度的波动。ALBA 成立初始恰逢世界经济高潮，初级产品价格走高，ALBA 成员国劳动者从发达国家获取了高额侨汇收入，而当成员国相关收入下降时，各国对 ALBA 项目的投入均受到了不同程度的负面影响。

在经济危机和 ALBA 对委内瑞拉经济依附的双重压力下，委内瑞拉不得不力争强大，然而受国内通货膨胀、低油价和尚在进行中的石油国有化等不确定因素的影响，委内瑞拉政府在

① NU, CEPAL, División de Comercio Internacional e Integración, Latin America and the Caribbean in the World Economy 2008 ~ 2009: Opportunities for regional cooperation and integration, ECLAC, Chapter III, http: //www. cepal. org/en/publications/1173 - latin - america - and - caribbean - world - economy - 2008 - 2009 - crisis - and - opportunities.

ALBA 中的角色和作用必将经受考验。石油是高波动商品，当国际油价降至 30 美元每桶时，高度依赖和受益于委内瑞拉石油出口补贴的 ALBA 能否支撑将不得不取决于委内瑞拉应对经济危机的成效。尽管查韦斯曾声称，21 世纪社会主义的到来将使委内瑞拉远离动荡，但经济危机似乎并没有绕道而行。委内瑞拉是世界上通货膨胀率最高的国家之一，加之食品短缺、基础设施问题、住房紧张和不断增加的犯罪与腐败现象，及其国内尚待解决的诸多问题必将制约 ALBA 前进的步伐。

此外，受美国市场低迷的拖累，南方银行也遭遇了资金瓶颈，面对成员国的各自窘境，分身乏术。而美洲石油计划亦放缓了脚步，尤其是在石油生产和能源协议方面，迫使一些成员国不得不另辟蹊径。

未来，ALBA 在巩固和改善现有建制的基础上，还将致力于建设传播进步思想的南方大学，加强农民、工人、印第安人及其他社会群体相关核心组织的团结，探索新的生产模式，推动科技进步，加强议会和议员对 ALBA 的支持，建立拥护 ALBA 的地方政府网络，讨论有关地区安全防务的方案等。

六、ALBA-TCP 与委内瑞拉变局

早在查韦斯执政后期，委内瑞拉经济便因国际市场动荡和自身结构性矛盾而初现颓势。自 2013 年 3 月查韦斯总统不幸离世后，委内瑞拉经济与社会形势急转直下，其继任者马杜罗领导的执政联盟遭遇了自玻利瓦尔革命以来最为严峻的执政危机。

在2015年12月6日举行的委内瑞拉全国代表大会的中期选举中，反对党联盟最终以超过3/5议席的绝对优势取得了大选胜利，这意味着委内瑞拉执政联盟16年来首次交出了国会控制权。2016年1月，委内瑞拉将组建新的全国代表大会，一旦反对党联盟动用修宪或罢免性公投等手段阻挠和破坏玻利瓦尔革命进程，查韦斯一手打造的“21世纪社会主义”道路将面临不可预知的逆转。

现任总统马杜罗在得知选举结果后表示，承认执政党联盟在国会选举中失败的现实，这一结果是委内瑞拉宪法和民主的胜利，右翼获胜得益于委内瑞拉近期经济战的恶化，并号召执政联盟从经济战的困难走向希望的变革。马杜罗总统再次强调了玻利瓦尔革命试图通过民主途径，充分行使国家主权，继而推进委内瑞拉变革的正义性质，号召委内瑞拉各阵营保持克制、维护团结，右翼部门停止破坏国民经济，社会主义阵营继续推进经济与生产性革命，并表示建设社会主义和新社会的战役才刚刚打响。①

此次选举前夕，ALBA-TCP在“支持委内瑞拉国会选举”的特别公报中指出，ALBA-TCP相信委内瑞拉人民的政治成熟度，相信委内瑞拉的制度，相信选举一定能充分保证委内瑞拉人民民主意愿的行使，这一选举将有利于拉美及加勒比地区民主的加强和人民福祉的改善，ALBA-TCP将支持南美国家联盟等组织赴委内瑞拉观察选举。此外，ALBA-TCP还表示，将号

---

① Presidente Maduro, Avancemos de las dificultades a la renovación de la esperanza, http://www.portalalba.org/index.php/2014-03-27-16-48-36/2014-03-29-21-52-18/gobierno-y-democracia/7379 - presidente-maduro-avancemos-de-las-dificultades-a-la-renovacion-de-la-esperanza, AVN, 07 Diciembre 2015.

召成员国反对一切试图推翻委内瑞拉玻利瓦尔政府的操控行为。[①] 在得知选举结果后，古巴国务委员会主席劳尔·卡斯特罗通过古巴党媒《格拉玛报》公开致信马杜罗总统，表达了其对委内瑞拉革命与爱国力量的支持，并相信委内瑞拉的玻利瓦尔及查韦斯主义革命一定能在马杜罗总统的领导下巩固既有的社会成就，进而取得新的胜利。[②]

尽管此次全国代表大会中期选举的结果还难以彻底决定委内瑞拉未来的走势，但委内瑞拉各界求新求变的心理预期和社会共识已然达成。未来，ALBA-TCP 能否继续前行与委内瑞拉时局密切相关。作为委内瑞拉玻利瓦尔革命外交战略的重要组成部分，ALBA-TCP 的创建与发展集中体现了查韦斯主义在地区一体化领域的主张与作为。一旦委内瑞拉现政府无法为继，其参与并主导的 ALBA-TCP 框架及项目必将遭受合法性和代表性质疑，而失去委内瑞拉的 ALBA-TCP 将不得不直面各种经济与制度难题。

七、ALBA-TCP 与中国

鉴于同中国的传统友谊和中国特殊的大国影响，ALBA-TCP 将中国视为亚洲乃至全球最为重要的合作伙伴之一，并试图通过双边与多边交流，谋求与中国的全方位接触与合作。

---

① ALBA-TCP, *Elecciones Venezolanas Fortalecen Democracia en AL*, http: //www. portalalba. org/index. php/2014 – 03 – 27 – 16 – 48 – 36/2014 – 03 – 29 – 21 – 36 – 13/alba/7358-alba-tcp-elecciones-venezolanas-fortalecen-democracia-en-al, 05 Diciembre 2015.

② Raúl Castro Ruz: Vendrán nuevas victorias de la Revolución Bolivariana y Chavista, http: //www. portalalba. org/index. php/2014 – 03 – 27 – 16 – 48 – 36/2014 – 03 – 29 – 21 – 52 – 18/fuerzas – populares2/7381 – raul-castro-ruz-vendran-nuevas-victorias-de-la-revolucion-bolivariana-y-chavista.

2012 年 4 月 23 日，古巴、委内瑞拉、厄瓜多尔和玻利维亚四国驻华大使在中国社会科学院拉丁美洲研究所共同召开“美洲玻利瓦尔联盟—人民贸易协定：起源、发展与前景”报告会。会上，四国大使表示，美洲玻利瓦尔联盟部分成员国与中国关系密切，未来各成员国将积极推进和参与美洲玻利瓦尔联盟与中国在政治、经贸、社会、文化等各领域的战略合作。

2013 年 11 月 29 日，由厄瓜多尔、委内瑞拉与古巴三国驻沪领事馆联合主办的“ALBA 美洲玻利瓦尔联盟文化展”，在上海多伦现代美术馆开幕。2013 年 12 月 10 日，玻利维亚、古巴、厄瓜多尔和委内瑞拉四国驻华使馆在北京公共外交中心举办 ALBA-TCP 论坛，通过“ALBA-TCP 成就展”等媒介向与会者介绍 ALBA-TCP 的宗旨与近况。拉美各国使馆外交官、拉美侨民，以及中国政界、学界及商界近 300 名代表与会。玻利维亚、古巴、厄瓜多尔和委内瑞拉驻华大使分别就联盟的起源、发展、目标与成就发表了演讲，并与参会代表就 ALBA-TCP 与中国在经贸、投资领域的合作前景和双边关系等问题进行了交流与恳谈。

进入 21 世纪以来，中国与拉丁美洲及加勒比地区的经贸关系迅猛发展，中拉关系迎来了史上最佳发展机遇期。2015 年年初，中国—拉共体（CELAC）论坛首届部长级会议的成功召开，标志着中拉整体合作进入“命运共同体”建设的全新历史阶段。而中国与 ALBA-TCP 主要成员国古巴、委内瑞拉、玻利维亚、厄瓜多尔的建交时间较早，大都超过 30 年，双边关系稳定，并呈现出进一步发展的良好态势。2014 年 7 月，中国国家主席习近平出访古巴和委内瑞拉。习主席访委期间，中国与委内瑞拉发表了“关于中委两国建立全面战略伙伴关系”的联合声明。2015 年 1 月，中国与厄瓜多尔两国元首举行会谈，共同决定建立中厄战略伙伴关系。目前，中国与 ALBA-TCP 的整体合作机制还有待进一步发展与深化。

结　论

ALBA-TCP 的历史意义与启思

美洲玻利瓦尔联盟－人民贸易协定（ALBA-TCP）是拉美及加勒比地区新兴的次地区一体化组织。作为政治联盟的ALBA，倡导地区独立、解放与团结；作为经济一体化组织的ALBA，将公平与人民置于市场与资本之上；作为社会力量中枢的 ALBA，力图打造一个从下至上推动地区社会价值与福利全面进步的多元平台。尽管外界的诋毁与质疑声不绝于耳，但成立十一年来，ALBA 始终没有停止创新与变革的脚步。从“美洲玻利瓦尔替代计划”到“美洲玻利瓦尔联盟”，再到“美洲玻利瓦尔联盟－人民贸易协定”，ALBA 的每一次蜕变都承载着拉美左翼领导人、进步力量及广大民众对现有体制的不满与否定、对新世界的追求与向往。

ALBA 不是对 ALCA 的机械替代，也不是对现有地区一体化组织的粗浅复制，更不是冷战时期苏东经济互助委员会的简单延续。ALBA 就是 ALBA 自己——一个在资本主义全球化时代、在外围资本主义夹缝中、在新自由主义遗存中，破土而出的拉美替代一体化组织，一个从意识形态、伦理价值、战略规制、治理结构、运行机制等各方面都充满新意与力量的地区左翼团结阵线。

一、ALBA-TCP 的历史意义

美洲玻利瓦尔联盟的出现并非拉美个别威权领导体制的偶然迸发，其创生与发展具有深刻的历史渊源、动因和必然性。首先，第三世界国家 20 世纪的解放史与发展史表明，在不合理的国际政治经济旧秩序下，独立自主、团结互助是发展中国家谋求发展的基本前提，而在资本主义全球化纵深发展的今天，探索和创新南南合作形式与机制是发展中国家整合发展资源、跨越发展鸿沟、拓展发展平台、改善国际融入的战略选择。其次，自 19 世纪上半叶独立运动以来，深陷外围资本主义发展桎梏的拉丁美洲始终面临着依附与不发达的生存困境，而近三十年来新自由主义改革在拉丁美洲的失败使拉美人民奋发图强的历史意愿更加强烈。西蒙·玻利瓦尔、何塞·马蒂等拉美独立先驱倡导地区团结与一体化的历史宏愿成为鼓舞拉美新一代左翼领导人创建与发展 ALBA 的精神源泉与支柱，而拉美传统一体化路径艰辛曲折的探索历程又为 ALBA 的成长提供了宝贵的经验与教训。再次，随着全球资本主义体系的演进和资本主义内在矛盾的不断激化，帝国主义发展不平衡规律在外围资本主义地区愈发凸显，统治阶级和跨国集团左右下的地区一体化设计与框架因利益失衡、官僚主义盛行等原因陷入了历史僵局，更无从兑现振兴地区经济、改善人民福祉的公益目标。进入 21 世纪以来，社会运动、左翼政党、左翼政权等各种形式的社会主义因素在拉丁美洲积聚勃发，成为推动地区体制革新、制度替代的中坚力量。在此背景下诞生的ALBA以左翼主权国家为基本行为主体，并力图突破现行政治系统与社会结构的限制，成为吸纳多元进步力量、重塑地区价值与共识、推进地区替代运动、巩固地区一体化与团结的长效沟通机制与组织平台，其合法性与代表性已大大超越了一般性民众运动、非政府组织、政党、非政府间国际组织等传统组织形式，体现了现阶段拉美替代运动的前沿趋势。

未来，美洲玻利瓦尔联盟的发展与创新必须遵循人类社会历史运动的客观规律，发挥人民群众作为历史主体的主观能动性。新兴的美洲玻利瓦尔联盟破土于资本主义全球化时代下拉美外围资本主义的现实土壤中，客观认识拉美国家现有的生产方式、生产力水平和生产关系及变动中的国际经济环境是ALBA由破而立的关键。一方面，ALBA成员国及拉美各国在语言文化上具有无可比拟的同质性，但各国在资源、人力、区域、行业、所有制等经济基础领域仍存在千差万别，充分考察拉美经济社会发展的历史与现实是确保ALBA可行性与可持续发展的重要前提。另一方面，经济全球化与地区一体化是资本主义世界经济体系发展到一定阶段的必然产物，而新自由主义全球化主导下的地区一体化进程，在一定程度上代表着地区内外不同阶级和利益集团对地区生产力和生产关系的深刻影响与布局。受各民族国家统治阶级、地区寡头和跨国集团间利益博弈的牵制，拉美既有的地区一体化格局是ALBA无法回避的历史前提，如何因势利导地处理、利用与整合拉美现有一体化规则与资源是ALBA面临的重要考验。就国际经济环境而言，危机中的资本主义世界经济体系虽严重失衡、岌岌可危，但绝不会自动谢幕，如何在旧的、不合理的国际秩序中规避发展陷阱、寻求发展突破、积蓄发展动力，是 ALBA 面临的又一现实课题。笔者认为，顺应和参与新自由主义全球化只是发展中国家的权宜之计，要想彻底实现内生发展和公平外交，只能争取游戏规则的制定权和主导权。ALBA 在探索和创新自身组织建设的同时，应努力实现同发达世界现有规制的对接，而不仅仅停留在竞争和并行的位置。通过探索新的沟通方式，同现存的多边体制对话而不是对立，将有助于 ALBA 进一步开展国际合作，从而最终实现“替代”理想。

ALBA 的诞生与发展对低迷的国际共产主义运动意义重大。作为西半球现今唯一的社会主义国家古巴，在欣慰于拉美“21 世纪社会主义”崛起的同时，对 ALBA-TCP 的成长倾注了比其他成员国更多的良好愿景。20 世纪 90 年代初的苏东剧变使国际共产主义运动陷入低潮，长期受困于美国经济封锁的古巴社会主义革命与建设命悬一线，恶劣的地区及国际环境使古巴社会主义面临雪上加霜的生存困境。第三世界的马克思主义者，必须解决的基本问题是生存与发展，对资本主义要同时进行抵制、斗争、合作、利用，对民族自身历史也要同时进行批判和传承，尤其是要对教条主义和旧的发展模式进行反抗。[①] 面对变动中的世界格局，古巴社会主义始终以积极的心态求新求变。从全面布局 ALBA 到古巴社会主义经济模式更新，古巴坚持两条腿走路，将参与地区一体化与加强自身社会主义建设作为推进社会主义事业两个并行不悖的战略方向。一方面，团结旗帜下的“一体化”是 ALBA 成员国真正实现自主发展、改善国际

---

① 曹泳鑫著:《马克思主义国际关系理论研究》，上海人民出版社，2009 年版，第 17—18 页。

融入和提升国际话语权的基础与前提；另一方面，社会主义旗帜下的 ALBA 则是拉美替代运动累积社会主义生产关系、培育社会主义价值观、建构 21 世纪社会主义制度的重要生长点。

倡导公平正义的 ALBA 试行十一年来，其历史意义与积极贡献不言而喻，但在组织效率、可持续性以及它究竟能在多大程度上改变世界等问题上备受争议。事实上，ALBA 的评价体系问题更应视作一个独立于 ALBA 自身建设的价值判断问题。ALBA 所倡导的“一体化”，已不再拘泥于资本主义世界经济体系内市场关系主导的区域经济一体化的客观历史进程，而是力图通过社会化生产关系的集约与创新，推动地区生产力的内生性发展、生产关系的制度性替代和地区价值与精神的集体认同与团结。ALBA 既是发展中国家对地区一体化替代方案的一次大胆尝试，也代表了社会主义因素在外围资本主义国家及地区的积累与探索。建构包含社会主义价值的地区一体化替代模式是发展中国家在经济全球化时代，抵御新殖民主义、争取团结自主发展、超越资本主义发展桎梏、探索 21 世纪社会主义的现实选择。因此，对 ALBA 的认识与评价绝不应仅仅局限在“方案是否可行”等表象层面，而更应肯定其勇于主导自身及地区发展、谋求国际政治经济新秩序的策略和胆识。ALBA 的最大社会历史意义不在于它的历史存续性，而在于它所处的社会历史节点给予世人有关时代特征与历史风向的提醒与警示——世界资本主义经济体系已经开始动摇，铁板一块的西方普世价值需要倾听不同的声音，世界性的资源与话语权有待重新定义与分配。

二、ALBA-TCP、拉美"21 世纪社会主义"与拉丁美洲的未来

不同一体化战略的选择与较量是拉丁美洲构建未来格局的重要依据。尽管就目前而言 ALBA-TCP 的存立尚无法对拉丁美洲的未来构成决定性影响，但至少为拉丁美洲及加勒比地区的时代变革与进步提供了一种可能。与此同时，ALBA-TCP 的命运亦同拉丁美洲的地缘局势密不可分。进入 21 世纪以来，拉丁美洲左翼运动的高涨为 ALBA-TCP 的创生与发展提供了绝佳的历史机遇。ALBA-TCP 主要成员国委内瑞拉、玻利维亚、厄瓜多尔等各具特色的"21 世纪社会主义"革新道路和古巴社会主义经济模式更新之路，为 ALBA-TCP 的成长奠定了重要的现实基础。那么什么是拉丁美洲的"21 世纪社会主义"？经过十多年的探索，拉丁美洲"21 世纪社会主义"的未来几何？在此背景下的 ALBA-TCP 与拉丁美洲又将发生哪些变化？

事实上，拉美"21 世纪社会主义"的理论体系和实践形态尚属探索阶段，它既无统一的理论原则，也无固化的实践模式，且实践性大于理论性，是杂糅了地区历史和现实多重元素的新政治运动，是变化发展中的新社会主义流派。具有浓厚民众主义和民族主义色彩的拉美"21 世纪社会主义"虽区别于科学社会主义，不具备正统的历史源流，未经历革命的峥嵘，缺乏完美的理论体系和严密的无产阶级政党组织，但却是扎根于拉美历史文化、维护拉美人民根本利益、源自拉美现实需求的社会主义，是更加强调本土特色、替代色彩和地区合作的社会主义。

拉美"21 世纪社会主义"国家与拉美传统社会主义国家古巴保持着兄弟般的革命友情，尤其在"美洲玻利瓦尔联盟—

人民自由贸易协定”（ALBA-TCP）的一体化框架下，各国试图通过资源整合、互帮互助，打造一个以左翼政治联盟为基础的南南经济－社会合作新范式。拉美“21 世纪社会主义”与古巴社会主义的不同之处在于：古巴社会主义始于古巴至下而上的民族民主革命，经历了社会主义生产关系的改造与过渡，实行无产阶级政党领导的、以工农联盟为基础的无产阶级专政，苏联社会主义和冷战格局对其社会主义制度与体制的形成与发展影响深远；而拉美“21 世纪社会主义”始于拉美左翼政权的崛起，是拉丁美洲反资本主义、反帝国主义替代运动的重要组成。一方面，较拉美零星的社会运动而言，拉美“21 世纪社会主义”是一种集国家意志的政权建设运动，左翼政治领袖依靠选票夺取政权，通过立法推行社会改造方案，具有法律和道义上的合法性与代表性；另一方面，拉美“21 世纪社会主义”虽具有明确的替代主张，却缺乏建立无产阶级专政的主客观条件，既没有无产阶级政党的坚强领导，也不具备社会主义改造的经济基础，政权组织形态依然具有明显的资本主义代议制特征。

未来，拉美“21 世纪社会主义”面临的主要挑战有：1. 拉美“21 世纪社会主义”的理论内涵、原则和形态庞杂多元，仍需建构具有普遍共识的逻辑和话语体系，替代旗帜虽具备一定的号召力，但却缺乏对历史和现实的科学关照和分析，更未达成明确统一的指导思想和行动纲领，理想主义浓重，行动力欠缺；2. 通过议会道路夺取政权的委内瑞拉、玻利瓦尔、厄瓜多尔三国的左翼力量，在推行激进变革的同时，始终面临着国内外反对派、地区寡头和跨国利益集团的高压和阻力，时局错综复杂，社会冲突时有发生，政治稳定和经济秩序均存在一定的风险和变数；3. “21 世纪社会主义”的创建与初探在很大程度上依赖于左翼领导人的个人威权与影响力，如何将“21 世纪社会主义”的治国理念和方略制度化、法制化，进而增强“21 世纪社会主义”的合法性与社会认同，是“21 世纪社会主义”能否真正植入现代政治治理体系进而生根发芽的关键；4. “21 世纪社会主义”从外围资本主义的土壤中破土而出，必然具有其不可克服的先天脆弱性，以初级产品出口和资源红利为基础的单一经济结构依然难以摆脱其对资本主义世界经济体系固有的依附性，国际经济危机、初级产品价格波动、西方国家制裁等外部因素对“21 世纪社会主义”国家的局势和前景具有不可小觑的影响力；5. 在传统地缘政治视角中，拉丁美洲一直是美国的后院，以反美为旗帜的“21 世纪社会主义”发起国向来被美国视为拉丁美洲的“邪恶”轴心，以美国为代表的各类颠覆策反活动成为威胁拉美“21 世纪社会主义”未来的重要因素。由此可见，拉美“21 世纪社会主义”的未来远非选举政治的成功，如何实现拉美各国真正意义上的“替代”发展，才是其首要解决的根本问题。

当 21 世纪以来的拉美左翼政治逐渐被世人熟知，拉美“21 世纪社会主义”的旗帜性人物——委内瑞拉总统查韦斯，却于 2013 年 3 月不幸离世，拉美地缘政治格局由此产生了一系列戏剧性变化。尽管查韦斯的继任者——马杜罗总统曾多次表示，有信心延续查韦斯开创的玻利瓦尔革命和道路，扭转委内瑞拉当前的社会经济颓势，但就短期而言，委内瑞拉的经济与社会形势依然严峻。而同为拉美“21 世纪社会主义”实践国的玻利维亚，却由于近年来经济与社会发展领域的突出绩效，越来越受到各方的关注与肯定。此外，始于 2014 年年底的美古关系改善，也将深刻影响拉丁美洲的地缘政治较量和两制关系格局。

2015 年年底，拉丁美洲接连发生了两次具有历史风向标意义的选举。2015 年 11 月底，因经济不振等原因，阿根廷中右翼领导人马克里以较大优势赢得总统大选，从而终结了阿根廷左翼政权“基什内尔王朝”长达数十年的执政期。2015 年 12 月初，委内瑞拉总统马杜罗领导的执政党联盟在委内瑞拉全国代表大会的中期选举中以 55 席比 112 席的大幅落差不敌反对党联盟，从而失去了玻利瓦尔革命 16 年以来的国会控制权。马杜罗总统在全代会选举失利后表示，要开展批评与自我批评，进行“改正、修正和更新”，以阻止反对党联盟试图利用全代会控制权颠覆玻利瓦尔革命的可能。有学者认为，随着 2015 年阿根廷总统大选和委内瑞拉全代会中期选举的落幕，以及近年来拉美“21 世纪社会主义”国家间不同程度的政绩分化，始于 21 世纪初的拉美左翼运动高潮极有可能发生转向，拉丁美洲历史上的钟摆效应已初现端倪。尽管就目前而言，拉美“21 世纪社会主义”国家在意识形态方面仍然保持着高度的一致与团结，但各国政府及执政党在国家治理能力方面的差异甚至差距，已然成为校验拉美“21 世纪社会主义”未来可能的重要现实基础。

当前，新自由主义在拉丁美洲的遗存甚深，而有关后新自由主义发展道路的论争也愈加尖锐。未来，拉丁美洲将重复“时左时右”的钟摆效应，还是就此开启“制度突破”的曲折之路？是继续“新发展主义”的改良之路，还是开辟“21 世纪社会主义”的变革之路？无论前景几何，拉丁美洲后新自由主义道路的探索必将直面失衡的社会历史二元结构和“社会主义还是野蛮”的历史选择。对于拉丁美洲的进步力量而言，只有积极开拓符合拉美国家发展规律、阶段特征和拉美人民根本利益的替代道路，才能真正破解拉丁美洲“丰饶而又苦难”的发展谜题，进而实现拉丁美洲自主发展的全新未来。

2014 年年底，ALBA-TCP 执行委员会在联盟成立十周年纪念报告中写道，“通过 ALBA-TCP 近十年的探索，解放者西蒙·玻利瓦尔关于‘我们美洲’团结与一体化的思想得到了巩固与发展，拉美人民的团结不仅仅是人类的梦想，更是命运无情的指令，‘团结才会无敌’”。[①] 总之，ALBA-TCP 是拉美进步力量的历史选择，它的出现表明，“另一个美洲”乃至“另一个世界”，不但是可能的，更是可行的。

---

① ALBA-TCP, *Informe de Gestión 2004 – 2014*: “*10 años consolidando la solidaridad y la integración entre los pueblos de nuestra américa*, http://alba-tcp.org/public/documents/decimo/Espanol/INFORME_ de_ gestion.pdf, 11 SEPTIEMBRE, 2014, p. 5.

参考文献

1. Adrián Sotelo Valencia, *América Latina, de crisis y paradigmas: la teoría de la dependencia en siglo XXI*, Universidad Obrera de México, Universidad Nacional Autónoma de México, Plaza y Valdés in México, D. F, México, 2005.

2. Aguirrechu, Iraida, *ALBA: Integración latinoamericana*, Editora Política, 2007.

3. ALADI, Informe del Secretario General dela ALADI sobre la evolución del proceso de integración regional durante el año 2007, Montevideo, 7 de marzo de 2008, www. aladi. org.

4. Alejandro Valle Baeza, Gloria Martínez González, "ALBA versus ALCA en tiempos de crisis", *le monde diplomatique, mexico, febrero de 2009.*

5. Alfredo Riera, "Plataforma de Integracion de los Paises de America Latina y el Caribe para la Colaboracion y Complentacion en el Área Politica, Social y Economica", www. mercosur. coop/recm/IMG/ppt/Riera. ppt.

6. Altmann Josette: "El ALBA, Petrocaribe y Centroamérica: ¿

intereses comunes?”, en*Nueva Sociedad*, Nro 219, Enero-Febrero 2009, Friedrich Ebert Stiftung, Argentina.

7. Altmann, Josette, “the ALBA Bloc: an Alternative Project forLatin America?” (ARI 17/2008), www. realinstitutoelcano. org.

8. Andrés Malamud, “Regional Integration in Latin America, Comparative Theories and Institutions”, http://www. scielo. oces. mctes. pt/pdf/spp/n44/n44a07. pdf.

9. Andrés Serbin, “Entre UNASUR y ALBA: ¿ otra integración (ciudadana) es posible?”, *Anuario de la Integración regional de América Latina y el Caribe 2007*, No. 6, Araquara: UNESP/CRIES.

10. Andrés Serbin, Laneydi Martínez, Haroldo Ramanzini Júnior, *¿ Atlántico vs. Pacífico?: América Latina y el Caribe, los cambios regionales y los desafíos globales, Anuario de la Integración Regional de América Latina y el Caribe, No. 10, 2014, Coordinadora Regional de Investigaciones Económicas y Sociales, Buenos Aires, Argentina*, http://www. cries. org/? p=2320.

11. Arellano Félix, *La Política Bolivariana frente a la Integración*, Instituto Latinoamericano de Investigaciones Sociales (ILDIS) Serie Política Internacional, Caracas, Abril 2008.

12. Arellano Félix, “La desintegración regional”, *Simón Bolívar Analytic*, Número 6, Noviembre-Diciembre 2008, Edición Aniversaria, Centro de Estudios de Política Proyectiva CEPPRO, Universidad Simón Bolívar, Caracas, 2008.

13. Arellano Félix, *La Seguridad y Defensa y los procesos de Integración en la región suramericana*, Instituto Latinoamericano de

Investigaciones Sociales (ILDIS) Serie Política Internacional, Caracas, Diciembre 2008.

14. Arianny Vanessa Gil, Antiguos Conceptos de la integración latinoamericana y causas de su fracaso, Código ISPN de la Publicación EpypAylApZveejwhJv, Publicado Friday 15 de August de 2003, http://www.sabetodo.com/contenidos/EpypAylApZveejwhJv.php.

15. Augusto Molina, Andrés Pierantoni, "Sinopsis y perspectivas del Banco del ALBA", Reunión Regional: Reforma de la Arquitectura Financiera Internacional y Cooperación Monetaria y Financiera en América Latina y el Caribe, Caracas, Venezuela, 8 y 9 de abril de 2010, SP/RR: RAFICMFALC/Di N° 15 - 10.

16. Bruno Ayllon, Javier Surasky (coords.), *la Cooperacion Sur-Sur en Latinoamerica. Utopia y Realidad*, Ediciones La Catarata/IUDC, Madrid, 2010.

17. Bruzón Viltres, C. J.: "América Latina y la necesidad de fundamentación desde bases jurídicas del proceso de integración regional" en Observatorio de la Economía Latinoamericana, No 114, 2009. Texto completo enhttp://www.eumed.net/cursecon/ecolat/la/09/cjbv.htm.

18. Caputo D, *Democracy in Latin America: toward a citizen's democracy*, New York, United Nations Development Programme, 2005, http://democracia.undp.org/Informe/Default.asp? Menu = 15&Idioma = 2.

19. Carlos A. Romero, "South-South Cooperation between Venezuela and Cuba, The Reality of Aid, Special Report on South-South

Cooperation2010 ", http: //www. realityofaid. org/userfiles/roare-ports/roareport_ e48ca78931. pdf.

20. Carlos Malamud, "los Frenos a la Integración regional en América Latina", *ARI* No 134/2005, Real Instituto Elcano.

21. Carolina Mendoza, *la Integracion Regional en la Planificacion del Desarrollo en Venezuela. Período 1963 – 2001*, COMPENDIUM, Julio 2004.

22. CEPAL, "Chapter III Opportunities for regional cooperation and integration", *Latin America and the Caribbean in the World Economy 2008 – 2009*, *http: //www. cepal. org/publicaciones/xml/7/36907/Opportunities_ regional_ cooperation_ integration_ chapter_ III. pdf.*

23. CEPAL, " Panorama de la Inserción Internacional de América Latina y Caribe, Tendencias, 2005 – 2006", Santiago, Chile, 2006.

24. Claudio Katz, *El Rediseno de America Latina: ALCA, MERCOSUR y ALBA*, Ediciones Luxemburg, September 2006.

25. Cobo Lourdes, *Venezuela y el mundo transnacional: instrumentación de la política exterior venezolana para imponer un modelo en América Latina*, Instituto Latinoamericano de Investigaciones Sociales (ILDIS) Serie Política Internacional, Caracas, Abril 2008.

26. Comité Bicentenario Segunda Independencia, "La Alternativa Bolivariana para las Américas (ALBA), una realidad diferente de integración", *CEPRID*, 13 – 11 – 2009, http: //www. rebelion. org/noticia. php? id = 95120.

27. Correa Flores, Rafael (compilador), *Construyendo el ALBA*: "*Nuestro Norte es el Sur*, ediciones del 40 Aniversario de Parlamento Latinoamericano, Caracas, Junio 2005.

28. EFE, " Arias afirma que cooperación venezolana en Latinoamérica es mayor a la de EEUU ? ", Unión Radio, 29/9/2008, www. unionradio. com. ve.

29. Eugenio E. Espinosa Martínez, "El ALBA: un camino hacia el desarrollo, La Alternativa Bolivariana para América", www. flacso. uh. cu/sitio_ revista/num1/articulos/art_ EEspin2. pdf.

30. Federico Vázquez, Emanuel Damoni, Emiliano Flores, *Integración o dependencia*: *Diez tesis sobre el presente de América Latina*, Ediciones Continente, Buenos Aires, Argentina, 2012.

31. Félix Gerardo Arellano, " Nacimiento, Evolución y Perspectivas dela Alianza Bolivariana para los Pueblos de Nuestra América", *library. fes. de/pdf-files/bueros/quito/06815. pdf*, Octubre 2009.

32. Fernando Ramón Bossi, *Construyendo el ALBA desde los Pueblos*, *Una propuesta de Unidad para los pueblos de Nuestra América*, http: //www. alternativabolivariana. org/pdf/desde _ los _ pueblos. pdf.

33. Gian Luca Gardini, *Latin America in the 21st Century*: *Nations*, *Regionalism*, *Globalization*, Zed Books, London, 2012.

34. González Arencibia M. , *Estrategias alternativas frente a la globalizacion y al mercado*. Edición a texto completo en www. eumed. net/libros/2005/mga/, 2005.

35. Gustavo Hernández, "Banco del ALBA y el financiamiento

al desarrollo", Diálogo Regional sobre Financiamiento al Desarrollo y Deuda Externa en vísperas dela Reunión de Alto Nivel de la ONU encargada de examinar la aplicación del Consenso de Monterrey. Doha 2008, Caracas, Venezuela, 20 de junio de 2008, SP/DRFDDE-RANONUCM/Di No. 10 – 08.

36. Hector Constant Rosales (Coordinador), Antulio Rosales, Laura Rodríguez, José Monsalve, *Fundamentos filosóficos de la nueva integración del Sur*, http: //www. institutopedrogual. edu. ve/index. php? option = com_ docman&task = doc_ download&gid = 120&Itemid = 137.

37. Hugo Chávez Frías, "con el ALBA Despiertan los Pueblos", Caracas, 26 de enero de 2008, http: //www. alternativa-bolivariana. org/pdf/con_ el_ alba_ despiertanweb. pdf.

38. Irene León, Comp., *La ALBA: horizonte latinoamericano del Siglo XXI*, FEDAEPS y ALAI, 2013, http: //www. rebelion. org/noticia. php? id = 170621.

39. Isabel Ortiz, Oscar Ugarteche, "El Banco del Sur: Avances y desafíos", http: //www. cadtm. org/El-Banco-del-Sur-Avances-y, 2008 – 4.

40. Jodie Neary, "Venezuela's ALBA in the Face of the Global Economic Crisis", Monday, 29 December 2008, http: //upside-downworld. org/main/content/view/1642/1/.

41. Joel D Hirst, *The ALBA: Inside Venezuela's Bolivarian Alliance*, CreateSpace Independent Publishing Platform, 2012.

42. José Angel Sotillo Lorenzo, " La Alternativa Bolivariana para las Américas (ALBA): un nuevo espacio de la integración

latinoamericana con dimensión social", *El perfil social del desarrollo: situación y perspectiva de la lucha contra la pobreza mundial*, 2007, http: //www. 2015ymas. org/IMG/pdf/anuario2007 _ ALBA. pdf.

43. José Gerson Revanales Monsalve, "Estructura morfológica del ALBA: ni el ALBA ni el ALCA son esquemas de integración", *Anuario de derecho internacional*, No 23, 2007.

44. Josette Altmann Borbón (Editora), *América Latina y el Caribe: ALBA: ¿Una Nueva Forma de Integración Regional?*, Teseo, February 15, 2011.

45. Josette Altmann Borbón, "Integración en América Latina: crisis de los modelos regionales y ausencia de certidumbres", La integración latinoamericana. Visiones regionales y subregionales. San José (Costa Rica), Editorial Juricentro, 2006.

46. Juan Carlos Morales Manzur, Lucrecia Morales García, " Origen y naturaleza dela Alternativa Bolivariana para las Américas", *Polis. Investigación y Análisis Sociopolítico y Psicosocial*, Vol. 3, No. 1, 2007.

47. Katz Claudio, *El Rediseño de América Latina: ALCA, MERCOSUR, ALBA*, Ediciones Luxemburg, Buenos Aires, Argentina, 2006.

48. Ken Cole, "ALBA: a Process of Concientización", *the International Journal of Cuban Studies*, Issue 2 December 2008.

49. Ken Cole, "The Bolivarian Alternative for the Americas: Knowledge and Progress", *Paper presented to the conference: La Obra de Carlos Marx: los Desafíos del Siglo XXI*, La Habana, May

5th - 8th, 2008.

50. Larry Catá Backer, Augusto Molina, "Cuba and the Construction of Alternative Global Trade Systems: ALBA and Free Trade in the Americas", University of Pennsylvania, *Journal of International Economic Law*, Vol. 31, No. 3, 2010.

51. Linárez Juliseth, "Problemática de la Integración Latinoamericana", http://www.monografias.com/trabajos61/problematica-integracion-latinoamericana/problematica-integracion-latinoamericana.shtml.

52. Luis R Delgado J, "Crisis del Capitalismo, el ALBA TCP y la unidad internacional de la Clase", *Trabajadora*, http://www.rebelion.org/noticia.php? id = 88495&titular = crisis-del-capitalismo-el-alba-tcp-y-la-unidad-internacional-de-la-clase-trabajadora-.

53. Luis René Femández Tabío, Jorge Hemández Manínez, "Estados Unidos y el ALCA: la institucionalización de la hegemonía hemisférica en el siglo XXI", *Revista Cuba Socialista*, *Tercera época*. NO. 22 2001. México D. F.

54. Marco Coscione, *El comercio justo. Una alianza estratégica para el desarrollo de América Latina*, UDC-La Catarata, Madrid, 2008.

55. María del Carmen Pérez González, "Antecedentes de la integración económica regional: José Martí desde la ausencia", http://www.josemarti.cu/? q = dossier&nid = 3781&pos = 1.

56. María del Carmen Pérez González, "Antecedentes de la integración económica regional en el Pensamiento Económico Cubano", www.nodo50.org/cubasigloXXI/.../conf4_ perezgo.pdf.

57. Mariano Bullón Méndez, "América Latina. Integración para el desarrollo", *Revista Temas de Economía Mundial* No 21/2012, http: //www. ciem. cu/publicaciones/pub/Temas%20No. %2021 –2012. pdf.

58. Maribel Aponte García, "A economía solidaria y el socialismo del siglo XXI", la *alternativa bolivariana30: una aproximación inicial*, *Otra Economía*, Volumen III No 5 2o semestre, 2009.

59. Marini Ruy Mauro, *América Latina, dependencia y globali – zación*, Prometeo, 2008.

60. Martín Astorga E., Carralero Rodríguez, S., "Cuba – ALBA-TCP: Experiencia y Perspectiva. Hacia una nueva concepción de la relación Ciencia y Economía", *Contribuciones a la Economía*, septiembre 2011, http: //www. eumed. net/ce/2011b/.

61. Méndez Delgado y Lloret Feijóo, *Globalización: Interrogantes y dimensiones*, Edición electrónica, www. eumed. net/libros/2006a/mdll/, 2006.

62. Molina Molina, J. N. (2005), *¿Por qué América Latina no ha logrado la integración económica que apoye un desarrollo sostenido a semejanza de la Unión Europea?*, en Observatorio de la Economía Latinoamericana, número 53, www. eumed. net/cursecon/ecolat/la/.

63. Mora, Pascual, "Fundamentos filosóficos dela Alternativa Bolivariana para la Américas (ALBA)", *Hacia una nueva antropología filosófica latinoamericana*. Vol. 12 – 2007 (1). pp. 21 – 30, Universidad de los Andes-Táchira. Departamento de Pedagogía.

64. Norman Girvan, "ALBA, PetroCaribe and CARICOM:

Issues in a New Dynamic", *Normangirvan. info*, May 29, 2008. http: //www. normangirvan. info/wp-content/uploads/2008/05/alba-petrocaribe-and-caricom1. pdf.

65. Omaira García de Berrios, "Neoliberalismo: Libertades desde los Particulares para la Negociación Vs. ALBA: Libertades desde el Estado para la Integración", *Educere*, dic. 2007, vol. 11, no. 39, pp. 629 – 637. ISSN 1316 – 4910.

66. Osvaldo Martínez, "ALBA y ALCA: el Dilema dela Integración o la Anexión", *Revista del Banco Central de Cuba*, http: //www. rebelion. org/noticia. php? id = 19818, 09 – 09 – 2005.

67. Ramírez Cruz, Z. D.: (2008) *Empresas transnacionales e integración en América Latina y el Caribe: la Grannacional, una alternativa necesaria y viable*, 〈riqueza, la de producción prá ctico〉 Edición electrónica gratuita, www. eumed. net/libros/2008b/401/.

68. Raquel Álvarez de Flores, Evelin Hernández, Elizabeth Montoya, *Integración Latinoamericana en la Web: Diseño de un Sitio en Internet para la Difusión del ALBA*, Disertaciones, volumen 1 – No 1 – Año 2008.

69. Ricardo Castillo Argüello, "CA: entre CAFTA y Petrocaribe", *Confidencial, Semanario de Información y Análisis Político* año 12 No 605, 12 – 18/10/2008, www. confidencial. com. ni.

70. Rodríguez Asien E., "Algunas consideraciones de la integración Latinoamericana", *Observatorio de la Economía Latinoamericana*, No 72, http: //www. eumed. net/cursecon/ecolat/oel/, 2006.

71. Rodríguez Asien E., "El Banco del Sur y el Banco del

ALBA", *Observatorio de la Economía Latinoamericana* No 93, febrero 2008, http://www.eumed.net/cursecon/ecolat/la/.

72. Rojas Aravena, Francisco, "Integration inLatin America: Actions and Omissions; Conflicts and Cooperation", *IV Report of FLACSO's General Secretary*, In: www.flacso.org, 2009.

73. Rolando H. Castañeda, "la Ayuda Económica de Venezuela a Cuba: Situación y Perspectivas—¿Es Sostenible?", *Cuba in Transition: Volume 19, Papers and Proceedings of the Nineteeth Annual Meeting of the Association for the Study of the Cuban Economy* (ASCE) July 30, 31 – August 1, 2009.

74. Ronald H. Chilcote edited, *Dependency and Marxism, Toward a Resolution of the Debate*, Westview Press/Boulder, Colorado, 1982.

75. Sabrina Guire, "ALBA y su Contribución a la Dimensión Social de la Integración", *II Reunión Regional sobre Dimensión Social de la Integración en América Latina y el Caribe*, SP/RRDSIALC/Di N° 9 – 08, Caracas, Venezuela, 18 de julio de 2008.

76. Sader Emir: "El lento y firme despuntar del ALBA", *Le Monde Diplomatique*, Buenos Aires, Febrero 2006.

77. Salvador Rivera, *Latin American Unification: A History of Political and Economic Integration Efforts*, McFarland, 2013.

78. Samir Amin, *ALBA es la opción ante la crisis del capitalismo*, http://www.prensa-latina.cu/index.php?option=com_content&task=view&id=213753&Itemid=2, 18 de agosto de 2010.

79. Secretaría General dela Facultad Latinoamericana de Ciencias Sociales (FLACSO): *Dossier: Alternativa Bolivariana para*

América Latina y el Caribe (*ALBA*) . FLACSO, www. flacso. org, 2007.

80. Secretaria Ejecutiva del ALBA-TCP, *¿Qué Es El ALBA-TCP? Alianza Bolivariana para los Pueblos de Nuestra América/ Tratado de Comercio de los Pueblos*, www. alianzabolivariana. org.

81. Secretaria Ejecutiva del ALBA-TCP, *Construyendo un Mundo Pluripolar* (*Cumbres 2004 –2010*), http: //alba-tcp. org/ public/documents/pdf/Construyendo_un_Mundo_Pluripolar. pdf.

82. Solares Gaite A. , *Integración. Teoría y procesos. Bolivia y la integración*, Edición, 2010. electrónica gratuita. Texto completo en www. eumed. net/libros/2010e/814/.

83. Thalía Fung, Maura Salabarría, *el mundo contemporáneo en crisis*, Universidad del Estado de México, México, 2009.

84. Thomas Muhr, "Counter-hegemonic regionalism and higher education for all: Venezuela and the ALBA", *Globalisation, Societies and Education*, Volume 8, Issue 1, 2010

85. Thomas Muhr, *Counter-Globalization and Socialism in the 21st Century: The Bolivarian Alliance for the Peoples of Our America* (*Rethinking Globalizations*), Routledge, 2013.

86. Thomas Muhr, "Nicaragua re-visited: from neo-liberal "ungovernability" to the Bolivarian Alternative for the Peoples of Our America (ALBA)", *Globalisation, Societies and Education*, 1476 –7732, Volume 6, Issue 2, 2008.

87. Valencia Judith, "El ALBA elabora filosofía", *Primer encuentro por la consolidación de un nuevo estado de derecho*, Barquisimeto, septiembre 2005.

88. Víctor López Villafañe, Jorge Rafael Dumasi, *del TLC al MERCOSUR*, *Integración y diversidades en América Latina*, Siglo XXI editores, 2001.

89. ［阿根廷］阿蒂略·波隆著:《拉美新民族资本主义神话》，贺钦译，《国外理论动态》，2010 年第 1 期。

90. ［阿根廷］克劳迪奥·卡兹著:《后新自由主义的拉美关于未来发展道路的争论》，贺钦译，《国外理论动态》，2008 年第 1 期。

91. ［阿根廷］劳尔·普雷维什著:《外围资本主义》，商务印书馆，1990 年版。

92. ［埃及］萨米尔·阿明著:《不平等的发展——论外围资本主义的社会形态》，高铦译，商务印书馆，1990 年版。

93. ［埃及］萨米尔·阿明著:《世界一体化的挑战》，社科文献出版社，2003 年版。

94. ［巴西］特奥托尼奥·多斯桑托斯著:《帝国主义与依附》，杨衍永等译，社会科学文献出版社，1999 年版。

95. ［巴西］特奥托尼奥·多斯桑托斯著:《霸权与反霸权：全球化的局限与地区化进程》，高铦主编，社科文献出版社，2005 年版。

96. ［巴西］费尔南多·恩里克·卡多佐、恩佐·法勒托著:《拉美的依附性及发展》，单楚译，世界知识出版社，2002 年版。

97. ［巴西］塞尔索·富尔塔多著:《拉丁美洲经济的发展——从西班牙征服到古巴革命》，徐世澄等译，上海译文出版社，1981 年版。

98. ［德］弗兰克著:《依附性积累与不发达》，译林出版社，1999 年版。

99. ［德］汉斯－彼得·马丁、哈拉尔特·舒曼著：《全球化陷阱——对民主和福利的进攻》，张世鹏等译，中央编译出版社，2001 年版。

100. ［厄瓜多尔］拉斐尔·科雷亚·德尔加多：“厄瓜多尔的‘21 世纪社会主义’”，《拉丁美洲研究》，2008 年第 1 期。

101. ［古巴］奥斯瓦尔多·马丁内斯著：《垂而不死的新自由主义》，高静译，当代世界出版社，2009 年版。

102. ［古巴］菲德尔·卡斯特罗著：《全球化与现代资本主义》，王枚等译，社会科学文献出版社，2000 年版。

103. ［古巴］菲德尔·卡斯特罗著：《总司令的思考》，徐世澄等译，社会科学文献出版社，2008 年版。

104. ［古巴］萨洛蒙·苏希·萨尔法蒂编：《卡斯特罗语录》，宋晓平、徐世澄、张颖译，社会科学文献出版社，2010 年版。

105. ［美］E·B·伯恩斯著：《简明拉丁美洲史》（插图第 8 版），王宁坤译，世界图书出版公司，2009 年版。

106. ［美］艾米娜·塔赫森：《美洲玻利瓦尔替代计划：超越新自由主义》，许峰译，《国外理论动态》，2011 年第 4 期。

107. ［美］吉尔平著：《全球政治经济学：解读国际经济秩序》，杨宇光、杨炯译，上海人民出版社，2006 年版。

108. ［美］吉尔平著：《国际关系政治经济学》，杨宇光等译，上海人民出版社，2006 年版。

109. ［美］罗纳德·H. 奇尔科主编：《比较政治经济学理论》，高铦、高戈译，社会科学文献出版社，2001 年版。

110. ［美］罗纳德·H. 奇尔科主编：《批判的范式：帝国

主义政治经济学》，施杨译，社会科学文献出版社，2001年版。

111. ［美］罗纳德·H. 奇尔科主编：《替代拉美的新自由主义（拉美透视专辑）》，江时学等译，社会科学文献出版社，2004年版。

112. ［美］马丁、瓦塞尔曼著：《拉丁美洲史》，黄磷译，海南出版社，2007年版。

113. ［美］威廉·罗宾逊著：《全球资本主义论——跨国世界中的生产、阶级与国家》，高明秀译，社会科学文献出版社，2009年版。

114. ［美］肖夏娜·B. 坦塞著：《拉丁美洲的经济民族主义——对经济独立的探求》，涂光楠等译，商务印书馆，1980年版。

115. ［美］谢尔顿·B. 利斯著：《拉丁美洲的马克思主义思潮》，林爱丽译，东方出版社，1990年版。

116. ［美］约翰·卡瓦纳、杰瑞·曼德尔主编：《经济全球化的替代方案》，童小溪等译，中央编译出版社，2007年版。

117. ［乌拉圭］爱德华多·加莱亚诺著：《拉丁美洲被切开的血管》，王玫等译，人民文学出版社，2001年版。

118. ［英］戴维·赫尔德著：《全球化与反全球化》，社会科学文献出版社，2004年版。

119. ［英］赫尔德、麦克格鲁主编：《全球化理论》，王生才译，社会科学文献出版社，2009年版。

120. J. 奥索里奥·乌尔维纳：《拉美马克思主义与依附》，余幼宁译，《国外社会科学》，1985年第3期。

121. 曹泳鑫著：《马克思主义国际关系理论研究》，上海人民出版社，2009 年版。

122. 陈才兴：“拉美区域经济一体化特点及其面临的挑战”，载《复旦学报（社会科学版）》，2000 年第 2 期。

123. 陈平著：《新自由主义的兴起与衰落——拉丁美洲经济结构改革（1973—2003）》，世界知识出版社，2008 年版。

124. 陈岩著：《国际一体化经济学》，商务印书馆，2001 年版。

125. 陈芝芸等著：《拉丁美洲对外经济关系》，社会科学文献出版社，2007 年版。

126. 程恩富等主编：《现代政治经济学新编》，上海财经大学出版社，2008 年版。

127. 丁冰：“新自由主义与经济全球化——试析经济全球化的消极影响”，《当代经济研究》，2002 年第 6 期。

128. 董国辉著：《劳尔·普雷维什的经济思想研究》，南开大学出版社，2003 年版。

129. 范蕾：“玻利维亚的‘社群社会主义’”，《拉丁美洲研究》，2009 年第 4 期。

130. 方旭飞：“当代拉美社会运动初探”，《拉丁美洲研究》，2009 年第 3 期。

131. 方幼封、曹君著：《漫漫探索路：拉美一体化的尝试》，学林出版社，2000 年版。

132. 弗朗西斯科·洛佩斯·塞格雷拉主编：《全球化与世界体系（上下）》，白凤森等译，社会科学文献出版社，2003 年版。

133. 高静：“美洲经济一体化中的南南合作和南北合

作——从理论到实践”，《拉丁美洲研究》，2008 年第 3 期。

134. 顾海良著：《20 世纪国外马克思主义经济思想史》，经济科学出版社，2006 年版。

135. 管彦忠：《美洲玻利瓦尔联盟承诺开始印第安人和非洲裔一体化进程》，人民网，http：//www. chinadaily. com. cn/hqgj/bmoz/2010 -06 -26/content_ 502820. html，2010 -06 -26 17：31：00。

136. 郭树勇著：《从国际主义到新国际主义：马克思主义国际关系思想发展研究》，时事出版社，2006 年版。

137. 郝名玮：“评马蒂的爱国主义思想与实践”，《世界历史》，1995 年第 2 期。

138. 郝名玮著：《外国资本与拉丁美洲国家的发展》，东方出版社，1998 年版。

139. 何玉长等编著：《批判与超越：西方激进经济学述评》，当代中国出版社，2002 年版。

140. 贺钦：“新自由主义全球化与拉美一体化：危机与替代——‘垂而不死的新自由主义’评介”，《拉丁美洲研究》，2010 年第 4 期。

141. 贺双荣：《美洲玻利瓦尔替代计划》，《2005 年：拉丁美洲和加勒比发展报告》，社会科学文献出版社，2006 年 3 月。

142. 洪国起：“玻利瓦尔主义和拉丁美洲的一体化”，《南开大学学报》，1999 年第 5 期。

143. 李翀著：《马克思主义国际经济学的构建》，商务印书馆，2009 年版。

144. 李翀著：《马克思主义国际贸易理论的构建》，中国财经出版社，2006 年版。

145. 李德明、宋晓平主编：《一体化：西半球区域经济合作》，世界知识出版社，2001 年版。

146. 李菡："浅析拉美的另类传媒——以南方电视台为例"，《拉丁美洲研究》，2011 年第 3 期。

147. 李锦华：《古共继承和发扬何塞·马蒂的光辉思想》，环球视野，2007 年 3 月 6 日，http：//www. chinaelections. org/newsinfo. asp？ newsid = 104046。

148. 李慎明主编：《马克思主义国际问题基本原理》，社会科学文献出版社，2008 年版。

149. 李向阳："区域经济合作中的小国战略"，《当代亚太》，2008 年第 3 期。

150. 李向阳："新区域主义与大国战略"，《国际经济评论》，2003 年第 5 期。

151. 李玉举："区域经济一体化研究动态：国外文献综述"，《世界贸易组织动态与研究》2010 年 9 月。

152. 李玉举著：《发展中国家参与区域经济一体化——兼论中国的战略选择和安排》，中国市场出版社，2008 年版。

153. 刘力、宋少华著：《发展中国家经济一体化新论》，中国财政经济出版社，2002 年版。

154. 陆国俊、金计初主编：《拉丁美洲资本主义发展》，人民出版社，1997 年版。

155. 罗荣渠："西蒙·玻利瓦尔的世界历史地位——为美洲第一革命巨人诞生二百周年而作"，《拉丁美洲丛刊》，1983 年第 3 期。

156. 毛金里、徐世澄编：《何塞·马蒂文选：长笛与利剑》，云南人民出版社，1995 年版。

157. 倪考莲：《论加勒比一体化进程中的新区域主义》，复旦大学国际政治博士论文，2005 年。

158. 庞中英著：《权力与财富：全球化下的经济民族主义与国际关系》，山东人民出版社，2002 年版。

159. 商务部：《苏克雷在拉丁美洲影响不断扩大》，2010－07－23，http：//www.cnr.cn/allnews/201007/t20100723_506781755.html。

160. 石瑞元："拉美地区一体化模式和机制的变化及其今后的发展趋势"，《世界经济与政治》，1995 年第 11 期。

161. 石瑞元："拉美一体化进程的特点、问题和发展趋势"，《拉丁美洲研究》，1988 年第 3 期。

162. 宋少华：《南北型自由贸易区与发展中国家区域经济一体化》，中国社会科学院研究生院国际贸易博士论文，2001 年。

163. 宋晓平著：《西半球区域经济一体化研究》，世界知识出版社，2001 年版。

164. 苏振兴主编：《拉丁美洲的经济发展》，经济管理出版社，2000 年版。

165. 孙若彦："拉美民族主义的历史演进和发展趋势"，《山东师范大学学报（人文社会科学版）》，2010 年第 1 期。

166. 孙若彦："美洲自由贸易区与美拉关系"，《山东师范大学学报（人文社会科学版）》，2006 年第 6 期。

167. 孙若彦："依附论与拉美国际关系研究"，《拉丁美洲研究》，2006 年第 3 期。

168. 谭崇台主编：《发展经济学》，山西经济出版社，2001 年版。

169. 王瑾、赵超："替代全球主义、反资本主义：一种世界政治的选择——第5届国际马克思大会在巴黎召开"，《国外理论动态》，2008年第1期。

170. 王鹏：《"查韦斯现象"研究》，中国社会科学院研究生院博士论文，2010年。

171. 王鹏："论委内瑞拉'21世纪社会主义'思想和实践"，《拉丁美洲研究》，2009年第4期。

172. 王鹏："美洲玻利瓦尔联盟：对一种新型地区一体化模式的分析"，《拉丁美洲研究》，2010年第5期。

173. 王萍著：《走向开放的地区主义——拉丁美洲一体化研究》，人民出版社，2005年版。

174. 王晓德著：《挑战与机遇：美洲自由贸易区研究》，中国社会科学出版社，2001年版。

175. 威尔伯 C. K. 著：《发达与不发达问题的政治经济学》，中国社会科学出版社，1984年版。

176. 卫建林著：《西方全球化中的拉丁美洲——一个调查报告》，红旗出版社，2004年版。

177. 卫建林著：《全球化与第三世界》（第三卷），清华大学出版社，2009年版。

178. 徐宝华、石瑞元著：《拉美地区一体化进程：拉美国家进行一体化的理论和实践》，社会科学文献出版社，1996年版。

179. 徐世澄："试论何塞·马蒂思想——纪念何塞·马蒂150周年诞辰"，《拉丁美洲研究》，2002年第6期。

180. 徐世澄："卡斯特罗论全球化与发展中国家"，《国外理论动态》，2003年第3期。

181. 徐世澄："圣保罗论坛20周年与拉美左翼崛起"，《当代世界社会主义问题》，2011年第1期。

182. 徐世澄："拉美学者对'后新自由主义'和'新发展主义'的探索"，《毛泽东邓小平理论研究》，2011年第4期。

183. 杨建民："厄瓜多尔的'21世纪社会主义'"，《拉丁美洲研究》，2009年第3期。

184. 杨志敏："'苏克雷'与'去美元化'"，《人民日报》2010年2月9日，http://ilas.cass.cn/cn/kygz/content.asp?infoid=13239。

185. 袁兴昌："对依附理论的再认识——依附理论的起源"，《拉丁美洲研究》，1990年第4期。

186. 袁兴昌："对依附理论的再认识——依附理论的主要组成部分及基本思想"，《拉丁美洲研究》，1990年第5期。

187. 张彬、王胜、余振著：《国际经济一体化福利效应：基于发展中国家视角的比较研究》，社会科学文献出版社，2009年版。

188. 张彬等著：《国际区域经济一体化比较研究》，人民出版社，2010年版。

189. 张翠容著：《拉丁美洲革命现场——一个香港女记者的真相之路》，法律出版社，2009年版。

190. 张金霞："卡斯特罗的全球化与反全球化思想探析"，《学术论坛》，2008年第10期。

191. 张雷声："从世界资本主义体系看经济全球化本质"，《中国人民大学学报》，2002年第2期。

192. 张雷声著：《发展中国家经济发展论》，高等教育出版社，2002年版。

193. 张雷声著：《寻求独立、平等与发展：发展中国家社会经济发展理论研究》，中国人民大学出版社，1998 年版。

194. 张宇燕、李增刚著：《国际经济政治学》，上海人民出版社，2008 年版。

195. 赵雪梅著：《拉丁美洲经济概论》，对外经济贸易大学出版社，2010 年版。

196. 周志伟："当前拉美一体化现状及陷入困境的原因"，《拉丁美洲研究》，2007 年第 5 期。

附　　录

美洲玻利瓦尔联盟的相关网站

- 美洲玻利瓦尔联盟官方网站　http：//www. portalalba. org/index. php/
- 美洲玻利瓦尔联盟—人民贸易协定常设秘书处网站　http：//alba-tcp. org/
- ALBA 银行　http：//www. bancodelalba. org/
- 加勒比石油　http：//www. petrocaribe. org/
- ALBA 多媒体频道　http：//www. multicanalalba. org/
- ALBA 电视台　http：//www. albatv. org/
- ALBA 医药监控中心　http：//www. salud. alianzabolivariana. org/
- 南方电视台　http：//www. telesurtv. net/
- ALBA 社会运动　http：//www. movimientos. org/noalca/albasi/
- ALBA 文化　http：//www. albacultural. org/
- ALBA 医疗卫生　http：//www. salud. alianzabolivariana. org/

后　　记

最初选择ALBA-TCP作为我博士论文的选题，一是出于好奇，二是出于讨巧。ALBA-TCP是个彻头彻尾的新鲜事物，因为没有前人的太多铺垫，只能从最基本的what入手，以为这样的研究起点或许对于我这个学术新人来说会更容易上手些。而事实上，从最初的关注到论文开题，从读博期间的潜心论证到毕业后的零星关注，再到出版前的仓促修改与补充，多年来这个一直萦绕我思绪的ALBA-TCP始终没有让我感觉轻松过。什么是ALBA-TCP？ALBA-TCP为什么会出现？ALBA-TCP的未来在哪里？没有查韦斯的ALBA-TCP能否继续？这些看似简单的命题背后是一系列环环相扣的、关乎拉美乃至人类社会历史发展动力、逻辑、规律与前景的基础性课题。在经济全球化时代、资本主义世界经济体系的外围，替代力量正以星星之火悄然改变着既有的利益格局与思想疆界，酝酿着时代的变革与新生。历史只有一个，不同的历史源自不同人的解读，如果能够尽可能还原历史的真相，告诉中国读者一个真实的ALBA—TCP也许亦能算作我博士论文的一个有益尝试吧。

不同于许多经典厚重的历史话题，ALBA是如此年轻，她的成长竟让我也想起自己的点点进步与积累。2000 年 10 月，古巴和委内瑞拉两国签署一体化互助协议时，我是北京外国语大学西班牙语系的大二新生。2001 年 12 月，委内瑞拉前总统查韦斯在第三届加勒比国家联盟峰会上首次提出成立“美洲玻利瓦尔替代计划”时，我在北外聆听社科院拉美所徐世澄研究员关于阿根廷经济危机的学术报告，并在其后用西班牙文撰写了我的本科毕业论文《新自由主义在拉丁美洲的得与失》。2004 年 12 月，古巴和委内瑞拉两国政府签署了“美洲玻利瓦尔替代计划”实施协议并发表联合宣言，那时的我作为中国社科院研究生院拉美系的研二学生正在社科院拉美所拉美经济史的课堂里聆听苏振兴研究员关于拉美依附性发展的报告。2005 年 4 月，“美洲玻利瓦尔替代计划”召开了首届峰会，而我在两个月后出版的《拉丁美洲研究》上发表了自己的第一篇学术论文《拉美左派力量和公民运动的前沿——圣保罗论坛和世界社会论坛的特点及其意义》。2006 年 4 月，玻利维亚正式加入“美洲玻利瓦尔选择”，而我则在硕士论文《拉丁美洲非政府组织问题初探》中表达了自己对拉美替代运动的关切与思考。2007 年 1 月，尼加拉瓜正式加入“美洲玻利瓦尔选择”；同年 4 月，第五届“美洲玻利瓦尔选择”首脑会议在委内瑞拉举行；同年 9 月，《垂而不死的新自由主义》一书的作者、古巴全国人大经济委员会主席奥斯瓦尔多 · 马丁内斯访问了我所在的单位——中国社会科学院马克思主义研究院并做《马克思主义在拉丁美洲的有效性》学术报告；同年 11 月，我在中国社会科学院学术报告厅参加了厄瓜多尔总统科雷亚关于“21 世纪社会主义”的报告会。2008 年 1 月，第六届“美洲玻利瓦尔选择”首脑会议在委内瑞拉召开，我在《国外理论动态》

上发表了《后新自由主义的拉美关于未来发展道路的争论》的译文。2008 年 8 月，洪都拉斯总统塞拉亚在洪首都特古西加尔巴签署决议书，宣布洪都拉斯正式加入“美洲玻利瓦尔选择”，一个月后我正式进入马克思主义基本原理专业的博士学习阶段。2010 年 4 月，ALBA 第九届峰会在委内瑞拉首都加拉加斯举行，会议围绕“加勒比石油计划”、大国家企业、地区统一货币机制“苏克雷”等议题进行了讨论，前古巴驻华大使佩雷拉访问马研院并做“古巴特色的可行的社会主义”演讲。2010 年 6 月，ALBA 第十届峰会在厄瓜多尔奥塔瓦洛举行，我于 5 月底提交了有关 ALBA 的博士论文开题报告。2012 年 2 月，ALBA-TCP 第十一届峰会在委内瑞拉首都加拉加斯举行，我正在加紧撰写我的博士论文《拉美替代一体化研究——以美洲玻利瓦尔联盟（ALBA-TCP）为例》。2012 年 4 月 23 日，古巴、委内瑞拉、厄瓜多尔、玻利维亚四国驻华大使在中国社会科学院拉美所共同召开“美洲玻利瓦尔联盟 - 人民贸易协定：起源、发展与前景”报告会，我的博士论文基本定稿。2013 年 3 月，ALBA-TCP 创始人之一、委内瑞拉前总统查韦斯不幸离世，ALBA-TCP 从此开启了后查韦斯时代的艰难探索。而我在博士论文基础上修改而成的论文《拉美替代一体化运动初探》[原载《拉丁美洲研究》2012 年第 3 期，《马克思主义文摘》2012 年第 11 期全文转载，入选《中国社会科学院马克思主义研究文集（2012 年）》]，获得了中国国际共运史学会 2013 年年会中青年优秀论文三等奖。2014—2015 年，尽管 ALBA-TCP 的核心成员国委内瑞拉遭遇了玻利瓦尔革命以来最为严峻的执政危机，但 ALBA-TCP 并没有偃旗息鼓，而是在各成员国的相互鼓励与支持下继续前行。经过十一年的摸爬滚打，ALBA-

TCP 远未成熟，但“坚持做自己”是 ALBA-TCP 回应质疑、自主成长的重要原则，而我则从外语院校的大学生一路另辟蹊径地走上了一个以思考和写作为生、以马克思主义为指导的拉美研究道路。成长艰辛，苦乐皆逸。

ALBA 的出现并非无源之水，ALBA 的前路亦非光明坦途。但对渴求发展的拉美人民而言它是生命与希望，这种迫切的诉求与心情恰恰不是不切实际的理想主义，而是拉美人民在经历了深深的历史叹息与痛楚后的现实之选。作为马克思主义基本原理专业的博士生，马克思主义的世界观和方法论对我的学术研究大有裨益。在国际问题研究中，把马克思主义基本原理与研究对象的具体实际相结合，将有助于我们坚持科学正义的世界历史观和价值观，从而成为内心流淌着人文关怀又不乏深邃洞察力的研究者和实践者。马克思主义不是神话，马克思主义也不能庸俗化，马克思主义讲求行动力与本土化，只有深刻影响时代主题，积极推动时代进步的力量才能升华为马克思主义的新鲜血液。未来，包括 ALBA-TCP 在内的拉丁美洲替代一体化运动将成为我深入研究拉美乃至资本主义世界经济体系变革的重要切入点之一，“替代与发展”必将成为像资本主义制度研究一样经典而又极富挑战性的课题。

衷心感谢我的博士生导师程恩富教授对我的悉心指导和鼓励。程老师是一个真正的马克思主义者，他的高尚与纯粹令我深深震撼。感谢中国社会科学院马克思主义研究院胡乐明研究员、余斌研究员、赵智奎研究员、毛立言研究员、古巴信息科技大学马里奥（Mario González Arencibia）教授、古巴世界经济研究中心马里亚诺（Mariano Bullón Méndez）教授、南开大学王萍教授和韩琦教授等老师，对我博士论文的悉心指导与帮助。

衷心感谢中国社会科学院拉丁美洲研究所学部委员苏振兴研究员、荣誉学部委员徐世澄研究员和我的硕士生导师袁东振研究员，多年来在拉美研究和治学为人等方面，给予我受益终身的教诲与鼓励。感谢我所在的中国社会科学院马克思主义研究院邓纯东院长、樊建新副院长等院领导，给予我工作上的信任与指导；感谢我院国际共运部刘淑春研究员、吕薇洲研究员、潘金娥研究员等部门领导多年来给予我的关怀与帮助，她们的干练与细腻让我看到了女性在马克思主义研究领域的希望与光辉。感谢中国社会科学院马克思主义研究院和拉丁美洲研究所的诸位师长及同事给予我无微不至的关爱与鼓励，他们既是我精神上的良师益友，也是我生活中的兄弟姐妹。感谢本书的责任编辑肖书琪女士，她的敬业与执着深深地感动着我，并最终促成了本书的顺利出版。

最后，衷心感谢我的家人，感谢父母，感谢新生命，感谢亲朋给予我力量、温暖与感动，感谢所有激励我前进、见证我成长的人与事。

2016 年，新的起点，新的征程，在路上。

贺　钦

2015 年 12 月于北京